国家社科基金丛书
GUOJIA SHEKE JIJIN CONGSHU

自然资源国家所有权的行使研究

A Study on the Exercise of State Ownership of Natural Resources

施志源　等著

人民出版社

目　录

自　　序

党的十八届三中全会明确提出了“统一行使全民所有自然资源资产所有者职责”的改革目标。中共中央办公厅、国务院办公厅印发的《关于统筹推进自然资源资产产权制度改革的指导意见》进一步强调,要加快建设系统完备、科学规范、运行高效的中国特色自然资源资产产权制度体系。实现这一目标,建立健全自然资源国家所有权行使法律制度是重中之重。就我国目前的自然资源国家所有权行使现状而言,还存在着行使主体不到位、行使路径不明晰、市场流转不通畅、行使限制不具体、行使监管不到位、行使保护不充分等诸多难题。因此,研究自然资源国家所有权的行使问题,是贯彻落实党中央关于自然资源资产管理体制改革总体部署的具体体现,对于完善自然资源资产产权制度体系、促进国家所有自然资源所有者到位、落实国家的自然资源权益等都具有重大意义。

自然资源国家所有权是指国家对其所有的自然资源享有的占有、使用、收益和处分的权利。自然资源国家所有权制度是国家所有权制度的重要组成部分。坚持和完善自然资源国家所有权制度,既符合现实国情也符合立法传统,既符合中国改革方向也符合世界发展趋势。自然资源国家所有权的行使是指自然资源权利行使主体为了实现自然资源国家所有权而依法实施的一系列行为。行使自然资源国家所有权在本质上是行使物权,但是其与行使普通物权有着明显的差别，其特殊性不仅在于行使主体不同于一般的民事主体，还在于行使权利、履行义务以及承担责任等方面，例如不得滥用权利且不得怠于行使权利，行使自然资源国家所有权要求始终贯彻以人民为中心的理念，充分尊重自然资源的客观规律，充分尊重自然资源开发利用的传统和习惯，并充分考虑保护环境、节约资源、相邻容忍、保障基本生存需求等方面的因素。

本书研究自然资源国家所有权行使的相关法律问题，主要围绕自然资源“权利”及其行使主体、行使路径、行使限制、行使监管、行使保护等展开研究。本专著坚持以习近平生态文明思想为指引，在认真总结我国自然资源国家所有权的制度建设及其实践探索的基础上，抓住促进自然资源所有权人到位和充分保障国家自然资源权益这一主线，健全以自然资源国家所有权为制度基础的权利行使主体制度，健全以公平为核心原则的自然资源使用权制度、自然资源权利市场配置制度、自然资源权利行使限制制度和自然资源权利行使监管制度，检视国有自然资源资产有偿使用制度改革的成效及其完善路径，完善以落实法律责任为重点内容的损害救济机制、生态综合执法制度和自然资源公益诉讼制度。在学术思想上，本专著以自然资源管理者和所有者分开为根本遵循，分析了政府行使全民所有自然资源资产所有权的法律定位，从统一行使和分级行使两个视角提出了完善我国自然资源国家所有权行使主体制度的具体思路。在学术观点上，本专著认为清晰的产权界定对自然资源国家所有权的行使具有决定性的影响，市场配置是自然资源权利行使的模式选择，应当从立法上进一步保障自然资源权利的市场流转，同时，还需要建立健全自然资源国家所有权的行使限制制度、行使监管制度和行使保护制度。

期许本书能够进一步夯实自然资源国家所有权行使的基础理论研究，并对建立健全中国自然资源国家所有权行使法律制度有所助力。应当看到，自然资源国家所有权行使法律制度建设还在探索过程中，还会不断遇到新的问题或者新的挑战。理论研究没有终点，建立健全自然资源国家所有权行使法律制度也绝非一日之功，相关的理论研究成果需要通过实践进一步检验、总结和提升，相关的立法对策建议也需要不断地推敲、细化和凝练。我和我的学术团队将不懈努力，力求为中国的自然资源制度建设献上一份绵薄之力。

本书的研究涉及大量的法律文件，如无特别说明，均指撰稿时现行有效的中国法律法规或者政府规章。此外，自然资源资产产权制度改革正在加速推进之中，涉及的法律文件数量庞大且层级复杂，相关的法律与政策更迭较快，限于本课题组掌握的资料及水平所限，本书可能还存在错漏之处，欢迎同仁批评指正！

是为序。

施志源

于福建师范大学旗山校区

2024 年 3 月

第一章　自然资源国家所有权行使的理论基础

自然资源是人类生存与发展的物质基础，是经济社会实现可持续发展的重要保障。法律语境下的自然资源，是指对人类有价值并且需要法律规范调整的自然界的物质。① 天然性、有用性、拓展性和稀缺性是自然资源的主要特征。② 就自然资源开发利用的法律制度建设而言，既需要明确自然资源管理权责并规范自然资源权力行使的自然资源行政管理制度，也需要明晰自然资源权属并规范自然资源权利行使的自然资源物权制度。随着统筹推进自然资源资产产权制度改革的步伐不断加快，自然资源国家所有权的行使及其制度完善成为了自然资源物权制度建设进程中被持续关注的热点问题。

第一节　自然资源国家所有权行使的研究缘起

习近平总书记在党的十八届三中全会《关于全面深化改革若干重大问题

---

① 施志源：《生态文明背景下的自然资源国家所有权研究》，法律出版社 2015 年版，第 48 页。

② 施志源：《保护与利用：自然资源制度完善的进路》，重庆大学出版社 2022 年版，第 3—4 页。

的决定》说明中指出，国家对全民所有自然资源资产行使所有权并进行管理和国家对国土范围内自然资源行使监管权是不同的，前者是所有权人意义上的权利，后者是管理者意义上的权力。总的思路是按照所有者和管理者分开和一件事由一个部门管理的原则，落实全民所有自然资源资产所有权，建立统一行使全民所有自然资源资产所有权人职责的体制。建立健全自然资源国家所有权行使法律制度，是事关自然资源资产产权制度建设成败的核心一环，是生态文明制度建设“四梁八柱”的有机组成部分，是贯彻落实习近平生态文明思想的内在要求。就我国自然资源国家所有权的行使现状而言，还存在着行使主体不到位、行使路径不明晰、市场流转不通畅、行使限制不具体、行使保护不充分等诸多难题。研究自然资源国家所有权的行使法律问题，主要是要明晰自然资源国家所有权行使的理论内涵，并从法律制度层面解决好行使主体、行使路径、行使限制以及行使保护等关键性问题。

一、时代之需：深入推进生态文明建设的必然要求

党的十八大以来，我国在大力推进生态文明建设进程中，高度重视自然资源的系统保护与可持续开发利用。党的十八届三中全会通过的《关于全面深化改革若干重大问题的决定》明确提出了“健全国家自然资源资产管理体制，统一行使全民所有自然资源资产所有者职责”的要求。党的十八届四中全会通过的《关于全面推进依法治国若干重大问题的决定》进一步强调，要健全以公平为核心原则的产权保护制度。就我国目前自然资源国家所有权的行使现状而言，还存在着诸多制度缺陷，比如，自然资源权利登记制度不完善导致自然资源权利行使主体不明确，市场与政府在自然资源配置中的界限不清导致自然资源权利流转不通畅，自然资源权利救济机制不完善导致自然资源权益保障不到位，等等。正如习近平总书记指出的那样，我国生态环境保护中存在的一些突出问题，一定程度上与体制不健全有关，原因之一是全民所有自然资源资产的所有权人不到位，所有权人权益不落实。可见，研究自然资源国家所

有权的行使问题，对于保护自然资源和生态环境、完善自然资源权利制度体系、落实国家的自然资源权益等都具有重要的现实意义。

研究自然资源国家所有权的行使问题，既是新时代我国深入推进社会主义生态文明建设的现实需要，也是贯彻落实习近平生态文明思想的内在要求。2015 年 4 月，《中共中央 国务院关于加快推进生态文明建设的意见》就“健全自然资源资产产权制度和用途管制制度”进行了部署，强调要“对水流、森林、山岭、草原、荒地、滩涂等自然生态空间进行统一确权登记，明确国土空间的自然资源资产所有者、监管者及其责任。”2015 年 9 月，中共中央、国务院印发的《生态文明体制改革总体方案》就“建立权责明确的自然资源产权体系”“健全国家自然资源资产管理体制”“探索建立分级行使所有权的体制”“完善自然资源监管体制”等方面进行了部署。2016 年 12 月，《国务院关于全民所有自然资源资产有偿使用制度改革的指导意见》明确了健全完善全民所有自然资源资产有偿使用制度的总体要求和各领域的重点任务。2019 年 4 月，中共中央办公厅、国务院办公厅印发《关于统筹推进自然资源资产产权制度改革的指导意见》，强调要加快建设系统完备、科学规范、运行高效的中国特色自然资源资产产权制度体系。2022 年 3 月，中共中央办公厅、国务院办公厅印发《全民所有自然资源资产所有权委托代理机制试点方案》，围绕着“全民所有自然资源资产所有者职责为主张所有、行使权利、履行义务、承担责任、落实权益”的工作主线，就“落实统一行使全民所有自然资源资产所有者职责，探索建立全民所有自然资源资产所有权委托代理机制”的相关试点工作进行了部署。2022 年 10 月，党的二十大报告指出：“中国式现代化是人与自然和谐共生的现代化。”党的二十大报告把人与自然和谐共生作为实现中国式现代化的本质要求加以强调，充分表明了保护自然资源、促进自然资源可持续利用已经成为了实现中国式现代化的一项中央议题。2023 年 12 月，《中共中央 国务院关于全面推进美丽中国建设的意见》指出：“完善自然资源资产管理制度体系，健全国土空间用途管制制度。强化河湖长制、林长制。深入推进领导干部自然资源资产离任审计,对不顾生态环境盲目决策、造成严重后果的,依规依纪依法严格问责、终身追责。”由此可见,在我国生态文明建设逐步推进的进程中,健全自然资源资产产权制度始终是生态文明制度体系建设中的关键一环。落实党中央关于自然资源资产产权制度改革的一系列战略部署,完善自然资源国家所有权行使法律制度是重中之重的任务,对于健全自然资源资产产权制度体系、促进国家所有自然资源所有者到位、落实国家的自然资源权益、实现人与自然和谐共生的中国式现代化意义重大。在这个过程中,核心任务是要把作为自然资源的所有者与作为自然资源的管理者有效分开,使国有自然资源资产所有权人和国家自然资源管理者相互独立、相互配合、相互监督。

二、理论溯源:自然资源物权制度的理论渊源及其发展

研究自然资源国家所有权的行使问题,不仅需要关注实践中出现的问题及其制度需求,还需要不断创新和发展自然资源国家所有权理论,进而为健全自然资源国家所有权行使法律制度提供充足的理论支撑。改革开放以来,佟柔教授主编的《论国家所有权》(1987 年)是国内法学界最早出版的关于国家所有权的论文集;王利明教授的博士论文《国家所有权问题研究》(1991 年)是最早系统研究社会主义国家所有权问题的法学博士论文。直到 20 世纪末,法学界对国家所有权的研究焦点主要集中在国有企业的相关问题上。21 世纪以来,随着自然资源约束日益加剧,自然资源国家所有权问题才逐渐引起了国内法学界的关注。

(一)关于自然资源国家所有权的理论研究

在改革开放之后的很长一段时间里,学者关于自然资源国家所有权的理论研究大体聚焦在四个方面。

一是关于自然资源国家所有权制度选择的合理性与正当性的研究。比如,有学者提出国家充当所有者的主体资格不符合法律科学,认为国家是一个

抽象的主体,"国家所有权"中的"国家"无法形成具体财产所有权的主体。[①] 但这一观点忽略了一个基本事实:国家所有权制度不仅是我国宪法确定的一项重要制度,而且从 1986 年《中华人民共和国民法通则》到 2007 年《中华人民共和国物权法》,再到 2020 年《中华人民共和国民法典》,包含自然资源国家所有权制度在内的国家所有权制度作为我国一项重要的物权制度始终为我国立法所确认。正如学者所言,国家所有权无论是作为一项民事法律制度还是作为社会最基本的财产形式,都像"普照之光"一样,使其他的民事法律制度和财产形式"改变色调"。[②] 有学者担心自然资源国家所有会走向"国家垄断""与民争利",认为自然资源归国家所有的基本特征是国家垄断,其基本工具价值是垄断。[③] 这一观点也遭到了部分学者的反对,指出"全民所有作为公有制的形式,与国家垄断不完全是一回事"[④]。

二是围绕着自然资源国家所有权的法律性质展开研究,学者们众说纷纭、各持己见,提出了自然资源国家所有权公权说、自然资源国家垄断说、自然资源国家所有权双阶构造说、自然资源国家所有权私权说等观点。[⑤]

三是围绕着自然资源国家所有权的民法进路展开研究,包括自然资源的权属界定、自然资源的权利客体范围和自然资源所有权权能等问题开展研究。学者认为,宪法上关于国有财产的规定较为概括,需要物权法进一步明确;[⑥] 宪法上国家所有权则需进一步转化为民法上国家所有权才能使自然资源作为民法上所有权的客体被支配。[⑦] 这一阶段公开出版的相关论著主要有:《可持

① 孙宪忠:《国家所有权的行使与保护研究》,中国社会科学出版社 2015 年版,第 13 页。

② 王利明:《国家所有权问题研究》,中国人民大学 1990 年博士学位论文。

③ 徐祥民:《自然资源国家所有权之国家所有制说》,《法学研究》2013 年第 4 期。

④ 马俊驹:《借鉴大陆法系传统法律框架构建自然资源法律制度》,《法学研究》2013 年第 4 期。

⑤ 关于自然资源国家所有权法律性质的相关讨论,详见施志源教授出版的《生态文明背景下的自然资源国家所有权研究》(法律出版社 2015 年版)一书,此处不再赘述。

⑥ 崔建远:《自然资源国家所有权的定位及完善》,《法学研究》2013 年第 4 期。

⑦ 单平基:《自然资源国家所有权性质界定》,《求索》2010 年第 12 期。

续发展与中国自然资源物权制度之变革》(桑东莉,科学出版社 2006 年版)、《中国自然资源国家所有权制度研究》(邱秋,科学出版社 2010 年版)、《我国自然资源产权制度构建研究》(刘灿等,西南财经大学出版社 2009 年版)、《资源权论》(金海统,法律出版社 2010 年版)、《自然资源物权法律制度研究》(崔建远主编,法律出版社 2012 年版)、《自然资源物权法律制度研究》(黄锡生,重庆大学出版社 2012 年版)、《自然资源使用权制度研究》(黄萍,上海社会科学院出版社 2013 年版)等。

四是就某一具体类型自然资源的开发利用或者其市场交易机制等法律问题开展研究。这一阶段公开出版的相关论著主要有:《水权制度研究》(黄锡生,科学出版社 2005 年版)、《论争中的渔业权》(崔建远,北京大学出版社 2006 年版)、《海域使用权研究》(李永军主编,中国政法大学出版社 2006 年版)、《土地所有权国家独占研究》(刘俊,法律出版社 2008 年版)、《矿产资源法律制度的物权化构建》(李晓燕,中国社会科学出版社 2014 年版)等。这一系列研究成果进一步丰富和发展了自然资源物权制度的理论研究,为后续开展自然资源国家所有权的行使研究奠定了坚实的基础。

近年来,随着自然资源资产产权制度改革的深入推进,除了少部分学者仍然偏好于自然资源国家所有权的法律性质等理论论争之外,更多的学者则紧跟生态文明建设的进程展开了更具务实且更有实效性的研究,相关理论研究成果呈现出了五个方面的新特点。

一是更加注重紧扣生态文明建设的时代背景展开自然资源所有权问题研究。例如,在《生态文明法律制度建设研究(上下册)》(黄锡生等,重庆大学出版 2022 年版)一书中设置了"自然资源物权制度研究"专章,对国家所有者权益保护乏力、自然资源物权的保障不力等问题展开了探讨;①在《生态文明体制改革与制度创新》(苏利阳等,中国环境出版集团 2022 年版)一书中专节讨

① 黄锡生:《生态文明法律制度建设研究(上)》,重庆大学出版社 2022 年版,第 251—336 页。

论了“建立系统完整的自然资源管理制度体系”，提出了健全自然资源资产产权制度的总体思路。① 在《论自然资源国家所有权的制度构造》（郭云峰，辽宁大学 2019 年博士学位论文）一文从自然资源国家所有权的主体、客体以及权能的制度重构三个角度出发对自然资源国家所有权的制度构造提出了具体的建议。②

二是更加注重研究国家自然资源权益保护的相关问题，理论研究与具体实践的结合更加紧密。例如，代亚婷等发表在《中国土地科学》2023 年第 12 期的论文《全民所有自然资源资产损害赔偿请求权的界定与行使》探讨了自然资源资产损害赔偿请求权行使的范围、主体与规制，认为全民所有自然资源资产损害赔偿请求权的范围应界定为财产性权益损害，并以民事诉讼为基础建立行使程序。③ 韩英夫发表在《中国人口 · 资源与环境》2023 年第 12 期的论文《全民所有自然资源资产保护和使用规划的立法难题与纾解》提出要在界分所有权与监管权基础上，对全民所有自然资源资产规划的立法进路展开研究。④ 范振林发表在《中国国土资源经济》2023 年第 3 期的论文《健全自然资源资产损害赔偿机制　维护好所有者权益》认为全民所有自然资源资产损害赔偿机制是自然资源部门履行“两统一”职责的重要工具和有效抓手，对于维护所有者权益具有积极意义。⑤

三是更加注重结合具体的自然资源领域研究自然资源国家所有权的具体问题，研究呈现出更加务实且接地气的特点。例如，鹿爱莉发表在《中国国土

---

① 苏利阳、王毅、马永欢：《生态文明体制改革与制度创新》，中国环境出版集团 2022 年版，第 60—62 页。

② 郭云峰：《论自然资源国家所有权的制度构造》，辽宁大学 2019 年博士学位论文。

③ 代亚婷、吴昭军、张立新、朱道林：《全民所有自然资源资产损害赔偿请求权的界定与行使》，《中国土地科学》2023 年第 12 期。

④ 韩英夫：《全民所有自然资源资产保护和使用规划的立法难题与纾解》，《中国人口 · 资源与环境》2023 年第 12 期。

⑤ 范振林：《健全自然资源资产损害赔偿机制　维护好所有者权益》，《中国国土资源经济》2023 年第 3 期。

资源经济》2019年第12期的论文《保护矿产资源所有权的法律制度研究》围绕合理设计保护矿产资源所有权的法律制度展开探讨，并就修改《矿产资源法》中的相关规定提出建议。① 刘定湘等发表在《水资源保护》2019年第3期的论文《水资源国家所有权的实现路径及推进对策》分析了水资源国家所有权的实现路径，并探讨了水资源国家所有权的实现策略。② 李政等发表在《中国土地》2021年第8期的论文《林权改革背景下国有森林资源国家所有权的实现形式》分析了公益林和商品林的国家所有权实现路径，并围绕森林资源所有权的实现形式展开研讨。③ 陈林峰在其2022年的博士学位论文《我国矿业权出让制度研究》中以矿业权出让为切入点，探讨了矿业权出让的制度完善，提出了完善矿产资源国家所有权的对策思考。④

四是更加注重地方的实践探索及其制度经验总结，自然资源国家所有权制度研究的地方特色得以体现。例如，杨鸿泽发表在《宁夏大学学报（人文社会科学版）》2020年第6期的论文《宁夏全民所有自然资源资产所有者权益研究》基于宁夏"十三五"期间自然资源资产所有者权益管理基本情况，探讨维护自然资源所有者权益的制度路径。⑤

五是更加注重对域外自然资源所有权制度的研究，域外的自然资源制度建设经验研究更为充分。例如，赵晓宇等在《国土资源情报》2019年第6期发表的论文《部分国家水资源所有权制度及启示》介绍了英国、法国、美国、日本、南非、以色列等国家的水资源所有权制度，并讨论了相关的国外制度建设

① 鹿爱莉：《保护矿产资源所有权的法律制度研究》，《中国国土资源经济》2019年第12期。

② 刘定湘、罗琳、严婷婷：《水资源国家所有权的实现路径及推进对策》，《水资源保护》2019年第3期。

③ 李政、马泽忠、肖禾：《林权改革背景下国有森林资源国家所有权的实现形式》，《中国土地》2021年第8期。

④ 陈林峰：《我国矿业权出让制度研究》，湖南大学2022年博士学位论文。

⑤ 杨鸿泽：《宁夏全民所有自然资源资产所有者权益研究》，《宁夏大学学报（人文社会科学版）》2020年第6期。

经验借鉴。① 王骏涛等发表在《开发研究》2023 年第 6 期的论文《俄罗斯水权制度特点及经验借鉴》则以俄罗斯水资源的相关法律法规为研究样本，探讨了俄罗斯水权制度对我国的借鉴。②

（二）关于自然资源国家所有权行使的研究

近年来，我国学者关于自然资源国家所有权行使的理论研究取得了明显的进展，相关研究成果日渐丰富。在中国知网上，以篇名包含“自然资源”，全文包含“国家所有权”且包含“行使”为检索条件进行检索，截至 2024 年 2 月 16 日共检索到 587 条研究文献，其中学术期刊论文 418 篇，学位论文 114 篇，中文图书 3 部。从这些文献可以看出，最初关注自然资源国家行使问题的是经济学界的学者。其中，佘运九发表在《河北地质学院学报》1992 年第 3 期的论文《自然资源价格的理论及其实施》和钱阔发表在《经济研究参考》1993 年 Z4 期的论文《我国自然资源的状况及资产化管理的必要性》，是较早研究自然资源国家所有权权利实现的文章。他们对自然资源价格的问题和自然资源资产管理的问题给予了关注和研究。法学界较早关注自然资源国家所有权行使的 2 篇研究论文分别是：肖国兴、肖乾刚发表在《环境保护》1995 年第 1 期的论文《中国自然资源管理制度创新的几个问题》和王灿发发表在《环境保护》1995 年第 8 期的论文《论社会主义市场经济下自然资源立法的基本原则》。尽管环境与自然资源保护法学领域的学者已经开始关注自然资源国家所有权的权利行使或者权益保障问题，但彼时关注相关领域的研究成果却是凤毛麟角。从 1995 年至 2000 年中国知网仅可查询到 5 篇期刊论文和 1 篇辑刊论文，其中 1 篇论文的作者是王灿发，有 4 篇论文的第一作者或者独立作者是肖

---

① 赵晓宇、陈丽萍、陈静：《部分国家水资源所有权制度及启示》，《国土资源情报》2019 年第 6 期。

② 王骏涛、谢·尼·博格金：《俄罗斯水权制度特点及经验借鉴》，《开发研究》2023 年第 6 期。

国兴,肖国兴发表在《郑州大学学报(哲学社会科学版)》1997 年第 6 期的论文《论中国自然资源产权制度的历史变迁》在学界引起广泛的关注,截至 2024 年 2 月 16 日已经被引用 112 次。管理学科的学者李胜兰、曹志兴发表在《资源科学》2000 年第 3 期上的论文《构建有中国特色的自然资源产权制度》引起了学界的广泛关注,截至 2024 年 2 月 16 日已经被引用 118 次。

党的十八大以来,学界对自然资源国家所有权行使的关注度逐年上升,文献数量也呈逐年上升趋势。自 2013 年起每年的发文数量都在 25 篇以上,尤其是在 2015 年《中共中央 国务院关于加快推进生态文明建设的意见》和《生态文明体制改革总体方案》等文件陆续颁布之后,关于自然资源国家所有权行使的研究引起了越来越多学者的兴趣,其中自然资源经济学、自然资源法学、自然资源管理学等不同学科的学者从不同的学科视角展开了多维研究,形成了丰富的理论研究成果。

一是关于自然资源所有权行使之基础理论的研究。近年来,关于自然资源权利基础理论的研究取得了较为明显的进展,学者公开出版了系列专著,例如《生态文明背景下的自然资源国家所有权研究》(施志源,法律出版社 2015 年版)、《自然资源权利配置法律机制研究》(单平基,东南大学出版社 2020 年版)、《自然资源国家所有权法权构造论》(郭云峰,人民法院出版社 2023 年版)等。自党的十八届三中全会提出"建立统一行使全民所有自然资源资产所有权人职责的体制"起,学界不少学者将研究自然资源法律制度的兴趣聚焦到自然资源国家所有权行使法律制度之上。叶榅平发表在《法治研究》2019 年第 4 期的论文《论自然资源国家所有权行使的基本原则》提出,应当把维护公共利益原则、绿色原则、兼顾公平和效率原则以及民主监督原则作为自然资源国家所有权行使的基本原则。[①] 程雪阳发表在《法学研究》2018 年第 6 期的论文《国有自然资源资产产权行使机制的完善》一文提出

① 叶榅平:《论自然资源国家所有权行使的基本原则》,《法治研究》2019 年第 4 期。

了完善自然资源资产产权行使机制的具体建议。① 汤吉军、张壮合作发表在《经济体制改革》2016 年第 1 期的论文《交易成本视角下自然资源国家所有权的行使分析》从明晰自然资源产权主体、健全自然资源委托代理制度、加强自然资源监管制度建设等三个方面提出了行使自然资源国家所有权的对策建议。②

二是关于自然资源开发利用法律规制的研究。自然资源既是民法上的“物”,也是环境法上的“生态公共产品”。对自然资源开发利用权利的行使,不能仅从物尽其用的视角来考量,而应当注重平衡好自然资源的经济价值、社会价值和生态价值。目前,保护好自然资源生态价值已经引起了越来越多学者的重视。例如,樊笑英发表在《中国国土资源经济》2019 年第 3 期的论文《自然资源资产负债表中的生态价值体现》提出,自然资源资产负债表编制时应将生态价值维护成本纳入资源环境负债,作为自然资源有偿使用和生态补偿的参考依据。③ 孙丽娇等发表在《青海草业》2019 年第 3 期的论文《矿区开采对草地生态功能的影响》指出,矿业开采对于生态环境的破坏是巨大且多方面的。④ 正是基于对资源利用生态负面影响的认识,不少学者提出环境保护的举措应当及时跟上,从划定资源开发利用的生态保护红线、严格资源开发利用的环境标准等方面提出了相应的对策建议,王灿发发表在《中国法学》2014 年第 3 期的论文《论生态文明建设法律保障体系的构建》提出了所有的环境资源立法都应当遵循不得恶化的基本原则。⑤ 陈海嵩发表在《中国人口 · 资源与环境》2015 年第 9 期的论文《“生态红线”制度体系建设的路线

---

① 程雪阳:《国有自然资源资产产权行使机制的完善》,《法学研究》2018 年第 6 期。

② 汤吉军、张壮:《交易成本视角下自然资源国家所有权的行使分析》,《经济体制改革》2016 年第 1 期。

③ 樊笑英:《自然资源资产负债表中的生态价值体现》,《中国国土资源经济》2019 年第 3 期。

④ 孙丽娇、钟松、刘飞、张永红:《矿区开采对草地生态功能的影响》,《青海草业》2019 年第 3 期。

⑤ 王灿发:《论生态文明建设法律保障体系的构建》,《中国法学》2014 年第 3 期。

图》提出应当把资源利用红线作为生态红线的组成部分之一加以重视。①

三是关于自然资源资产有偿使用制度改革的研究。推行全民所有自然资源资产有偿使用制度改革的根本目标是,建立产权明晰、权能丰富、规则完善、监管有效、权益落实的全民所有自然资源资产有偿使用制度。② 学界围绕着如何实现这一目标,开展了多维度、多视角的研究。其中,既有从宏观层面对自然资源资产有偿使用制度改革展开研究的,例如,对这项改革存在的难点与破解之道展开研究,对改革如何体现公平性展开研究,对改革的立法跟进问题展开研究,等等;也有从微观层面对某一具体自然资源资产有偿使用展开研究的,例如,对土地资源、煤炭资源、水资源、无居民海岛、无线电频谱、生态旅游等领域的自然资源有偿使用问题展开针对性研究。

四是关于自然资源损害赔偿的法律问题研究。我国学者对自然资源损害赔偿的研究,是从研究相关的国际公约和国外法律制度起步的。从新近公开发表的研究论文来看,对美国自然资源损害赔偿制度的研究仍然是学者的重要兴趣点,例如,程雨燕发表在《社会科学辑刊》2018 年第 3 期的论文《生态环境损害赔偿制度的理念转变与发展方向——兼与美国自然资源损害制度比较》,朱凌珂发表在《学术界》2018 年第 3 期的论文《美国自然资源损害赔偿范围制度及其借鉴》,等等。自然资源兼具经济价值、社会价值和生态价值,难点在于如何认定破坏自然资源所造成的生态环境损害,这一问题也引起了学界的普遍重视。学者从如何计算生态环境损害所造成的自然资源损害、生态环境损害赔偿责任归责原则、生态环境损害赔偿磋商制度之完善等方面展开研究,形成了较为丰富的研究成果。此外,借助环境公益诉讼来保护国家的自然资源权益也日益引起了学者的关注。杨朝霞发表在《法学论坛》2013 年

① 陈海嵩:《"生态红线"制度体系建设的路线图》,《中国人口 · 资源与环境》2015 年第 9 期。

② 参见《国务院关于全民所有自然资源资产有偿使用制度改革的指导意见》(国发〔2016〕82 号)。

第3期的论文《论环境公益诉讼的权利基础和起诉顺位——兼谈自然资源物权和环境权的理论要点》是较早讨论自然资源所有权与公益诉讼关系的研究论文,吴良志发表在《中国地质大学学报(社会科学版)》2019年第4期的论文《论生态环境损害赔偿诉讼的诉讼标的及其识别》从诉讼标的识别的视角探讨了生态环境损害赔偿诉讼与关联诉讼之间的衔接,[①]彭中遥发表在《重庆大学学报(社会科学版)》2021年第3期的论文《论生态环境损害赔偿诉讼与环境公益诉讼之衔接》认为,应在准确识别生态环境损害赔偿诉讼性质之前提下,通过立法对其与环境公益诉讼之间的顺位规则、索赔主体机制等核心规范予以明确。[②] 任冬林在其2022年博士学位论文《我国西部少数民族地区战略性矿产资源开发生态补偿研究》中对西部少数民族地区战略性矿产资源开发生态补偿标准等问题进行了研究。[③] 这些研究成果为建构符合我国国情的自然资源损害赔偿制度奠定了坚实的基础。

五是关于具体类型自然资源的权利行使问题研究。学界关于水资源、森林资源、矿产资源、野生动物资源、无居民海岛、海洋资源等自然资源国家所有权的行使形成了数量可观的研究成果。例如,在中国知网上,以篇名包含"水资源",全文包含"国家所有权"且包含"行使"为检索条件进行检索,共检索到研究文献252条(截至2024年2月16日,本段落文献为同一时间检索);以篇名包含"森林资源",全文包含"国家所有权"且包含"行使"为检索条件进行检索,共检索到研究文献87条;以篇名包含"矿产资源",全文包含"国家所有权"且包含"行使"为检索条件进行检索,共检索到研究文献542条;以篇名包含"野生动物资源",全文包含"国家所有权"且包含"行使"为检索条

① 吴良志:《论生态环境损害赔偿诉讼的诉讼标的及其识别》,《中国地质大学学报(社会科学版)》2019年第4期。

② 彭中遥:《论生态环境损害赔偿诉讼与环境公益诉讼之衔接》,《重庆大学学报(社会科学版)》2021年第3期。

③ 任冬林:《我国西部少数民族地区战略性矿产资源开发生态补偿研究》,西南民族大学2022年博士学位论文。

件进行检索，共检索到研究文献 25 条；以篇名包含“无居民海岛”，全文包含“国家所有权”且包含“行使”为检索条件进行检索，共检索到研究文献 48 条；以篇名包含“海洋资源”或“海域”，全文包含“国家所有权”且包含“行使”为检索条件进行检索，共检索到研究文献 180 条。由此可见，关于具体类型自然资源的国家所有权行使问题的研究，也已经有了数量可观的研究成果，这将为本项目研究自然资源国家所有权行使的类型化提供厚实的研究支撑。

六是关于全民所有自然资源资产所有权委托代理机制的理论研究。全民所有自然资源资产所有权委托代理机制是自然资源国家所有权分级行使的一个重要抓手。2022 年《全民所有自然资源资产所有权委托代理机制试点方案》的出台为学界研究自然资源委托代理机制提供了难得的契机。经检索，中国知网上篇名包含“自然资源资产所有权委托代理机制”的期刊论文共有 21 篇，其中 2020 年 1 篇，2021 年 2 篇，2022 年 6 篇（不含 7 篇关于文件或者地方工作试点工作的介绍性文章），2023 年 8 篇（数据截至 2024 年 2 月 16 日，部分 2023 年的论文可能暂未录入知网系统）。可见，全民所有自然资源资产所有权委托代理机制作为自然资源国家所有权行使中的一项新兴机制，学界对其研究也尚处于起步阶段。从已有研究成果的内容上看，目前的研究主要围绕着全民所有自然资源资产所有权权利体系及其行权方式、全民所有自然资源资产所有权委托代理模式构建、自然资源资产国家所有权委托代理的法律属性或者法律性质、自然资源资产所有权委托代理关系、委托代理机制本身的特点及其运行情况等方面展开探讨。

七是关于自然资源国家所有权行使立法完善的研究。目前，政府如何行使自然资源所有权缺乏明确而具体的法律规则。不少学者已经关注到了这一问题，并开展了卓有成效的研究。吕忠梅发表在 2019 年第 5 期《生物多样性》2019 年第 2 期的论文《以国家公园为主体的自然保护地体系立法思考》强调要在立法中协调好已经列入立法计划的《国家公园法》和未来可能制定的

《自然保护地法》之间的内容分工与衔接。① 刘超发表在《吉首大学学报(社会科学版)》2019 年第 5 期的论文《以国家公园为主体的自然保护地体系的法律表达》提出了制定专门的《自然保护地法》的对策建议。② 陈静、陈丽萍、赵晓宇发表在《中国土地》2019 年第 5 期的论文《自然资源保护地役权建设的立法建议》认为,应当在建设生态文明的时代背景下加强自然资源保护地役权建设的立法保障。③ 刘志强、张建华发表在《中国国土资源经济》2019 年第 3 期的论文《完善自然资源法律体系的思考》强调坚持"山水林田湖草"生命共同体的理念,用系统完善的自然资源法律体系为生态文明建设提供制度保障。④ 林彦发表在《交大法学》2015 年第 2 期的论文《自然资源国家所有权的行使主体——以立法为中心的考察》认为,立法形成的结果是确认和强化国务院对自然资源的控制权。⑤ 叶榅平在《学术月刊》2018 年第 6 期发表的论文《完善自然资源国家所有权行使人大监督立法的法理思考》认为有必要对自然资源国家所有权行使的人大监督进行专门立法,⑥等等。以上这些关于自然资源立法完善的研究成果,对于推进自然资源国家所有权行使的立法保障具有重要意义。美中不足的是,部分学者由于将自然资源国家所有权固化为公权力,在相关立法的探讨中忽视了自然资源国家所有权的民法保护。基于此,本书将重点研究自然资源国家所有权和自然资源使用权的民法表达之完善。

---

① 吕忠梅:《以国家公园为主体的自然保护地体系立法思考》,《生物多样性》2019 年第 2 期。

② 刘超:《以国家公园为主体的自然保护地体系的法律表达》,《吉首大学学报(社会科学版)》2019 年第 5 期。

③ 陈静、陈丽萍、赵晓宇:《自然资源保护地役权建设的立法建议》,《中国土地》2019 年第 5 期。

④ 刘志强、张建华:《完善自然资源法律体系的思考》,《中国国土资源经济》2019 年第 3 期。

⑤ 林彦:《自然资源国家所有权的行使主体:以立法为中心的考察》,《交大法学》2015 年第 2 期。

⑥ 叶榅平:《完善自然资源国家所有权行使人大监督立法的法理思考》,《学术月刊》2018 年第 6 期。

国外学者关于自然资源制度建设的研究开始得较早，成果也相对丰富，部分著作已经译成中文在国内公开出版，例如《自然资源：分配、经济学与政策》（朱迪·丽丝著）、《自然资源与环境：经济、法律、政治和制度》（马克·金泽著）、《能源与自然资源中的财产和法律》（艾琳·麦克哈格等著）等译著已出版发行。在福建省高校数字图书馆文献提供系统以全文包含 Ownership of natural resources 进行外文搜索，可查到外文文献 12101 条（截至 2024 年 2 月 16 日，下同）；以 Natural resource system 为关键词进行外文搜索，共查得外文文献 303293 条；以 National ownership system of natural resources 为关键词进行外文搜索，共查得外文文献 1412 条。这些与自然资源制度相关的海量外文文献有助于开阔研究视野、启迪研究思路，但由于社会制度、历史文化、时代背景的不同，国外的制度建设经验未必适合我国，需要审慎地考量其中可以借鉴的制度经验。

三、研究动因：自然资源国家所有权的行使研究方兴未艾

近年来，学界在自然资源国家所有权的理论研究已经取得了长足的进步，学者主要关注自然资源国家所有权的内涵及其法律构成，并就自然资源国家所有权的法律性质展开了旷日持久的争论，这些争论对于明晰自然资源国家所有权的内涵及其权利性质具有积极的理论价值，也有助于丰富和发展自然资源物权理论体系。关于自然资源国家所有权行使的研究，学界在自然资源国家所有权行使的基础理论、自然资源资产有偿使用、自然资源损害赔偿以及自然资源立法完善等方面已经形成了较为丰硕的成果，提出了许多真知灼见，但对国家如何行使自然资源所有权这一问题仍缺乏与时俱进的系统研究，尚无法有效破解自然资源国家所有权的行使难题。

党的十八大以来，以习近平同志为核心的党中央高度重视生态文明文明建设，并把统筹推进自然资源资产产权管理体制改革作为生态文明体制机制改革的重要组成部分加以强调。随着生态文明体制机制改革和自然资源制度

建设步伐的日趋加快,已有的研究滞后于实践需求的问题日益凸显出来,集中体现在关于自然资源国家所有权行使的理论研究不成体系,具体表现在自然资源国家所有权的行使主体制度、自然资源使用权体系、自然资源权利市场配置、自然资源国家所有权的行使限制、自然资源国家所有权的行使监管、自然资源国家所有权的行使保护等方面的研究不成体系。从制度层面解决自然资源国家所有权行使的现实难题,并力求在相关的理论研究上有所突破,正是本书的研究动因。

第二节　自然资源国家所有权行使的学理探析

自然资源国家所有权制度是国家所有权制度的重要组成部分。自然资源国家所有权是指国家对其所有的自然资源享有的占有、使用、收益和处分的权利。[①]《中华人民共和国民法典》延续与完善了《中华人民共和国物权法》的自然资源国家所有权制度,表明了物权属性是自然资源国家所有权的本质属性。国家作为自然资源的所有者,是特殊的民事主体,有利于明确自然资源的权利归属,为设置自然资源开发利用权提供了理论前提,有利于发挥私法在自然资源配置中的作用。作为国家所有权权利客体的自然资源,具备“物”之特征与“物”之属性,其范围也具有拓展的空间。准确理解自然资源国家所有权的内涵、性质、法律特征与法律效力,科学把握自然资源国家所有权的法律构成及其权利运行机制,是研究自然资源国家所有权行使相关理论问题的前提和基础。[②] 在此基础上,需要进一步阐明自然资源国家所有权行使的相关理论问题。

---

① 施志源:《生态文明背景下的自然资源国家所有权研究》,法律出版社 2015 年版,第 83 页。

② 关于这些问题请详见施志源教授的专著《生态文明背景下的自然资源国家所有权研究》(法律出版社 2015 年版)第二章、第三章及第五章,本书不再赘述。

一、权利及其行使

何谓权利？权利一语，系外国法律名词之意译，在拉丁文为 ius，在法语为 droit，在英语为 right，在德语为 Recht，均含有正义、直道之义。[①] 权利是构筑制度文化的核心要素。[②] 有学者指出，在现代政治法律里，权利是一个受人尊重而又模糊不清的概念；权利主要包含五个要素（利益、主张、资格、力量、自由），这些要素中的任何一个都可以用来阐释权利概念，表示权利的某种本质；权利是为道德、法律或习俗所认定为正当的利益、主张、资格、力量或自由。[③] 有学者持类似观点，认为把握权利概念的关键不是其定义而是其要素。[④] 有学者基于"意志理论""利益理论"的评析展开现代权利理论的研究，认为并非所有的权利概念都局限于意志理论或者利益理论，尽管两大理论不是法学中仅有的权利理论，却是最为重要的权利理论。[⑤] 权利与产权并不等同，权利一词更多地用于法学语境之下，而产权一词则是经济学上常用的术语。经济学界认为产权体现了人与人的关系，产权的实质是一种社会关系，它规定了利益关系的界限。[⑥] 当然，在看到区别的同时，也不可忽视二者之间的联系。产权的存在往往以权利的确认作为其合法性基础，而产权的价值体现往往需要通过权利的实现来彰显。例如，在立法中确认自然资源权利是主张自然资源资产产权的前提和基础，而自然资源资产产权的价值也需要通过主张权利、行使权利来体现。正如学者所言，推进自然资源产权制度建设，要以

---

① 梁慧星：《民法总论（第四版）》，法律出版社 2011 年版，第 69 页。

② 何志鹏：《权利基本理论：反思与构建》，北京大学出版社 2012 年版，第 3 页。

③ 夏勇：《权利哲学的基本问题》，《法学研究》2004 年第 3 期。

④ 何明智：《权利哲学的基本问题》，《经济与社会发展》2012 年第 11 期。

⑤ 彭诚信：《现代权利理论研究》，法律出版社 2017 年版，第 17—18 页。

⑥ 李勇、孙娜：《产权缺陷与我国市场经济建设中的信用缺失》，《科学 · 经济 · 社会》2014 年第 3 期。

自然资源国家所有权的有效运行为前提。①

一般认为,民事权利是权利的下位概念,民事权利是由特定民事利益和法律上之力相结合,共同构成的民事主体自由行使意志、实施法律行为的范围。② 而所有权则被视为民事权利体系的逻辑起点。在物权制度中,所有权处于中心地位,是其他类型物权的来源和基础。正如荷兰民法典所指出的:"所有权是人对物所能享有的最广泛的权利"③。对于什么是所有权,学者的表述不尽相同。杨立新教授认为,所有权是所有人依法按照自己的意志通过对其所有物进行占有、使用、收益和处分等方式,独占性支配其所有物,并排斥他人非法干涉的永久性物权。④ 王利明教授认为"所有权是指所有人依法对自己的财产享有的占有、使用、收益和处分的权利"⑤。尽管对所有权的概念有各种表达方式,但其基本内容是确定的:所有权是需要确定物的最终归属的,表明了所有者能够占有一定财产的权利,这种财产权利具有独立性、排他性、全面性、永久性等特征。可见,所有权是指所有权人依法对其财产(动产或者不动产)享有的占有、使用、收益和处分的权利,是一种财产支配权。所有权的核心和灵魂是支配权,它通过支配权而体现它的存在,它本身概括和赋予了所有人实际享有的占有、使用、收益和处分的权能。⑥ 可以进一步得出:只要支配权不丧失,不管四项权能与所有权如何分离,都不会导致所有权的丧失。

权利之行使,从其字面意义而言,是指权利主体为实现权利内容而依法实施的一系列行为。由此,自然资源国家所有权的行使,是指自然资源权利行使

① 李显冬、孟磊主编:《新中国自然资源法治创新 70 年》,中国法制出版社 2019 年版,第 25 页。

② 杨立新:《民法总论》,高等教育出版社 2007 年版,第 161 页。

③ 《荷兰民法典(第 3、5、6 编)》,王卫国主译,中国政法大学出版社 2006 年版,第 106 页。

④ 杨立新:《物权法》,中国人民大学出版社 2013 年版,第 52 页。

⑤ 王利明:《民法》,中国人民大学出版社 2010 年版,第 172 页。

⑥ 佟柔主编:《论国家所有权》,中国政法大学出版社 1987 年版,第 21—22 页。

主体为了实现自然资源国家所有权的权利内容而依法实施的一系列行为。从私法自治的角度上讲,权利之行使既包括了为实现权利内容而主张权利存在的积极行使,也包括了不去实现权利内容而抛弃权利的消极行使,主张权利或者抛弃权利都是权利人行使权利的正当表现。然而,这一行使逻辑却不能简单套用在自然资源国家所有权的行使之上。行使自然资源国家所有权与行使普通物权不同在于,其权利不得滥用规则还包括不得怠于行使权利。普通物权人在是否行使物权的请求权效力、优先效力、追及效力等法律效力上是可以自由选择的,可以选择行使权利,也可以选择暂时不行使权利,还可以选择放弃权利。但作为自然资源所有权人的国家,必须恪尽职守地行使权利,而不能怠于行使或者随意放弃本该行使的自然资源权利。比如,当国家所有的自然资源被侵占时,就要及时行使自然资源国家所有权的排他效力;在国家所有权的自然资源受到侵害时,国家必须行使请求权效力,否则,最终损害的是人民的利益;该行使追及效力时,国家必须及时、有效地行使这一权利。代表国家行使自然资源权利的政府,以及经营管理国有自然资源的国有企业,同样不得怠于行使或者随意放弃行使请求权的权利。自然资源虽然属于国家所有,但开发利用自然资源的主体却不限于国家或者政府部门,通过设立自然资源用益物权,普通的民事主体(法人、自然人或者其他社会团体)也可以依法取得开发利用自然资源的权利。在这种情形下,自然资源国家所有权的行使就应当传递到自然资源使用权的主体之上,从而使自然资源使用权人在行使自然资源权利时也具有了排他效力、请求权效力、优先效力和追及效力。

在法律术语中,权利行使与权力行使的含义泾渭分明。一般而言,权利行使指民事主体行使私权利,权力行使指行政主体行使公权力;民事主体的权利行使一般遵循法无禁止皆可为的准则,行政主体的权力行使则应当遵循法无授权不可为的准则。与此同时,权利行使与权力行使又有着千丝万缕的联系。权利行使不当往往成为权力行使的触发器,而任何权力的行使都必须以尊重合法正当的权利行使为限度。权利的行使或实现有赖于权力的保障,权利的行使和实现是对权力的最好制约。① 行政权的行使一方面可以保障民事权利,另一方面也可能对民事权利产生一定的侵害。② 因此,既要看到权力行使为权利行使保驾护航的一面,也应当注意权力行使应当受到必要的限制和制约。此外,还要注意权利行使与权利享有的区别。民事权利享有与民事权利行使的区别主要体现在法律状态不一样、行为主体不一样以及法律后果不一样。③ 可见,享有民事权利的主体与行使民事权利的主体既可能重叠也可以分开,民事权利享有者既可以亲自行使权利,也可以授权或者委托他人代为行使权利。对于国家所有权的行使而言,国家作为一个抽象的主体,虽然其无法亲自行使权利,但其可以以所有者的身份授权或者委托给特定的主体来行使国家所有权。

二、自然资源国家所有权的行使及其特征

早在 20 世纪 80 年代,佟柔先生就对国家所有权的概念进行过界定:“国家所有权是社会全体成员共同占有生产资料的所有制形式在法律上的反映,它是指公有制社会的国家为了全体人民的利益对全民共同占有的财产享有的占有、使用、收益和处分的权利。”④在社会主义国家,国家所有权是全民所有制在法律上的表现形式,是国家对国有财产的占有、使用、收益和处分的权利,这种权利与其他所有权一样,同样具有排他性、独占性、全面性和永久性。⑤在我国民事立法中,国家所有权是与集体所有权、个人所有权并列的所有权类型之一。《中华人民共和国民法典》就自然资源国家所有权、文物国家所有

---

① 王晓平:《权力的行使应止步于权利——从“黄碟事件”看权利与权力的关系》,《海南人大》2006 年第 10 期。

② 黄小玲:《行政权的行使与民事权利的保护》,《求索》2008 年第 4 期。

③ 边彦斌、徐贤勇:《民事权利的享有与行使的区别》,《知识经济》2009 年第 5 期。

④ 佟柔主编:《民法原理·修订本》,法律出版社 1986 年版,第 158—161 页。

⑤ 施志源:《生态文明背景下的自然资源国家所有权研究》,法律出版社 2015 年版,第 75—76 页。

权、国防资产国家所有权等方面的内容作出了明确的规定,其中自然资源国家所有权的规定主要体现在《中华人民共和国民法典》第二百四十七条至第二百五十二条。

自然资源国家所有权的行使是指自然资源权利行使主体为了实现自然资源国家所有权而依法实施的一系列行为。行使自然资源国家所有权与行使普通物权不同在于,其权利不得滥用规则还包括了不得怠于行使权利。就权利行使逻辑而言,其权利行使要求始终贯彻以人民为中心的理念,充分尊重自然资源的客观规律,充分尊重自然资源开发利用的传统和习惯,并充分考虑保护环境、节约资源、相邻容忍、保障基本生存需求等方面的因素。同时,自然资源国家所有权制度要以保障人的基本生存需求、维护社会的公共利益、实现经济社会的可持续发展为前提。就实现自然资源国家所有权的公共性目的而言,公权力的适时介入不仅可行而且必要。尽管如此,公权力的介入应当把握好度,充分地发挥市场在自然资源权利配置中的作用。坚持和完善自然资源国家所有权制度,既符合现实国情也符合立法传统,既符合中国改革方向也符合世界发展趋势。

相比于一般民事权利的行使,自然资源国家所有权的行使具有其鲜明的特点。第一,主体的确定性与不确定性。在国家所有权的法律构成中,所有者是国家且只能是国家,这是非常明确的。但“国家”是一个抽象的主体,其享有所有权却无法亲自行使所有权,这使得国家所有权的行使者存在着不确定性。如果任由这种不确定存在,国家作为所有者“虚置”的问题就无法避免,国家的所有者权益也无法得到充分保障。因此,保障国家作为所有权人的权益,确定国家作为所有者仅仅只是完成了第一步,最为核心的一步是要明确国家所有权的行使者。明确了行使国家所有权的主体,解决了行使主体的不确定性,才能真正落实国家作为所有者的权益。第二,对象的确定性与不确定性。从物权法定原则出发,国家所有权的行使对象应当是由法律明文规定的国家所有权之客体,法律未明确作出规定的,不是国家所有权行使的对象,这表明了国家所有权行使对象的确定性特征。但由于立法中关于国家所有权之客体的规定采用了“……等”的表述,使得国家所有权的客体呈现出开放性特征,“等”字应当解释为“等内”抑或是“等外”存在着争议。即便不少学者达成了“等外”的共识,但对于“等外”的确认是否需要通过立法,以及哪一层面的立法可有权确认等也尚存争议。① 也正是对自然资源国家所有权的权利客体范围存在诸多争议,自然资源国家所有权的行使对象存在着一定的不确定性。第三,收益的确定性与不确定性。健全自然资源国家所有权行使的收益管理机制,是统筹推进自然资源资产产权制度改革的内在要求。在这个过程中,核心环节是要明确收益的范围、计算方式及其分配办法,这彰显了全民所有自然资源资产收益的确定性。但由于自然资源价值的多重性特征,②自然资源资产的收益范围也存在着一定的不确定性。

三、自然资源国家所有权行使的关键问题

(一)政府如何行使自然资源国家所有权的问题

长期以来,我国法律赋予了政府管理自然资源的权责,却鲜有政府如何行使自然资源所有权的规定,这在《中华人民共和国土地管理法》《中华人民共和国水法》《中华人民共和国矿产资源法》《中华人民共和国森林法》等一系列自然资源单行法中得以鲜明体现。尽管国务院代表国家行使自然资源国家所有权已经在现行法中得到了明确,但各级政府在行使自然资源国家所有权过程中的角色定位尚不明确。此外,行使自然资源国家所有权需要由具体的政府工作人员来落实,作为公务员的政府工作人员习惯于行使公权力管理自然

① 施志源:《绿色发展与环境资源法律制度创新》,法律出版社 2018 年版,第 269—273 页。

② 学界普遍认为自然资源具有经济价值、社会价值、生态价值等多重属性。《略论自然资源的价值》(《中国人口·资源与环境》2001 年第 2 期)、《自然资源的多元价值与国家所有的法律实现——对宪法第 9 条的体系性解读》(《法制与社会发展》2017 年第 1 期)等多篇文章对此问题展开了讨论。

资源,如何使其尽快完善角色转换并成为自然资源“权利”的行使者,这也是需要重点解决的问题。自然资源国家所有权行使主体法律制度创新关键是要牢牢抓住使国有自然资源“所有者身份到位、所有人权益落实”这一根本性目标。确保全民所有自然资源的所有权人到位,应当通过健全自然资源权利制度,明确自然资源的权利所有者和使用者,明确自然资源国家所有权的权能内容;通过健全国家自然资源资产管理体制,统一行使全民所有自然资源资产所有者职责。

(二)自然资源的财产性质问题

不同类型自然资源,功能用途不同,获取的难易程度不同,对生态环境的影响程度不同,与人的生产生活联系的紧密度不同。这些不同点都直接影响着自然资源的法律效力。比如,水资源与矿产资源的排他效力就不尽相同,水资源国家所有权的排他性就不能排除公民基于生存需求的取水行为,而矿产资源国家所有权却可以排除任何非经国家允许的采矿行为。再比如,国家重点保护的野生动物资源的国家所有权追及效力与普通林木资源的国家所有权追及效力就有很大区别,法律禁止出售、收购国家重点保护野生动物的产品,对野生动物资源的追及效力同样适用于对野生动物产品的追及效力,而普通林木资源的追及效力则不应适用于林木的产品(家具等),否则,不利于维护正常的交易安全。因此,对不同类型的自然资源国家所有权的法律效力,必须作具体的研究与分析,而不能以统一的标准来看待自然资源国家所有权的法律效力。因此,自然资源国家所有权的行使,应当界分清楚自然资源在哪些情形下属于国家财产,在哪些情形之下属于公共财产;在哪些情形下使用国有自然资源应当获得许可或者支付使用费,在哪些情形之下公众可以不经许可且无偿使用国家所有的自然资源。关于自然资源国有资产在法律上的状态,可以在立法中直接规定某些自然资源为非独享性的资源。在非独享性自然资源上不可以设置仅属于部分人所专享的权利,从而使这部分国有自然资源可以永久地为不特定的公众所共同使用。比如,《意大利民法典》第 823 条第 1 款规定:"作为国有财产的一部分的财物为非转让性的财物,而且非依与此有关的法律所定的形态及其限制,不得为第三人形成权利的标的。"①《意大利民法典》第 826 条第 3 款规定:"公共的事务所的建筑物与其备品一起,或供公共用的其他财物,按其所属,为国家或分别为县及市镇村的不得转让的固有财产的一部分"②。由此可见,规定国有自然资源中的某些自然资源属于公共使用且不得转让,在国外的立法中已经有了成功的先例。

(三)有偿使用与无偿使用的边界问题

要明确在哪些情形之下使用国有自然资源是无偿的。国有自然资源应当保障公众的基本需求,应当无偿地满足公众基于基本生存需求或者满足农民小型农业生产的自然资源需求。在国家所有权之下设置自然资源用益物权,并不等于所有开发利用自然资源的行为都是有偿的。比如,《韩国民法典》第 231 条规定:"于公有河川的沿岸经营农、工业者,于其使用不妨害他人用水的范围内,可予必要的引水"③。《土库曼斯坦民法典》第 256 条规定:"用益权可以是有偿的,也可以是无偿的"④。任何基于自身生存需要的开发资源利用行为都应当得到法律的保障,此时,国家所有实质上起到了其他任何主体不得私有的防御功能。未来的自然资源立法应当将法律法规已经明确规定的可以无偿使用国有自然资源的情形加以明确的规定。这样可以有效避免"使用国有自然资源都需要获得政府行政许可"的认识误区。有的国家在民法典里就直接规定了"公用国有财产",以保障公众对这类国有财产的使用权。比如,《智利共和国民法典》第 589 条第 2 款规定:"国有财产的使用如属于国家的

① 《意大利民法典》,陈国柱译,中国人民大学出版社 2010 年版,第 160 页。

② 《意大利民法典》,陈国柱译,中国人民大学出版社 2010 年版,第 160—161 页。

③ 《韩国民法典　朝鲜民法》,金玉珍译,北京大学出版社 2009 年版,第 37 页。

④ 《土库曼斯坦民法典》,魏磊杰、朱淼、杨秋颜译,厦门大学出版社 2016 年版,第 55 页。

全体居民,例如街道、广场、桥梁、道路、近海及其海滩,谓公用国有财产或公共财产”①。《泰王国民商法典》第1304条规定:“国家公共财产,包括为了公共利益而使用或为公共利益而保留的各种国家财产:(一)根据土地法,荒芜的土地和有人归还、抛弃或以其他方式又归为国家所有的土地;(二)专为人们共同使用的财产,如海滩、水路、公路、湖泊;(三)为国家利益而特殊使用的财产,如军事堡垒、军队建筑物、政府办公场所、军舰、武器装备”②。尽管《路易斯安那民法典》对公有物和一切人共有的物进行了区分,但对公众利用这两类物的基本权利同样给予了保障。该法典第452条第1款规定:“公有物与一切人共有的物,由公众遵循可适用的法律和法规使用。只要不会对毗邻所有人的财产造成损害,任何人有权在河流、港口、抛锚地以及海湾中捕鱼,有权为了捕鱼、避难、抛锚、晒网及其他类似的事情登上海岸”③。不能因某一财物属于国家所有就得出公众使用该财产需要征得国家同意的结论。值得注意的是,对于国家所有公共使用的自然资源,也并非一律都是无偿使用的。国家作为所有者可适当收取一定的使用费,但应当尽量提供给公众免费使用,政府承担“守门人”的角色。

(四)权利行使与权利限制的关系问题

行使自然资源国家所有权,应当对资源利用的习惯给予尊重,在不破坏国家法律制度整体统一性的前提之下,尊重长久积累下来的习惯,以便制定出来的规则得到更好的实施。在《日本民法典》中明确规定权利的行使应当符合公共福祉。④《葡萄牙民法典》第1455条第1点规定:“成片树林或

---

① 《智利共和国民法典》,徐涤宇译,北京大学出版社2014年版,第96页。

② 《泰王国民商法典》,周喜梅译,中国法制出版社2013年版,第223页。

③ 《路易斯安那民法典(2010年1月版)》,娄爱华译,厦门大学出版社2010年版,第450页。

④ 《日本民法典》第一条规定:“私权应当符合公共福祉。禁止权利滥用。”参见《日本民法典修正案(Ⅰ)》,[日]加藤雅信著,朱晔、张挺译,北京大学出版社2017年版,第63页。

任何用于生产木材或木柴之树木的用益权人在采伐时应遵守所有人所沿用的秩序和习惯,所有人无既成的秩序与习惯者,循地方风俗"①。《秘鲁共和国新民法典》第1008条规定:"用益权人应以通常和习惯的方式利用用益财产"②。《葡萄牙民法典》第1400条规定:"按照沿用超过20年的习惯,共同使用之水以稳定及正常的分配制度分割着或支配着,如无新的分割,则继续按此一方式利用。习惯对于并非水的所有人的共享人也具有强制性"③。中国是由56个民族组成的大家庭,许多少数民族都有自身的信仰、禁忌或者独特的习惯,其中包括不少开发利用自然资源的民族习惯。因此,在完善自然资源权利的行使规则时,应尽量尊重各个民族长期以来形成的风俗或者习惯。

(五)自然资源国家所有权行使范围变与不变的问题

尊重自然资源利用的客观规律,是自然资源权利行使的应有之义。充分尊重自然界的客观规律,应当根据自然资源本身的特性来判断自然资源资产的增减。对于土地依附型的自然资源(例如森林资源),其一旦搬动或者位置发生变化,该自然资源便脱离了原附着的土地,其用途即受到损害或者发生变化。由于位置移动将会导致土地依附型自然资源的损耗乃至灭失,从中得出该自然资源产生减损的结论毋庸置疑,法律规则也可依此作出资源权属发生变化的结论。但对于流动性自然资源,因流动是其自然属性的外在表现,正常的位置移动是自然界的客观现象。对此类自然资源的权属认定,不能因其位置移动而简单地断定该情形属于自然资源资产的流失或者减损。比如,上游的水资源所有者不能以保护其水资源财产利益为由而进行拦坝截水,因为这一行为将直接导致下游水流量的减少,此种情形下,是下游水资源所有者的权

① 《葡萄牙民法典》,唐晓晴等译,北京大学出版社2009年版,第254页。
② 《秘鲁共和国新民法典》,徐涤宇译,北京大学出版社2017年版,第198页。
③ 《葡萄牙民法典》,唐晓晴等译,北京大学出版社2009年版,第241页。

益受到了侵犯,民法典应当给予其提供必要的权利救济。比如,《瑞士民法典》第689条第2项和第3项规定:"任何人均不得改变水的自然流向,以至于给邻地造成损害。对于高地自然流向低地的水流,且水流为低地所必需,则高地的所有权人只能在高地不可或缺的限度内,才能对水流进行堵截。"充分尊重自然界的客观规律,应当根据顺应自然界的变化规律确定新出现的岛屿等自然资源的归属。比如,《法国民法典》第560条规定:"有航行便利的河床中所形成的岛或洲,归国家所有,但又依相反的权利根源或时效主张权利时,不在此限。"同时,《法国民法典》第561条规定:"不便航行的河川中形成的岛或洲,归属于该岛近旁的沿岸地所有人"①。《西班牙民法典》第371条规定:"西班牙的领海、可航行或漂流的河流中形成的岛屿属于国家"②。从这些国家民法典的规定可以看出,确定新出现的自然资源之权属时,原则上应当归属于国家或者其邻近土地的所有权人,但同时应当根据"可航行"或者"不可航行"等自然客观规律作出不同的规定。充分尊重自然界的客观规律,还应当根据自然界客观规律来划定自然资源权利的边界。比如,《西班牙民法典》第372条规定:"可通航和漂浮的河流改变流向,在原私人所有的土地上形成河床的,该河床应作为公共所有。原所有人仅在因自然原因或合法授权的方式使得河床干涸之后重新取得所有权"③。《西班牙民法典》第407条第7项规定:"在公共土地上进行施工时发现的水源归公所有,即使工程是因特许授权而进行的"④。简言之,不能以静止的眼光来看待自然资源国家所有权的行使范围,而应当在尊重自然客观规律的基础上确立判断资源财产权属的规则,并以此明晰权利的边界及其行使的范围。

---

① 《拿破仑法典(法国民法典)》,李浩培、吴传颐、孙鸣岗译,商务印书馆2015年版,第83页。

② 《西班牙民法典》,潘灯、马琴译,中国政法大学出版社2013年版,第135页。

③ 《西班牙民法典》,潘灯、马琴译,中国政法大学出版社2013年版,第135页。

④ 《西班牙民法典》,潘灯、马琴译,中国政法大学出版社2013年版,第144页。

（六）国家所有权的行使责任与自然灾害的关系问题

应当正确看待由自然灾害引起的他人财产损失，而不能一概将损害责任归咎于自然资源的所有者。有学者曾担忧，因水资源归属于国家所有，由洪水引发的自然灾害也应当由国家来赔偿。[①] 事实上，这种担忧是不必要的，因为洪水是由于自然界的不可抗力的因素造成的。对于因自然因素引起的损害，不能简单地归咎于造成这一损害之自然资源载体的所有者。比如，《瑞士民法典》第 689 条第 1 项规定："对于高地自然流至其土地上的水，特别是对雨水、冰雪融水或未设围堰的水源，土地所有权人应当承受"[②]。因此，如果在法律规则中进一步明确规定了类似于《瑞士民法典》的条款，就可以很好地判别自然资源所有者的法律责任边界，并消解学者关于洪水归属国家所有可能引发国家赔偿责任的担忧。

第三节 自然资源国家所有权行使的研究框架

研究自然资源国家所有权的行使问题，主要围绕自然资源"权利"及其行使主体、行使路径、行使限制、行使保护等方面展开研究。具体而言，研究的总体框架是在梳理总结我国自然资源国家所有权的制度实践及其经验教训的基础上，抓住促进自然资源所有权人到位和充分保障国家自然资源权益这一主线，健全以自然资源国家所有权为制度基础的权利行使主体制度，健全以公平为核心原则的自然资源使用权制度和自然资源权利市场配置制度，完善以落

① 《物权法草案（第二次审议稿）释评（下）——在四川省高级法院的讲课记录稿》，法帮网，http://www.fabang.com/a/20111024/452564_12.html，发布时间：2011 年 10 月 24 日，访问时间：2019 年 12 月 20 日。

② 《瑞士民法典》，于海涌、赵希璇译，法律出版社 2016 年版，第 245 页。

实法律责任为重点内容的损害救济机制、生态综合执法制度和自然资源公益诉讼制度。

本书的基本框架主要包括了四个部分的内容：一是对自然资源国家所有权行使的基础理论进行系统的学理阐释，明晰自然资源国家所有权行使的研究缘起、科学内涵及制度内容；二是围绕自然资源国家所有权的行使主体、行使路径、行使限制以及行使监管等方面的制度建设问题展开系统研究，并提出建立健全相关制度的思路与对策；三是就国有自然资源资产有偿使用制度改革进行了难点分析和实践检视，为深入研判自然资源国家所有权行使法律制度建设夯实基础；四是从损害救济机制、生态综合执法、公益诉讼等三个方面就自然资源国家所有权行使的法律保护展开了多维研究。

第二章　自然资源国家所有权的行使主体制度

法律赋予政府代表国家行使自然资源所有权，但政府如何代表国家行使自然资源所有权缺乏明确的法律规定。由一个部门统一行使国家的自然资源所有权，是党的十八届三中全会的战略性部署。2018年国务院机构改革后自然资源部的设立，确立了自然资源国家所有权行使主体的总体框架。完善自然资源国家所有权的行使主体制度，要在明确政府行使自然资源所有权之法律定位的基础上，进一步明确自然资源国家所有权统一行使与分级行使的实现路径及其制度进路。同时，还需要从制度上充分保障国家的自然资源权益，对政府行使自然资源所有权进行有效的监管，防止政府随意行使自然资源国家所有权。

第一节　政府行使自然资源国家所有权的法律定位

国家是一个抽象的主体，必须通过其代表"政府"来行使自然资源国家所有权。那么，政府指的是哪一级的政府？具体行使自然资源国家所有权的又是哪一个政府部门？政府行使权利的过程如何有效保障国家的自然资源权益？这些问题的解答，首先需要明确政府行使自然资源国家所有权的法律定位。

一、政府在自然资源国家所有权行使中的角色定位

（一）"政府代表国家行使"之含义

一般认为，国家不能直接行使所有权，而是由占有国有财产的各个国家机关和企事业单位来行使。① 针对自然资源国家所有权的行使主体，《中华人民共和国民法典》以及《中华人民共和国矿产资源法》《中华人民共和国草原法》《中华人民共和国森林法》等自然资源单行法都作了相关规定，即由国务院代表国家行使自然资源国家所有权。在现实生活中，各级政府及其相关主管部门的一些自然资源管理活动也常被视为在代表国家行使所有权，并出现中央与地方"分级行使"的局面。因此，在讨论自然资源国家所有权行使主体相关问题时，必须明确政府代表国家行使之含义。

代表是指事实上两个不同的主体，一方主体表示的意思在法律上表现为他方主体的意思，②即代表是一方主体替他方主体办事或表达意见的一种行为。③ 代表与代理不同。从代表一词本身的性质来看，其与代理并无不同之处，两者的差异仅在于代表权的范围大小：即代理行为仅涉及法律行为，而通说认为的代表行为不仅涉及法律行为，而且包含法律行为以外的意思表示及不法行为。④ 就两者之间的差异而言，代表是一种人格化的代表，即只有具有人格性的物品才能代表或被代表，且只能发生在公共领域中，是属于国家领域

---

① 王利明：《物权法论》，中国政法大学出版社 2003 年版，第 276 页。

② ［日］美浓部达吉：《宪法学原理（中国近代法学译丛）》，欧宗祐、何作霖译，中国政法大学出版社 2003 年版，第 62 页。

③ 来自《现代汉语词典》对"代表"一词的解读。

④ ［日］美浓部达吉：《宪法学原理（中国近代法学译丛）》，欧宗祐、何作霖译，中国政法大学出版社 2003 年版，第 63 页。

的公法概念,并代表着意志或价值。① 而代理是属于社会领域的私法概念,仅针对私人主体间的私人委托事务。除此之外,代表具有独立性,其意志独立于被代表者的意志,所以代表不受被代表者的意志所支配。而代理者不具有独立的意志,其依据被代理者的意志行事。在委托代理法律关系中,受托人则应当忠实履行委托的事项,不得超越代理权而实施代理行为,委托代理一般规定明确的期限,受托人不得在代理权终止后继续实施代理行为;而在政府代表国家行使自然资源所有权的过程中,政府的代表权由法律作出明确的规定,代表行使所有权的政府是一个独立并充分行使所有权权能的主体,只要法律规定没有作出修改,政府在行使自然资源国家所有权时就不存在"越权代表""无权代表""超期代表"等问题。当然,这并不意味着政府代替国家行使所有权。代表不同于代替,代替是指一方主体完全取代另一方主体,这与代表所表示的意义并不相符,政府代表国家行使自然资源所有权,所有者仍然是"国家"而非"政府",政府只是代表所有者行使所有权。

(二)各级人民政府是自然资源国家所有权的行使者

《宪法》明确赋予了各级人民政府管理国家和地方事务的权限,是实现国家权力或权利的具体执行机构。各级人民政府履行管理国家事务职能,②是《宪法》赋予政府的神圣使命;国家的权力或权利是否能够得到有效的保障,直接取决于各级政府的工作效能高低。因此,在自然资源国家所有权的具体实现上,真正的权利行使者是"各级人民政府",而不是"各级人民代表大会"。

中央政府和地方政府在行使自然资源权利过程中是有分工的。重要自然资源领域由国务院代表国家行使自然资源国家所有权,其他自然资源领域由各级地方政府代表国家行使自然资源国家所有权。关键是如何区分重要自然

① 翟志勇:《代议制的基本原理》,中央编译出版社 2015 年版,第 124—125 页。

② 参见《中华人民共和国宪法》第八十九条和第一百零七条的规定。

资源与一般自然资源。这是自然资源国家所有权行使过程中涉及的自然资源类型划分问题。有效地区分重要自然资源与一般自然资源,需要有一个明确的自然资源分类清单目录,但要制定这一清单并非易事。因为我国目前中央财政与地方财政是分开的,各级政府在自然资源收益分配、自然资源资产管理权限等方面是存在着利益博弈的,而解决这一问题的钥匙便是科学设计自然资源国家所有权的分级行使规则。本章后文将就此问题展开进一步的研讨。

(三)防止自然资源国家所有演变成自然资源政府所有

政府只是"代表"国家行使所有权,而不是"代替"国家行使所有权。政府对国家所有自然资源的管理权与政府代表国家行使自然资源所有权不可以混为一谈,尤其要注意控制好自然资源管理权的边界。美国自然资源管理过程中就出现了自然资源管理权边界不清晰的问题,值得引以为戒。尽管美国宪法的财产权条款赋予了国会充分的权力,行政机关只享有有限的管理权,但美国联邦政府实际上控制着这个国家许多最有价值的自然资源——大约占国土面积的 30%——其专有权的行使。① 可见,政府在管理自然资源的过程中,极易出现管理权的膨胀和扩张,这一趋势在我国推进自然资源国家所有权行使主体制度改革过程中应当引起充分的注意,不能以管理权替代所有权的行使。

二、政府行使自然资源国家所有权的问题检视

在庞大的政府行政部门体系中,究竟由什么部门具体负责自然资源国家所有权的行使,哪一级政府有权代表国家行使自然资源国家所有权?通过分析近年来自然资源权属纠纷的典型案例,有助于进一步探讨政府行使自然资源国家所有权在实践中存在的问题。

① [美]理查德·拉萨路斯:《环境法的形成》,庄汉译,中国社会科学出版社 2017 年版,第 37 页。

（一）从彭州乌木案看政府行使自然资源国家所有权

1.“彭州乌木案”案情回顾

2012 年 2 月，村民吴某在通济镇麻柳河 17 组河段发现乌木，之后通济镇政府以乌木属于国家所有为由把乌木挖出运走。2012 年 7 月 3 日，通济镇政府决定，奖励吴某 7 万元。但吴某认为乌木应当归自己所有，且乌木的价值四五百万元，与镇政府的奖励金额差距巨大。吴某不服提起诉讼，成都市中级人民法院公开审理此案，裁定乌木发掘地不在吴氏姐弟承包地，却没有对乌木的权属作出判决。吴某不服上诉，但二审维持一审判决。①

此案虽已终结，但乌木的权属问题仍未解决。众学者还对乌木的法律属性形成了矿产资源、古生物化石、天然孳息等不同的观点。以下内容便以乌木法律属性为切入点，对“彭州乌木案”中政府对自然资源国家所有权的行使作简要分析。

2. 乌木是什么？

乌木，又称阴沉木，兼备木的古雅和石的神韵。现代的“乌木”是红木的一种，属于国家红木标准的类型之一。②

乌木的归属如何适用法律？这在现有的法律中找不到直接的依据。乌木的归属及其法律适用问题也已经成为法学界探讨的热点话题，迄今已有近百篇公开发表的法学论文就此展开研究。③ 那么，乌木是什么？这在学术界存

---

① 《彭州天价乌木案　四川高院驳回村民所有权起诉》，人民网，http://politics.people.com.cn/n/2013/0616/c70731-21851647.html_，发布时间：2013 年 6 月 16 日，访问时间：2024 年 2 月 5 日。

② 参见百度百科对乌木的介绍。

③ 典型的代表作有：王建平发表在《当代法学》的论文《乌木所有权的归属规则与物权立法的制度缺失——以媒体恶炒发现乌木归个人所有为视角》；谢晓松发表在《研究生法学》的论文《乌木的法律性质与所有权归属刍议——评四川彭州“天价乌木”案》，王永霞发表在《政法论丛》的论文《彭州乌木事件的法解释学思考》，王建平发表在《西南民族大学学报（人文社会科学版）》的论文《埋藏物乌木发现者权益的立法逻辑比较分析》，周辉斌发表在《时代法学》的论文《“天价乌木案”凸显〈物权法〉适用之惑》，等等。

在着比较大的争议,众说纷纭,大致有以下五种观点。

(1)乌木属于天然孳息说。什么是天然孳息呢?孳息指原物所处之收益;天然孳息,指物依自然而产出的出产物、收获物,如植物的果实,及动物之卵、奶、幼仔。[①] 如果把乌木认定为其所依存土地的天然孳息,那么,乌木应当归属土地的所有者所有,即国家所有;当存在土地用益物权人时,乌木应当归属土地的用益物权人,即土地的承包经营者。在"彭州乌木案"中,成都市中级人民法院之所以裁定乌木发掘地不在吴氏姐弟承包地,其目的在于表明吴某不拥有乌木的所有权。而最能够支持该法院判决的就是乌木属于天然孳息说。然而,这一学说并没有很强的说服力。乌木与其所依附的土地之间并没有本质的、必然的联系,土地并不必然会产生乌木,在土地上发掘乌木也不具有普遍性,即乌木也并非其所依附的土地"自然而产出的产出物"。因此,乌木与土地的关系不能简单类比于果实与果树的关系,把乌木视为土地的天然孳息并不合适。

(2)乌木属于文物说。学界认为,文物具有历史、艺术、科学价值,是重要的有形文化遗产;[②]文物的特性包括文物的物质性、文物的历史性、文物的不可再生性和文物价值的客观性和文物作用的永续性。[③] 可见,"文物"应当具备以下几个基本要素:第一,文物为有形物体,且要有时间上的"过去式",而不能是新近才出现的物品;第二,其出现的方式必须是"遗留"下来的,而不能是翻新或者仿古的物品;第三,要承载着历史的文化价值,没有文化价值的物品,哪怕其存在的时间再久远,也不可认定为文物;第四,这种历史文化价值因其具有其自身的独特性而不可用现代技术进行复制,可以随意复制的物品不能称之为文物;第五,文物一般应当具备稀缺性,而不是数量无穷大的物品。乌木是天然形成的,并非由人类创造的,把乌木定性为文物,是对文物自身内涵和外延的一种曲解。乌木不是人工加工而成的,乌木本身并没有体现出人

① 梁慧星:《民法总论》,法律出版社 2011 年版,第 157 页。
② 俄军:《文物法学概论》,兰州大学出版社 2006 年版,第 17 页。
③ 李晓东:《文物学》,学苑出版社 2005 年版,第 6—8 页。

类的智慧，也没有文化蕴含其中，认定为文物显然也不合适。

（3）乌木属于古生物化石说。古生物化石，指的是人类史前地质历史时期形成并赋存于地层中的生物遗体和活动遗迹。从外形特征上看，把乌木认定为植物化石，似乎有一定的道理；但乌木是否属于人类史前地质历史时期形成的，则缺乏科学的考证，把乌木认定为古生物化石又难免牵强附会。

（4）乌木属于埋藏物说。埋藏物指埋藏于地下的所有人不明的物。埋藏物的权属特征是，它原先的所有权归属是明确的，并非没有所有人，只是当前所有人暂时不明。如果乌木属于埋藏物，确定埋藏物归属是需要经过发布招领公告这一程序的。但是，招领公告显然不适用于乌木的权属认定，认定乌木属于埋藏物也是行不通的。

（5）乌木应为新型自然资源。无论是把乌木定性为天然孳息、文物、古生物化石，还是把乌木定性为埋藏物，均难谓恰当。而解决这一难题的根本出路则在于，乌木属于自然资源的一种类型，关于自然资源权属认定的相关法律同样适用于乌木。首先，乌木是天然形成的，符合自然资源的天然性特征。其次，乌木在现实生活中被广泛应用，符合自然资源的有用性特征。再次，乌木具有稀缺性，存在着需求与供给的不对称，具有交换价值。

把乌木认定为一种新型的自然资源，其权属的认定及其相关的利益分配规则可以参照法律关于自然资源的有关规定来确定，彭州乌木案的相关疑难问题自然也就迎刃而解。当然，最好能参照气候资源的地方立法，对乌木的归属在上位法规定不明确的情形之下，先行制定地方性法规，明确规定乌木的权利归属，以达到定分止争的目标。

3. 政府对乌木国家所有权的行使

由上述可知，乌木为新型自然资源，就有了纳入自然资源国家所有权客体范围的可能性。法律规定由国务院代表国家对国有财产行使国家所有权，①

① 参见《中华人民共和国民法典》第二百四十六条的规定。

但在现实生活中,自然资源国家所有权的行使呈现"国务院代表,地方政府实际行使"的特点。

镇政府并不是行使自然资源国家所有权的法定机关,应当及时报请有权机关行使自然资源国家所有权。但在现实生活中,若发生较为紧急的情形时,仍然按"层层报批"的做法行使国家所有权,那么便可能造成行使所有权不及时以致国有财产价值受到损害的结果,这无疑是与国家对重要资源进行保护的理念相违背。针对这些问题,我国出台相关规定明确了地方与中央分级行使所有权的体制,①这在一定程度上扩大了地方政府处分自然资源的权限。但并未对"分级行使"机制的具体运行做相关规定,以至于在实践中出现中央和地方在对自然资源国家所有权的行使上,存在主体重合的情况,例如针对同一自然资源如何确定是中央还是地方政府行使所有权。针对此种问题,可以对相关自然资源进行分类,即关系到国家安全、国家经济安全等的社会或经济价值极其重要的自然资源,由中央行使所有权;而一般的自然资源由地方政府代理行使所有权,以此充分发挥中央和地方对国有财产的保障作用。

(二)从狗头金案看政府行使自然资源国家所有权

1.新疆阿勒泰地区狗头金权属争议事件概要②

2015 年 1 月 30 日,新疆阿勒泰地区一位牧民捡到了一块重达 7.85 公斤重的狗头金。牧民捡到狗头金一事经媒体报道之后,随即引发争议。2 月 6

① 2015 年中共中央、国务院印发《生态文明体制改革总体方案》中指出"探索建立分级行使所有权的体制。对全民所有的自然资源资产,按照不同资源种类和在生态、经济、国防等方面的重要程度,研究实行中央和地方政府分级代理行使所有权职责的体制,实现效率和公平相统一。"2016 年颁布的《国土资源"十三五"规划纲要》提出"探索建立中央和地方政府分级代理行使所有权职责的体制,研究提出全民所有中央政府直接行使所有权、全民所有地方政府行使所有权的资源清单和空间范围"。2017 年 1 月国务院印发了《国务院关于全民所有自然资源资产有偿使用制度改革的指导意见》其中指出了"明确权责、分级行使""明确全民所有自然资源资产有偿处置的主体""合理划分中央和地方政府对全民所有自然资源资产的处置权"。

② 《"狗头金"引争　舆论期待补全行业"空白地带"》,人民网,http://culture.people.com.cn/n/2015/0216/c172318-26574264.html,发布时间:2015 年 2 月 16 日,访问时间:2024 年 2 月 1 日。

日，清河县组织国土、矿产、公安等多部门成立联合调查组，前往该牧民家调查。6 日下午，青河县文物局回应称所捡物和文物无关，只能说它是一种矿产。

2. 狗头金为何物？

狗头金十分稀有与珍贵，表面上看是因其可遇不可求，实则因其特殊而苛刻的形成条件导致的。狗头金是在地球漫长的地质演变过程中，地壳中大量金元素活化迁移富集，形成岩金，岩金与砂石、水流发生复杂的化学反应后形成的，再次经历地壳运动才可能裸露于地面。关于狗头金究竟为何物尚未有统一的定论，有学者认为狗头金属于文物，也有学者认为狗头金属于矿产资源，还有学者认为狗头金属于无主物。那么，狗头金究竟为何物？本文试析之。

（1）狗头金不是文物。狗头金，是自然物理化学反应以及地质运动的产物，没有人类智慧和劳动的参与，不存在对历史文化的纪念和传承。根据上文关于文物的界定，狗头金显然不是文物。

（2）狗头金不是无主物。是否只要排除狗头金不是矿产资源即可反向证明狗头金是无主物？这样的逻辑存在严重漏洞。通过对狗头金的物理化学性质分析，尚不能将狗头金排除在自然资源的范围之外。因此，狗头金并非处于物权不明状态下的无主物。

（3）狗头金是矿产资源。狗头金，作为一种稀有的自然资源，不仅富含各种元素，还具有地质内部的矿物元素。有的学者认为因为狗头金开采是不成体积的或者其观赏把玩的价值大于科研价值，用途上不同于普通矿石，因此不能归属于矿产资源。① 狗头金具有特殊的物质构成特征和组成成分以及形成过程，在研究地球的地质演变过程、物质的溶度和沉积等规律中，具有重要的科学研究价值和实验意义。人类若想要平安健康地生存在地球上，就必须对

---

①　金可可：《论“狗头金”、野生植物及陨石之所有权归属——再论自然资源国家所有权及其限度》，《东方法学》2015 年第 4 期。

地球有深刻清晰的认识,以应对未来即将发生的各种地球环境变化。虽然狗头金尚未在矿产资源法实施细则所附的矿产资源分类细目中明确规定,但是根据其稀有性、可利用性、天然性的特点,且具有科学研究的价值,将狗头金视为一种自然矿产资源并归国家所有,是合理的制度选择。简言之,狗头金是广义的自然矿产资源,国家拥有其所有权。

3. 政府有权行使狗头金所有权

狗头金,是自然矿产资源。目前根据法律的规定,原则上是不允许地方政府直接行使矿产资源所有权,但是,例外地赋予了自治地方政府对自然矿产资源实质的管理权。[①] 同时,考虑到我国地域辽阔,地方政府负责辖区内自然矿产的管理和保护是较为简便的做法,为了防止地方政府因为没有相应的所有权而疏于管理和保护,造成国家资源的浪费和流失,赋予地方政府适当的矿产资源所有权,有利于调动各地的力量,充分保护矿产资源的开发和利用。

对于像狗头金这样既稀少又具有重大社会研究价值的自然资源,政府的行使也需要有一定的限制。首先,政府在行使矿产资源权利时,应当维护公共利益,体现全民的意志。在涉及重大的矿产资源处置的事项时,保证人民的参与,征求人民的意见后,再由全国人大决定。政府在行使所有权的过程中,应当受到人民的监督,公开矿产资源使用的详细情况。其次,政府承担的多是国家权力的行使,对公共利益的维护和社会事件的处理,而矿产资源,更多需要的是被研究其物理化学性质,被开发、开采和利用,这些都不是政府的工作所擅长的。因此,政府可以通过行政审批、行政许可的方式,将矿产资源的开发、利用权分包出去,收取一定的许可费用。按年度审批相应的被许可开采组织的资质,保证矿产资源的开发研究和利用一直处于稳定高效的状态。再次,合法行使矿产资源的所有权。政府代表国家行使所有权,具有权能和责任方面的特殊性,掌握着重要矿产资源的所有权同时意味着,使用稍有不当,就会给

① 林彦:《自然资源国家所有权的行使主体——以立法为中心的考察》,《交大法学》2015年第2期。

国家社会造成难以估量和挽回的损失。因此，在行使矿产资源的所有权时，应当严格遵守相关的法律法规，以及有关自然矿产资源使用权的规范性文件。最后，所有权的行使必须受到合理及时的监督。政府应当及时公开相关资源使用的具体明细，包括开采计划、使用目的以及保护措施等，防止掌握具体使用权的企业个体与政府串通，徇私舞弊，侵害国家和社会的合法权益。

第二节　自然资源国家所有权的统一行使及其制度建设

建立健全统一行使全民所有自然资源资产所有权人职责的体制，关键是要把行使自然资源国家所有权的职能从原先的各个管理部门有效剥离出来，使自然资源所有者与自然资源管理者分开，并从制度上明确自然资源国家所有权统一行使的内容与方式。

一、自然资源国家所有权的统一行使

建立统一行使全民所有自然资源资产所有权人职责的体制，大力推进自然资源大部制改革是必由之路。2018 年设立自然资源部之后，应在机构整合的基础上重点解决权力运行问题，明确政府在自然资源管理中的具体职能。自然资源管理，要比一般的国企管理难度更大，涉及的政府职能部门、范围等也更广泛。自然资源作为一种特殊的“物”，承载着生态功能，这是自然资源大部制与其他大部制的最大不同。自然资源管理大部制改革应该与环保大部制改革协同推进。自然资源管理大部制改革应当稳步推进，不能一刀切。不同层级的政府自然资源大部制改革的模式、不同地方的自然资源大部制改革的模式等都不能一刀切。自然资源大部制管理，应当从提升国家治理体系和治理能力现代化的总体要求出发，与建设社会主义生态文明的战略部署相适应，与转变政府职能、建设服务型政府的步调相一致，与市场在资源配置中起

决定性作用的规律相吻合,与人民群众的需求愿望相统一。

要重视自然资源国家所有权行使主体不明确的危害。哈丁在《公地的悲剧》中设置了这样一个场景:每个牧民为了增加个人财富,不断扩大牲畜的数量。每头牲畜都要消耗牧场的牧草,数量的增加导致牧草数量不断减少,最终导致牧场荒漠化,无法放牧,公地悲剧就发生了。在公地悲剧中,牲畜的增加只会使增加牲畜的牧民获益,同时会给牧场带来损害,但损害的结果由全体牧民承受而不是由特定的某些牧民承受。公地悲剧说明了两个问题:一是许多公共资源不是取之不尽用之不竭的,承载力是有限的,过度开发利用,最终将导致资源枯竭;二是导致公地悲剧的根本原因在于资源公有和个人财产私有之间的矛盾,人对于追求自身利益最大化的冲动是不容易被抑制的,此时如果个人并没有意识到公共资源的损耗终将危及自己的利益,对于公共资源的取之无度将不可避免。因而,明晰牧场的产权归属,将产权归属与牧民的经济利益挂钩,才能促使牧民明白增加牲畜对于自己而言不见得是一件有收益的事情,才能抑制牧民不断增加牲畜数量的冲动,从而达到牧场可持续利用与获取经济利益的平衡。

自然资源属于公共资源的一种,公地悲剧在自然资源领域当中也是屡见不鲜。观察早些年的松花江流域污染事件、太湖蓝藻暴发事件,再到祁连山自然保护区遭受严重破坏事件、秦岭违建事件,我们不难发现,在产权所有人虚位的情况下,对于自然资源的过度开发都将无可避免。从保护自然资源、促进自然资源可持续利用的角度出发,应当明确自然资源国家所有权的统一行使规则。

二、从两起事例看自然资源行使主体的问题

1. 泰州公益诉讼案①

2012 年 1 月至 2013 年 2 月,江苏省泰州市常隆、锦汇等 6 家化工企业将

① 案件来源:江苏省高级人民法院(2014)苏环公民终字第 00001 号判决书。

其生产过程中所产生的副产酸，交给无危险废物处理资质的 4 家公司处理，4 家公司采用直接排放和船舶偷排等方式将副产酸倒入当地河中。此事经民众举报、媒体曝光、相关部门调查后，犯罪嫌疑人被抓获。经江苏省泰兴市人民法院审理，14 人因犯环境污染罪被分别判处有期徒刑和罚金。2014 年 8 月 3 日，泰州市环保联合会向泰州市中级人民法院提起环保公益诉讼，要求涉案的 6 家化工企业赔偿环境修复费，泰州市人民检察院支持起诉。本案最终确定的赔偿金额超过 1.6 亿，这就是著名的"泰州天价环境公益诉讼"。本案当中，生态环境公共利益通过公益诉讼的方式得到了维护。但是，危险废物排入河流之中，除了对生态环境公共利益造成损失之外，也对国家所有的水资源造成了破坏，侵害了国家对于水资源的所有权。不过本案当中，对于自然资源国家所有权都没有进行主张和救济。

必须承认的是，在案发时，提起自然资源国家所有权损害赔偿诉讼的主体是不明确的。国家作为自然资源所有权人，在自身所有权受到损害的情况下完全有权利提起诉讼维护自身权利。但是，在自然资源部成立以前，除了《刑事诉讼法》规定检察机关在国家财产遭受犯罪分子犯罪行为侵害的时候，可以提起附带民事诉讼以维护国家财产权益之外，自然资源受到侵害的情形下由谁代表国家行使所有权人权利，法律并未明文规定。这也是造成本案有环境公益诉讼而没有自然资源国家所有权损害赔偿诉讼的一个重要原因。

2. 秦岭违章建筑事件

秦岭是我国南北方地区的分界线，具有极其丰富的水资源、动物资源、森林资源，生态价值极其巨大。然而，秦岭部分地区自本世纪初开始，就遭到了违章建筑的破坏。"秦岭素有'国家中央公园''国之绿肺'之称，被誉为'世界生物基因库'；坚决拆除秦岭违建，突出体现了强烈的历史担当和生态自觉。"①"保护好秦岭生态环境，维护好秦岭水源涵养能力，对保障我国水安全

① 《整治秦岭违建是全社会共同利益所在》，《陕西日报》2018 年 10 月 15 日。

至关重要。”①“习近平总书记对秦岭北麓西安境内违规建别墅、严重破坏生态问题作出的重要指示批示，是习近平总书记面对生态环境日益趋紧、坚持问题导向、立足绿色发展、放眼安全屏障千秋大计的家国情怀、历史担当、民族担当的集中反映。”②2018 年 7 月下旬，中央专门派出专项整治工作组入驻陕西，与当地省市区三级政府联合开展针对秦岭违建别墅的整治行动。整治行动拆除违建别墅一千余栋，并对西安当地对于秦岭违建负有责任的公职人员予以问责。2019 年 1 月，央视制作了特别节目《一抓到底正风纪》详细披露了秦岭别墅违建事件。

三、自然资源国家所有权统一行使主体的确定

2018 年 3 月，国务院机构改革方案在全国人大获得通过，自然资源部正式组建。2018 年 9 月，《自然资源部职能配置、内设机构和人员编制规定》（以下简称《自然资源部三定方案》）颁布，《自然资源部三定方案》明确规定，自然资源部行使全民所有自然资源资产所有者职责。③ 至此，国务院当中代表国家行使自然资源国家所有权的部门确定为自然资源部。2019 年 4 月，中共中央办公厅、国务院办公厅印发了《关于统筹推进自然资源资产产权制度改革的指导意见》。意见明确提出，要推动自然资源资产所有权与使用权分离，再次强调国务院授权国务院自然资源主管部门具体代表统一行使全民所有自然资源资产所有者职责，探索建立地方政府行使自然资源国家所有权的路径。④由此可见，无论是法律授权代理行使还是委托代理行使，只要地方政府取得了

① 王建华：《秦岭为什么是“中央水塔”？》，《人民日报》2023 年 6 月 13 日。

② 《把保护秦岭生态安全屏障当作重要政治考量》，《陕西日报》2018 年 8 月 16 日。

③ 中央编办：《自然资源部职能配置、内设机构和人员编制规定》，国务院政府官网，http://www.gov.cn/zhengce/2018-09/11/content_5320987.htm，发布时间：2018 年 9 月 11 日，访问时间：2020 年 1 月 18 日。

④ 《关于统筹推进自然资源资产产权制度改革的指导意见》，人民出版社 2019 年版，第 6—7 页。

代理行使自然资源国家所有权的权利，该地方政府就成为了自然资源国家所有权的行使主体类型之一。2022 年 3 月，中共中央办公厅、国务院办公厅印发《全民所有自然资源资产所有权委托代理机制试点方案》。该方案明确了所有权行使模式，即："国务院代表国家行使全民所有自然资源所有权，授权自然资源部统一履行全民所有自然资源资产所有者职责，部分职责由自然资源部直接履行，部分职责由自然资源部委托省级、市（地）级政府代理履行，法律另有规定的依照其规定"①。全民所有自然资源资产所有权委托代理机制试点工作的推进，标志着自然资源国家所有权行使主体制度正逐步落实到实践之中。在这一进程中，自然资源行政管理部门在全民所有自然资源资产所有权行使中的地位和作用得以凸显。

四、自然资源国家所有权统一行使主体的制度难题

（一）自然资源的所有者和管理者并未完全分离

实现自然资源的所有者与管理者的分离，是自然资源管理体制改革的主要目标之一，自然资源部的设立标志着这项改革迈出了实质性的步伐。但是，《自然资源部三定方案》当中明确规定自然资源部的职能包括但不限于负责自然资源综合管理；负责矿产资源管理工作；负责海洋开发利用和保护的监督管理；监督实施海洋战略规划和发展海洋经济；管理国家林业和草原局。而国家林业和草原局的三定方案明确规定国家林业和草原局负责森林、草原、湿地资源的监督管理。② 因而，自然资源部除了行使自然资源国家所有权的职责之外，还负责对各类自然资源进行监督管理。从目前的管理职责划分而言，管理

① 《中办国办印发〈全民所有自然资源资产所有权委托代理机制试点方案〉》，中华人民共和国中央人民政府官网，https://www.gov.cn/xinwen/2022-03/17/content 5679564.htm，发布时间：2022 年 3 月 17 日，访问时间：2024 年 3 月 2 日。

② 中央编办：《自然资源部职能配置、内设机构和人员编制规定》，国务院政府官网，http://www.gov.cn/zhengce/2018-09/11/content_5320987.htm，发布时间：2018 年 9 月 11 日，访问时间：2024 年 3 月 2 日。

权与所有权的行使仍然存在着主体混同的问题，管理自然资源的职能往往包含着对该自然资源所有权行使的职能，以行政许可或者行政审批的方式来落实自然资源开发利用的传统模式仍然没有得到实质性的转变，自然资源权利的行使仍然过多地依赖于自然资源管理手段，这与确保自然资源所有权人到位的要求尚有较大的距离。

（二）特定领域自然资源国家所有权行使的问题仍然存在

通过自然资源管理体制改革，国有自然资源所有权的行使主体已经基本明确，但是仍然存在部分领域自然资源所有权的行使主体不明确。其中，海砂资源国家所有权的行使主体不明确的问题尤为突出。海砂是重要的自然资源，可以用于填海造陆、建筑施工、制造玻璃、铸造金属、制造矽砖与瓷砖、锯石、玻璃打磨、金属抛光及喷砂等。除了经济价值之外，海砂资源的生态价值也不容忽视。海砂是海洋生态环境的重要一环，海砂是梭子蟹、文昌鱼等海洋生物的重要栖息地。如果海砂资源被破坏，损害的不只是国家海砂资源所有权，还将损害国家的渔业资源所有权和海洋生态环境利益，因此，打击盗采海砂行为，是维护国家自然资源权益和生态环境权益的必要措施。在 2018 年机构改革之前，海域采砂的监督管理、打击非法采砂的职责是由海洋行政主管部门统一行使的。长期以来，打击盗采海砂就是海洋渔业执法队伍的职责，生态环境部门和自然资源部门以前都没有进行过盗采海砂的执法，打击盗采海砂行政执法的人员和装备也都配备在海洋渔业执法队伍当中。机构改革之后，部分省份的海洋渔业局仍然独立于自然资源厅之外，福建省在机构改革之后就是这种体制。在海洋渔业局、自然资源厅、生态环境厅并存的格局之下，打击盗采海砂的行政执法陷入了一个尴尬的局面。海洋渔业局有执法队伍，但是却没有执法权；自然资源主管部门有执法权，但是却没有执法队伍；生态环境部门按照《海洋环境保护法》也没有盗采海砂的执法权。

五、自然资源所有权统一行使的制度完善

（一）自然资源所有权行使主体资格的法定化

尽管《自然资源部三定方案》已经明确指定自然资源部为自然资源国家所有权行使主体，但是在法律层面自然资源部作为自然资源国家所有权行使主体尚未得到全面的确认。所以，应当尽快修改与自然资源有关的法律，在立法中确认国家作为民事法律关系当事人的资格，并明确国家可以授权给相关的政府机关行使国家所有权。2019 年修订的《森林法》明确规定："国家所有的森林资源的所有权由国务院代表国家行使。国务院可以授权国务院自然资源主管部门统一履行国有森林资源所有者职责"①。这一立法模式为其他自然资源单行法的修订提供了有益的参考。

（二）建立健全自然资源国家所有权统一行使的资源清单

2019 年 4 月出台的《关于统筹推进自然资源资产产权制度改革的指导意见》提出了制定"国务院自然资源主管部门行使全民所有自然资源资产所有权资源清单，以及委托省级和市（地）级政府代理行使自然资源资产所有权资源清单"的意见②，其目的是为了明确自然资源资产产权主体。该《意见》颁布后，各地也在实践中给予积极响应。如在辽宁西部古生物化石时空分布与保护利用机制构建项目中，项目组在对辽西 106 个重点古生物化石产地进行了系统调查和研究的基础上，列出了详细的资源清单，这是我国目前在古生物化石保护研究方面最为系统的资料，对古生物化石保护规划与合理利用等相关政策的制定提供了重要的参考价值；在《辽宁省自然资源统一确权登记工

---

① 参见《中华人民共和国森林法》第十四条。

② 《关于统筹推进自然资源资产产权制度改革的指导意见》，人民出版社 2019 年版，第 16 页。

作总体方案》中,提出了省政府代理行使所有权的自然资源清单,并明确将率先选取该清单中的辽河口国家自然保护区、大伙房水库水源地保护区等保护地,以及浑河等重要江河湖泊开启省级层面自然资源统一确权登记;而在宁夏回族自治区便是分别建立全区自然资源部门行使所有权、委托市(县)级政府代理行使所有权的资源清单。综上可知,自然资源清单的编制也有利于加快自然资源确权登记工作进程。

(三)完善自然资源统一确权登记制度

自然资源的类型复杂,且各类资源特点不同,需要对各类资源的国家所有权行使问题进行分类别的研究,而不是进行"一刀切"。2019 年出台的《自然资源统一确权登记暂行办法》,也仅以自然资源的重要程度进行了分类登记,即只划分了中央和地方应当进行登记的自然资源类型,但是,针对自然资源自身特点并未进行相关分类,比如,自然资源可分为经营性自然资源与公益性自然资源,耗竭性自然资源、可更新自然资源与恒定自然资源等。不同自然资源的开发利用以及管理保护监督等方式均有不同,完善自然资源的进一步类型划分将更有利于自然资源的后续工作进程。当前,不动产登记制度也要进行修改,即已登记在不动产登记簿中的不动产,将该涉及部分的全民所有自然资源资产所有权代表行使主体登记为自然资源部,以保障自然资源国家所有权相关机制的正常运行。

(四)完善特定领域资源国家所有权的行使主体制度

对于特定领域自然资源所有权的行使主体,立法应当给予明确的回应。以海砂资源为例,重点在于理顺政府各部门在海砂资源国家所有权行使过程中的分工。第一,明确由自然资源主管部门依照《海洋环境保护法》规定履行海洋生态环境保护职责。第二,在一定期限内,将海洋生态环境保护、海域使用、海岛保护、海砂开采用砂行政执法职责由同级海洋渔业执法队伍履行。第三，在移交的方案上，分为以下几种情况处理：保留海洋行政主管部门的地方，海洋渔业执法支队仍在海洋行政主管部门下属，这种情况下，直接由自然资源主管部门将行政执法职责委托给海洋渔业执法队伍即可。取消海洋行政主管部门，海洋渔业执法队伍转隶农业农村主管部门的，海洋渔业执法队伍改为隶属自然资源主管部门，过渡期间由自然资源主管部门将行政执法职责委托给海洋渔业执法队伍，并保障其执法经费。

第三节　自然资源国家所有权的分级行使及其制度建设

2019 年《关于统筹推进自然资源资产产权制度改革的指导意见》重申了自然资源国家所有权分级行使的要求，提出了"探索建立委托省级和市（地）级政府代理行使自然资源资产所有权的资源清单和监督管理制度"的要求。①可见，自然资源国家所有权行使主体的制度建设，只是在中央政府层面进行自然资源机构改革并完善统一行使规则还不够，还应当明确各级人民政府在自然资源国家所有权行使中的分工与职责，并科学设计自然资源国家所有权的分级行使制度。

一、自然资源国家所有权分级行使的主体

从目前的制度设计看，分级行使所有权的政府层级最低是到县级人民政府，即至少是由县级人民政府代表国家行使所有权。虽然相关规定对乡镇一级政府是否可以代表国家行使所有权并未明确，但根据行政法上"法无明文即禁止"的基本原则可推知，乡镇一级人民政府无权代表国家行使所有权。同时，相关文件明文规定可代表国家行使所有权的主体为政府，而村委会仅为

① 《关于统筹推进自然资源资产产权制度改革的指导意见》，人民出版社 2019 年版，第 6—7 页。

基层群众性自治组织，村委会也无权代表国家分级行使所有权。目前对政府分级行使所有权的规定基本停留在初始阶段，即在提出“分级行使”理念或确权登记阶段，内容也仅涉及原则性问题，如“明确权责，分级行使”之基本原则，并未对如何分级行使的具体内容作过多规定。但从现有规定可知，基本是采取委托代理以及法律授权的方式授予地方政府代表国家分级行使所有权之资格。

二、自然资源国家所有权央地分级行使的现状考察

尽管分级行使已经成为自然资源权利行使顶层设计的重要目标，但国务院、自然资源部、中央各相关部委以及各级地方人民政府在自然资源国家所有权分级行使中的角色、定位、分工、职责仍然不明晰。由此，需要以国务院及其部委、各地区政府等行政系统为切入点，具体分析自然资源国家所有权分级行使之困境。

（一）国务院与自然资源部之间

2015 年发布的《生态文明体制改革总体方案》中，国家针对全民所有自然资源资产，提出了中央和地方政府分级代理行使所有权的理念，并明确国务院对在生态、经济、国防等方面较为重要的自然资源直接行使所有权。① 同时，《宪法》也确定了国务院在生态文明建设中的领导地位。②《自然资源部三定方案》中确定了自然资源部统一行使自然资源所有权的职责。③ 中国工程院院士郭仁忠认为组建自然资源部将有利于解决我国自然资源管理中机制性障

① 《生态文明体制改革总体方案》提出，探索建立分级行使所有权的体制。对全民所有的自然资源资产，按照不同资源种类和在生态、经济、国防等方面的重要程度，研究实行中央和地方政府分级代理行使所有权职责的体制，实现效率和公平相统一。

② 参见《中华人民共和国宪法》第八十九条。

③ 参见《自然资源部职能配置、内设机构和人员编制规定》第三条。

碍、管理成本高、管理效率低等问题，并有助于推动我国生态文明建设之发展。① 组建自然资源部目的是为了将多个部门的自然资源管理职能整合起来由一个部门统一行使，以致在实践中自然资源部在代表国家行使所有权上处于统一领导地位。但除了《森林法》之外，现行法律并未对其是否有权代表国家行使所有权进行明确规定。2019 年的《关于统筹推进自然资源资产产权制度改革的指导意见》也提到"推进相关法律修改，明确国务院授权国务院自然资源主管部门具体代表统一行使全民所有自然资源资产所有者职责"。由此可见，于立法层面明确自然资源部之法律地位将有助于推动我国自然资源资产产权制度的改革进程。

（二）自然资源部与水利部等其他部门之间

由《自然资源部三定方案》可知，国家整合多个部委职能，组建自然资源部是为达到统一行使自然资源所有权的目的，也在"三定方案"中确定了自然资源部代表国家行使所有权之资格。虽然国家在组建自然资源部时整合了水利部等部委的部分职能，但在对国家所有的自然资源行使所有权时仍需要其他部委的共同参与。如《建立市场化、多元化生态保护补偿机制行动计划》提及的"健全资源开发补偿制度"工作，便是由自然资源部、国家发展和改革委员会（下称"国家发改委"）、财政部、住房城乡建设部（下称"住建部"）、水利部、农业农村部、中国人民银行等多个部门共同参与。从行政层级看，此处的"分级行使"并非传统意义之"不同层级行政主体按照各自级别高低行使权力"，而是"按照部门职能分工合作"，相关部委仍保留了部分行使自然资源国家所有权的职责。虽然自然资源部代表国家统一行使对自然资源的所有权，但在具体行使过程中仍需要其余部委的共同参与。

---

① 《专家解读新组建自然资源部》，《黑龙江国土资源》2018 年第 3 期。

（三）自然资源部与地方政府之间

虽然宪法及物权法等相关法律授予了国务院代表国家对自然资源行使所有权的资格，但在实践层面，实际代表国家行使自然资源所有权的却是地方政府。[①] 那么，地方政府如何获得代表国家行使自然资源的相关权利？从现有规范性文件以及地方政府的实践做法中可知，此权利的来源并不相同。如在《贵州省自然资源厅关于健全矿产资源绿色化开发机制完善采矿权审批登记管理有关事项的通知》中，便规定"省自然资源厅承接原国土资源部第 75 号部长令委托下放的矿业权审批登记权限"，由此可知其权利来源为国务院部委之委托。而针对草原资源、森林资源、湿地资源等重要自然资源的所有权行使，便是来自中央的授权。例如，在青海省依据《关于健全国家自然资源资产管理体制试点方案》而制定的《三江源国家公园健全国家自然资源资产管理体制试点实施方案》中，便规定了省政府自然资源管理有关部门和部分县政府行使的国有自然资源相关职责由三江源国有自然资源资产管理局统一集中行使。由此可知，地方政府对国家自然资源行使的相关权利来自相应部门的委托或中央的授权，但这都并未上升至法律层面，这便使制定法层面与实践层面出现了"脱节"现象。

（四）地方政府之间

为了更好地管理、保护全民所有自然资源，除省级政府外，市县两级政府也可对自然资源行使相关权利。例如，针对因政府原因造成的土地闲置，在海南省 2017 年发布的《关于明确存量国有建设用地清理处置工作有关问题的通知》中，便规定市县要以有偿的方式收回相关土地使用权；为最大化地实现对土地资源进行利用的效益，该省又在 2018 年发布的《关于进一步加强土地宏

① 郭洁、郭云峰：《论我国自然资源所有权主体制度的建构》，《沈阳师范大学学报（社会科学版）》2019 年第 6 期。

观调控提升土地利用效益的意见》中，授予市县政府在城乡规划用地性质与土地二级类用途相悖时，拥有对重新拟定后的出让土地用途的审批权。在公共资源的交易方面，湖南省在《湖南省公共资源交易监督管理办法》中规定，设区的市以及自治州人民政府设立的公共资源交易管理机构有权对该行政区域内的公共资源交易重大事项进行统筹指导；在《湖南省国有建设用地储备办法》中针对国有建设用地，规定县级以上人民政府可以收回、收购以及征收等方式对其进行储备；在《湖南省河道采砂管理办法》中，对市县在砂石资源开采方面的管理职能还确定了相关原则，即“省授权、市审批、县监管”，同时还规定县级人民政府可以招标、拍卖、挂牌等方式出让河道砂石开采权，而具体措施则是由市州人民政府制定。由此可知，市县两级政府对自然资源享有的相关权利来自地方性法规、自治条例以及地方政府规范性文件等。但就地方政府出台的相关文件而言，其存在时限性问题。

三、我国自然资源国家所有权分级行使的制度难点

（一）自然资源资产产权界限还存在模糊地带

2015 年印发的《生态文明体制改革总体方案》提出了对自然资源国家所有权建立分级行使模式的探索，由此各地结合实际开始探索对自然资源所有权的分级行使。但在实践中却出现了诸多问题，自然资源资产产权界限模糊便是其中之一。如央地各自行使所有权的自然资源资产界限不明确，易使对相关自然资源资产的管理和保护上出现职责交叉、多头执法等，这无疑提高了自然资源执法成本。又如因不同自然资源具有不同特性，如水资源流动性、矿产资源储量不确定性等，对其开发利用、保护管理以及处分收益等不能一刀切；因历史遗留原因依旧存在权利重合现象，如土地和林地上使用者身份的重合等。所以需尽快对自然资源统一进行确权登记，以划分清楚央地权限以及不同资源的所有者和管理者身份资格。虽然国家在 2016 年印发了《自然资源

统一确权登记办法(试行)》,以及于2019年又一次印发了《自然资源统一确权登记暂行办法》,但在实践中的自然资源确权登记工作进程依然存在诸多问题,如就国务院出台的文件而言,针对不同自然资源,也仅对矿产自然资源的确权登记印发了《探明储量的矿产资源统一确权登记调研工作方案》,在土地方面也只出台了《加快推进农垦国有土地使用权登记发证工作方案》,但针对海洋、湿地、草原等自然资源的确权登记工作并未作出进一步规定,这使不同自然资源之间的确权登记工作出现了严重脱节的局面。产权界限模糊,显然不利于各主体对国家自然资源资产进行管理保护,也会给产权制度的完善工作造成阻碍,也易造成国家自然资源资产收益的大量流失。①

(二)法律规定与实践运行存在脱节

《中华人民共和国宪法》《中华人民共和国民法典》以及相关单行法律法规等均规定自然资源国家所有权由"国务院代表国家行使"。但在实践中行使自然资源所有权的却是自然资源部和各级地方人民政府,这便形成了自然资源国家所有权行使主体之法律规定与实践运行脱节的局面。这同时引起了其他问题,如央地收益分配不均、权利行使于法无据争议不断等,完善自然资源所有权行使主体相关规定迫在眉睫。自然资源资产收益是国家作为出资人凭借所有权和占有使用权理应获得的收益。② 因此,相关的法律规定应当根据实践运行的情况进行必要的修改,并补充相关收益分配的法律规则。

(三)中央和地方事权财权不匹配

因为自然资源的重要程度不同,我国对自然资源实行的是中央和地方行使所有权的分级模式。例如,《生态文明体制改革总体方案》中便有明确规

① 陈曦:《中国自然资源资产收益分配研究》,《中央财经大学学报》2019年第5期。

② 夏慧琳:《自然资源资产收益分配——理论演绎、机理分析与路径选择》,东北财经大学出版社2018年版,第159页。

定，石油天然气、贵重稀有矿产资源、重点国有林区以及生态功能重要的湿地草原、海域滩涂等由中央政府直接行使所有权；又如，2017 年印发的《建立国家公园体制总体方案》便明确规定，考虑到生态系统功能重要程度以及是否跨省级行政区和管理效率等因素，部分国家公园的自然资源国家所有权是由中央政府直接行使。

（四）自然资源资产产权体系发展不平衡

在针对某一类自然资源进行处分、使用、管理、保护等时，并不只是孤立地对该类自然资源行使相关权利，而是会涉及其他自然资源，例如在对矿产资源进行开发利用时未在应有的合理限度内，那么该过度开采无疑会对矿产附着的土地资源造成破坏，更甚者会造成对地下水等的污染，即也造成了水资源的损害；又如行使无居民海岛使用权时，过度改造建设也会对该海岛上的林木、草原以及野生动物资源等造成一定的破坏。所以，在对自然资源行使相关权利时，应将自然资源看作一个整体，要将涉及的各类自然资源都纳入考虑范围。但我国各类自然资源立法进度之不一致为自然资源的"整体"权利行使带来一定困难。在各类资源中，较为完善的是土地资源方面的立法，其相关规定从顶层设计开始再到具体实践操作，总体来看是从宏观层层递进至微观，涉及范围也更加广泛，如管理保护、监督检查、征收补偿以及资金管理等。与之相比其他自然资源的立法便具有一定的脱节现象，除了一些规范性文件，并没有相关的法律、行政法规等对其进行专门规定，如海岛资源，虽然《中华人民共和国民法典》增添了"无居民海岛属于国家所有，国务院代表国家行使无居民海岛所有权"的新规定，但除此之外，仅有《中华人民共和国海岛保护法》及少量规范性文件对其作出相关规定。正是由于这些自然资源间的立法脱节现象，权利主体在实践中对自然资源行使相关权利时要么处于"无法可依"状态，要么处于争议不断的状态中。

四、自然资源国家所有权分级行使的制度完善

（一）明确自然资源资产产权界限

明确自然资源资产产权界限的首要前提便是要摸清我国各类自然资源现今的储存量，这样才能针对储存量不同的各类自然资源的开发利用进行合理的规划。例如针对某些储存量极少的自然资源，便可根据具体情况对其开发利用之主体、方式以及相关流转方式进行合理限制，以此保证该类自然资源的开采处于符合可持续发展观念的安全限度内；而对自然界里存储量较大的自然资源，便可适当放宽对其开采主体、方式等的限制，以促进经济发展。编制自然资源资产负债表，摸清各类自然资源存量底值，在对自然资源进行保护的基础上带动经济发展，以此避免对自然资源相关权利之行使“一刀切”。在编制自然资源资产负债表时，毫无疑问自然资源资产相关数据的准确性是十分关键的，这点上便可借鉴芬兰、荷兰、挪威等国的做法，建立相关资源的数据库，以记录自然资源资产的存量及变化情况、损耗程度、实物量及价值量等。[①]同时，明确国家和地方对自然资源的所有权范围亦十分重要，国外的立法经验可资借鉴。例如，《俄罗斯民法典》第 214 条和第 215 条分别规定了国家所有权和自治地方所有权，[②]对国家和地方的所有权范围进行了界分。尽管我国法律法规中没有明文规定地方政府可以行使自然资源国家所有权，但地方政府行使自然资源国家所有权却又是实践中所默认的。因此，我国的自然资源立法可以借鉴国外民法典关于国家所有权和地方所有权的立法经验，对中央政府和地方政府的权利边界作出明确的界定。立法需要制定详细的规则，用以规范地方政府代为行使自然资源国家所有权，明确包括但不限于以下内容：

---

① 骆良彬、陈文涛：《自然资源资产负债表编制的国际借鉴及启示》，《会计之友》2020 年第 8 期。

② 《俄罗斯联邦民法典》，黄道秀译，北京大学出版社 2007 年版，第 113—114 页。

一、中央授权地方代为行使自然资源国家所有权的范围和种类；二、地方政府可以代为行使的自然资源国家所有权权能；三、地方政府代为行使过程中可以自主决定的问题和应当报请中央批准的问题；四、地方政府代为行使自然资源国家所有权的考核办法。以上规则，级别不能低于行政法规，否则立法级别太低，法律效力有限，难以发挥统摄全国地方政府行使自然资源国家所有权的作用。除此之外，还可运用大数据等技术加快自然资源确权登记的进程，明确自然资源资产产权行使主体、涉及范围等界限，以此规范各产权主体权利之行使，有效防止国有资产流失，并降低权利行使过程中产生争议的概率。

（二）建立明确的所有权行使委托代理制度

法律规定与实践运行层面脱节的问题，可通过立法建立明确的所有权委托代理制度解决，即在法律层面规定国务院可将部分自然资源所有权行使之资格授予省级政府，再由省级政府根据本行政区域内自然资源分布等特点对市县级政府进行二次授予。这点可借鉴中央及部分地方政府在对某些自然资源进行保护及监管等过程中的委托代理形式，即明文规定以委托授权的方式将自然资源国家所有权的行使适当下放，同时也符合“简政放权”之理念。2022 年《全民所有自然资源资产所有权委托代理机制试点方案》有力推动了自然资源国家所有权分级行使的试点工作，随着试点工作接近尾声，自然资源分级行使的制度设计也将具备更为坚实的现实基础。

（三）明确不同资源中央地方收益分配比例

现今我国央地财政事权主要分为三种，即中央财政事权、地方财政事权以及中央地方共同财政事权。其中存在争议的便是中央地方共同财政事权，尤其在自然资源所有权的分级行使中，地方政府行使对自然资源的处分权等，承受了大部分的支出责任，但相关收益的绝大多数却归于中央。自然资源收益分配包括了收益分配主体、收益分配客体、分配受益对象、收益分配方式、收益分配表现形式等五个方面的核心要素。① 因此，要完善自然资源的收益分配机制，也必须从这五个方面入手进行有针对性的规则设计。当然，不同自然资源的地域分布、存储量、开发利用难度等均有较大差异，所以在制定相关规则时也不能“一刀切”。除了立法明确收益分配比例之外，还可通过完善财政转移支付、中央专项资金补助等手段，对央地财政事权不匹配的现象进行改善。具体的财政工作职能部门等方面可效仿日本、韩国、加拿大等国家的做法，在财政部门下设立专门负责管理自然资源财政的机构，即将自然资源财政收支等纳入国家财务统一管理。②

（四）相关配套制度之完善

在立法层面，除了要建立自然资源国家所有权分级行使之委托代理制度，还要针对不同自然资源的保护、管理、监管以及相关标准等加快立法，尽量减少各类资源之间规范等方面的脱节现象。除此之外，还可大力推行自然资源清单之编制，将不同自然资源合理开发之指标、监管主体等均编制在自然资源清单内，将实际的数据变化等计入相关责任人员之政绩考核中，以增强政府在自然资源开发利用中发挥的重要作用，美国路易斯安那州的自然资源损害评估制度如此之健全也是因为该州对自然资源保护的重视。③ 将保护资源放在经济发展、个人政绩之前，才能更加有效地避免国有自然资源资产的流失。

---

① 夏慧琳:《自然资源资产收益分配——理论演绎、机理分析与路径选择》，东北财经大学出版社 2018 年版，第 26—27 页。

② 陈静、陈丽萍、吴初国:《国外公有自然资源资产的管理及启示》，《海外观察》2018 年第 3 期。

③ 美国路易斯安那州自然资源损害评估主体中的协调员来自公共安全部门、自然资源部、环境质量部门、国土安全及应急部门等，并不只来自某个职能部门，而是举全州之力来实施该自然资源损害评估制度，由此可见该州对自然资源保护的重视程度。

第三章　国家所有自然资源的使用权制度

自然资源国家所有权的行使，应当让更多的主体有机会参与自然资源的开发利用，共享自然资源的成果，使自然资源得到最合理、充分和有效的利用。立法不应止步于确认自然资源的权利归属，而应形成从“归属”到“利用”有效衔接的自然资源使用权法律制度体系。即，在建立健全自然资源国家所有权行使主体制度的基础上，还应当注重完善国家所有自然资源的使用权制度（“国家所有自然资源的使用权”以下简称“国有自然资源使用权”），从而实现从“定分止争”到“物尽其用”的价值传递。当前，由于开发利用自然资源的法律规则不完善，自然资源国家所有权的制度优越性无法得到充分的体现，亟需完善国有自然资源使用权制度。

第一节　国有自然资源使用权述要

国有自然资源使用权，是指自然资源国家所有权行使过程中所派生出来的开发利用自然资源的权利。行使自然资源集体所有权等其他类型的自然资源所有权所派生出来的开发利用自然资源权利，不在本书的讨论范围之内。此外，在我国，尚未出现在自然资源国家所有权上直接设定担保物权的情形，国家不会在其自然资源所有权上设立担保物权,①自然资源担保物权的问题也不在本书的讨论范围之内。基于以上基本认识,国有自然资源使用权有以下三个基本特征:第一,国有自然资源使用权是非所有权人享有的对国家所有的自然资源进行开发利用的权利,国有自然资源使用权人本身不是自然资源的所有者;第二,国有自然资源使用权是由自然资源国家所有权派生出来的,是自然资源国家所有权派生出来的他物权,二者是子权与母权的关系;第三,自然资源国家所有权的法律效力应当衍生到国有自然资源使用权之上,且这种法律效力的衔接较之普通物权之上设立的用益物权更为紧密。国有自然资源使用权与一般“物”的使用权的不同主要体现在两个方面。一是在权利主体上,国有自然资源所有者的特殊性决定了国有自然资源使用者的特殊性。设计国有自然资源使用权的初衷应当是让更多的主体有机会参与自然资源的开发利用,有机会参与行使自然资源国家所有权,共享开发利用自然资源的成果,使自然资源得到最合理、充分和有效的利用。正如学者所言,使国民能够公平地获取自然资源物,是自然资源国家所有的制度性保障功能的根本体现。② 二是在权利行使上,自然资源使用权人的权利行使必须充分体现“自然资源”的特殊性,应当审慎、科学、合理、高效地开发利用自然资源,不得随意地浪费或者破坏自然资源,也不得对自然资源进行掠夺性开发利用。

从权利的表现形式上看,自然资源使用权主要表现为自然资源用益物权。用益物权是以使用、收益为旨趣的定限物权,原则上同一标的物之上不能设定多个用益物权。③ 从用益物权的这一基本特征出发,自然资源用益物权是以使用、收益自然资源为旨趣的定限物权。关于自然资源用益物权的概念,学者们也给出了各自的界定。有的学者进一步区分了用益物权与取得物权,认为地役权、土地承包经营权属于自然资源用益物权,而采矿权、取水权、捕捞权等

① 王洪亮等:《自然资源物权法律制度研究》,清华大学出版社 2017 年版,第 50—51 页。

② 刘练军:《自然资源国家所有的制度性保障功能》,《中国法学》2016 年第 6 期。

③ 陈华彬:《物权法论》,中国政法大学出版社 2018 年版,第 449 页。

属于取得物权。① 有的学者则强调自然资源开发利用的重点是自然资源特许使用权的设定和分配,它是形成资源要素市场的基础。② 有的学者认为,自然资源使用权是对传统用益物权内容的发展。③ 这些学者的观点,对于进一步完善自然资源使用权的分类具有启发意义。

从开发利用自然资源权利的取得路径而言,自然资源使用权的取得包括了出让取得和转让取得两种基本方式。通过出让的方式取得开发利用自然资源的权利,一般是通过行政许可或者行政审批的方式从代表国家行使自然资源所有权的政府取得自然资源使用权;通过转让的方式取得开发利用资源的权利,一般是在平等的市场主体之间通过协议的方式进行自然资源使用权的流转。从这个意义上讲,自然资源使用权包括了物权性质的自然资源使用权和债权性质的自然资源使用权。根据物权法定原则,物权性质的自然资源使用权需要有法律的明文规定,而债权性质的自然资源使用权则更多体现了市场主体的意思自治。因此,这两种自然资源使用权在取得方式、公示方式、法律效力等方面均存在着显著的差异。

由于自然资源的类型纷繁复杂,需要分类别研究自然资源使用权问题,尤其是要辩证地看待消耗型自然资源的使用权性质。对于消耗类自然资源,其资源的数量将随着使用权的行使而逐渐减少,甚至消耗殆尽。比如,在对矿产资源开发利用的过程中,随着采矿权的行使,矿产资源将逐步耗竭,当这项权利行使完毕,矿产资源将不复存在,该矿产资源之上的所有权自然也就不复存在。有的学者因此推断,采矿权不是一种真正意义上的用益物权,因为其不仅仅具有使用和收益的权能,同时,还具有“处分”的特点。“自然资源的使用权与民法的使用权有一定差异,它往往含有一定的占有权和收益权在内的使用

① 王洪亮等:《自然资源物权法律制度研究》,清华大学出版社 2017 年版,第 51 页。
② 王克稳:《论公法性质的自然资源使用权》,《行政法学研究》2018 年第 3 期。
③ 黄萍:《自然资源使用权制度研究》,上海社会科学院出版社 2013 年版,第 25 页。

权,并在法律的规定下可以将之处分的使用权"①。这一说法在解释自然资源在开发利用的过程会伴随着自然资源的减损这一现象上具有一定的合理性,但这一论断容易导致取得自然资源使用权就取得了自然资源处分权的误解。那么,如何看待这类消耗型自然资源的使用权性质呢?事实上,自然资源开发利用是一个动态的过程,不能仅从自然资源被"利用完"这个结果来断定自然资源使用权的性质。以采矿权为例,采矿权人获取矿产资源的过程是一个动态的过程,应当全面、客观地看待采矿权人行使采矿权的过程。采矿之前,采矿权人对于尚未着手采掘的矿产资源并不享有实质意义的权利,其顶多享有一种期待权,即:等待将其采掘之后再获取收益的权利。比如,《法国民法典》第598条第二款规定:"用益权人对于尚未着手采掘的金属矿及石矿,尚未开始采掘的泥炭矿,及在用益权存续期中发现的埋藏物,均无权利"②。这一特征显然不符合"处分权能"的要求。在采矿权行使伊始,采矿的根本目的是获得收益,而不是"处分"权利。如果采矿的是所有者自身,那么,其出售矿产品的仅仅是一种收益,而非处分其所有权,这点毫无疑问。同理,采矿权人将矿产资源挖出并制作成矿产品出售,其根本目的也是获得收益,此时,其出售的只是"矿产资源产品",而不是"矿产资源所有权",市场主体从用益物权人购买获得的也仅仅是矿产资源产品的所有权,而不是矿产资源所有权。因此,不宜将用益物权人的采矿行为视为行使处分权能,将其视为行使收益权能更为恰当。当采矿权客体之物全部灭失,采矿权自然消灭,此时,原母权(矿产资源所有权)获得了相应的对价而转化为货币形式,尽管财产的表现形式不同,原先的所有权因开发利用而灭失,但这不等于国家作为所有者的财产发生实际的损失。也就是说,当采矿权行使完毕,采矿权人对矿产资源的用益物权此时已经转化为对矿产资源产品的所有权,而国家对矿产资源的所有权转化为

① 周柯:《我国民法典制定中的环境法律问题》,知识产权出版社2011年版,第113页。

② 《拿破仑法典(法国民法典)》,李浩培、吴传颐、孙鸣岗译,商务印书馆2015年版,第89页。

取得相应对价之财产的所有权。这是由消耗物用益权行使本身的特点所决定的。不少国家的民法典都规定用益物权是不能包含处分权能的，比如，《埃塞俄比亚民法典》第1309条第1项规定："用益是使用和享有物，同时承担保存物的本质的权利"①。但该国《民法典》第1327条规定："当用益物非经消耗不能使用时，用益权人可成为其所有人；在用益权消灭之时，他应偿付设立用益权时计算的用益物的价值"②。可见，在该国民法典中，并没有因标的物是消耗物而否定设立用益权的意义，而是针对非经消耗不能用益的物设立了用益物权的特殊规则。有的学者指出，采矿权是一种行政许可权，《物权法》将其视为民法物权属于制度建构的失当。③ 但事实上，许多国家的民法典都将采矿权视为用益权并加以制度规范。在编纂民法典的过程中，有学者建议立法机关考虑设立普遍适用中国全境的探矿权、采矿权、捕捞权、养殖权的统一的自然资源使用权制度及规则。④ 目前，这一建议在《中华人民共和国民法典》中并未得到充分的实现。尽管如此，《中华人民共和国民法典》继续沿用《中华人民共和国物权法》的立场，将"采矿权""渔业权""取水权"等开发利用自然资源的权利定性为自然资源用益物权，这本身就表明了立法机关的基本态度。至于建立统一的自然资源使用权制度及规则，则是未来立法机关完善自然资源法律制度时必须解决的一项重要立法任务。

第二节　国有自然资源使用权的制度困境

2007年《中华人民共和国物权法》是以土地为核心而设计的用益物权权利体系，对于规定自然资源的开发利用规则重视不够。在《物权法》第三

① 《埃塞俄比亚民法典》，薛军译，厦门大学出版社2013年版，第186页。

② 《埃塞俄比亚民法典》，薛军译，厦门大学出版社2013年版，第189页。

③ 王继军、赵大为、王彬：《矿产资源有偿取得法律问题研究——以山西煤炭资源有偿使用为例》，商务印书馆2014年版，第188页。

④ 崔建远：《民法分则物权编立法研究》，《中国法学》2017年第2期。

编“用益物权”的一般规定中，对自然资源用益物权作出了总括性规定，确立了自然资源有偿使用制度，①并明确规定了海域使用权、探矿权、采矿权、取水权、养殖权和捕捞权等6种自然资源用益物权，②这些土地外的自然资源开发利用权利被不少学者归为准用益物权。③ 由于《物权法》对自然资源用益物权未作任何具体化的规定，《中华人民共和国民法典》物权编并未就《物权法》的这部分内容作出实质性修改，土地以外的自然资源用益物权的取得、权利行使、权利救济等相关规则主要体现在自然资源单行法，以及《取水许可和水资源费征收管理条例》《矿产资源法实施细则》《渔业法实施细则》等行政法规规章之中，这种碎片化的分散立法导致法律规则的不统一。

一、自然资源开发利用权利的称谓未统一

2007年《物权法》使用了“用益物权”作为第三编的编名，在这一章之下则采用了“海域使用权”“探矿权”“采矿权”“取水权”“使用水域、滩涂从事养殖、捕捞的权利”“土地承包经营权”“建设用地使用权”等术语来表述具体的开发利用自然资源权利；2016年修订的《水法》仅仅出现了“取水权”，对于其他开发利用水资源的行为并未明确赋予其物权性权利；2018年《土壤污染防治法》采用了“土地使用权”的表述；2019年修订的《森林法》采用了“林地和林地上的森林、林木的使用权”；2009年修正的《矿产资源法》采用了“探矿权”“采矿权”的表述，2019年《矿产资源法（征求意见稿）》进一步将二者统称为“矿业权”；在自然资源开发利用权利这一部分，2020年《中华人民共和国民法典》较之2007年《物权法》主要新增了“土地经营权”的规则，但土地经营权主要是针对集体土地所有权而设置的权利，《中华人民共和国民法典》关于国

① 参见《中华人民共和国物权法》第一百一十九条。

② 参见《中华人民共和国物权法》第一百二十二条和第一百二十三条。

③ 申卫星：《物权法原理》，中国人民大学出版社2016年版，第248页。

有自然资源开发利用权利的规定并无表述上的实质性变化。由此可见，由于自然资源开发利用权利的相关规定分散在不同的法律之中，权利称谓不统一问题是客观存在的。由此，在完善自然资源使用权制度的立法进程中，该如何准确表述开发利用自然资源的权利，是必须回应的话题。这一问题在编纂民法典的进程中曾引发学者的热烈探讨，有的学者提出应在民法典分则物权编中创设“资源利用权”的思路；①有的学者认为土地承包经营权的称谓应当在民法典中继续保持；②有学者主张民法典用益物权编应重点增补“海域使用权”等用益物权的相关法律规则；③等等。可见，学界关于开发利用自然资源权利的称谓智者见智，“用益物权”“利用权”“使用权”等术语都在学者的立法建议之中。但如果这些术语的内涵和外延没有统一的界定，必将给理解和适用法律带来困难，也不利于自然资源开发利用秩序的构建。2018 年《土壤污染防治法》和 2019 年《森林法》都采用了“使用权”的表述，最新的立法用语是否预示着“使用权”这一表述将在未来的立法中得到进一步的运用？这一问题理应在未来自然资源立法完善时给予回应。

二、自然资源开发利用权利的性质存在争议

在自然资源开发利用权利体系中，是否有必要区分准物权和用益物权这两种类型？无论是 2007 年《中华人民共和国物权法》还是 2020 年《中华人民共和国民法典》，都没有明文使用“准物权”这一概念。但不少学者认为，自然资源开发利用权利包括了自然资源用益物权和自然资源准物权这两种类型的权利。以矿业权为例，崔建远、王利明等学者认为该权利属于准用益物权，④

① 吕忠梅课题组：《“绿色原则”在民法典中的贯彻论纲》，《中国法学》2018 年第 1 期。

② 房绍坤：《民法典物权编用益物权的立法建议》，《清华法学》2018 年第 2 期。

③ 刘保玉、吴安青：《民法典物权编的结构安排与内容设计》，《甘肃政法学院学报》2017 年第 6 期。

④ 例如，崔建远教授在《准物权研究》（法律出版社 2013 年版）一书中充分论述了矿业权属于准物权的理论；王利明教授的《物权法研究（修订版）下卷》（中国人民大学出版社 2007 年版）第十九章的章名为“准用益物权”，探矿权、采矿权属于该章第三节的内容。

房绍坤等学者将其定性为用益物权，陈华彬等学者则提出了特别物权说。①有学者指出，把客体的不特定性作为构成准物权的唯一标准是不可取的，养殖权、航运水权、狩猎权等权利客体都具有特定性，但通说仍然认为它们是准物权。② 还有学者认为，典型物权与准物权的重要区别在于各自的权利取得方式不同，准物权是准用物权法有关规定的以权利为客体的权利。③ 也有学者将他物权区分为用益物权、取得物权和担保物权这三种类型，从而将采矿权、取水权、捕捞权等归入取得物权。④ 有学者指出，实践中的水权属于用益物权，包括取水权、用水权、排放污水权等具体权能。⑤ 还有学者认为，我国用益物权的基本体系就是以土地为核心的用益物权加上以土地外的自然资源使用权为内容的准用益物权。⑥ 按照此种划分标准，非所有人使用土地以外的自然资源的权利都被纳入了准用益物权的范畴。由于《中华人民共和国民法典》并未明确规定准物权，而学界对自然资源准用益物权的界定又众说纷纭，这给自然资源开发利用权利体系的构建徒增困难。对此，自然资源使用权体系是否有必要区分用益物权和准用益物权？如果要作这种区分，那么，划分的标准是什么？这些问题应当引起立法者的重视。

三、自然资源开发利用权利的类型划分不明确

纵观中国的自然资源法律制度，重行政规范轻民事规范的现象普遍存在。⑦ 在《物权法》中，虽然规定了自然资源用益物权的内容，但相关的规定非常单薄，只是在用益物权编的一般规定中设计了 5 个相关的条文，第 119 条规

① 王建刚:《我国矿业权法律性质研究综述》,《昆明理工大学学报(社会科学版)》2017 年第 3 期。

② 崔建远:《物权:生长与成型》,中国人民大学出版社 2004 年版,第 215 页。

③ 江平:《矿产资源与土地资源之权利辨析》,《中国国土资源经济》2018 年第 1 期。

④ 王洪亮等:《自然资源物权法律制度研究》,清华大学出版社 2017 年版,第 51 页。

⑤ 陈广华,黄野:《民法典编纂背景下的水权辨析》,《行政与法》2018 年第 3 期。

⑥ 申卫星:《物权法原理》,中国人民大学出版社 2016 年版,第 248 页。

⑦ 王洪亮等:《自然资源物权法律制度研究》,清华大学出版社 2017 年版,第 10 页。

定了国家或集体所有的自然资源可以被依法开发利用，第 120 条对实行自然资源有偿使用制度作了原则性规定，第 121 条对用益物权人行使权利的要求及所有权人的义务作了原则性的规定，第 123 条对海域使用权作出了规定，第 124 条对探矿权等作出了规定。这一立法模式在 2020 年出台的《中华人民共和国民法典》中并未出现实质性的变化。在《中华人民共和国民法典》出台之后，我国的自然资源开发利用权利制度仍然不完善，自然资源权利类型挂一漏万的问题仍然存在。

以水资源开发利用权利体系为例，在其他不少国家的立法上，水权包括了取水权、水力水权、航运水权以及排水权等；而在我国立法上，只规定了取水权这一种水权，水力水权、航运水权以及排水权被纳入取水权之中。① 此外，取水权的笼统规定忽略了地表水和地下水的区别。的确，地表水和地下水之间存在着紧密的联系，二者可能存在于同一流域或者同一水文循环之中，但并不能因此而忽视了二者开发利用中存在的显著差异。对地下水的过度利用可能出现区域地下水位下降、海水入侵、地面沉降、地面裂缝和坍陷等问题。② 由此可见，地下水取水权和地表水取水权的权利内容、权利行使方式均有着显著的差别，不应简单笼统规定取水权了事。不少国外的民法典已经充分注意到了这一问题。

核心问题在于，我国的自然资源用益物权包括了哪些具体的权利类型？从当前的制度现状看，立法机关在考虑自然资源权利类型设置时，往往是迫于实践的需要而被动立法的，部门立法、应急立法、交叉立法的现象普遍存在，公法私法交错立法导致权利的法律属性争议大，多头立法忽视了权利类型的科学设置，零散立法导致自然资源权利缺乏体系性。从我国目前的法律规定看，可以分为三类，即：自然资源国家所有权派生的自然资源用益物权、自然资源

① 尹田：《物权法》，北京大学出版社 2013 年版，第 382—383 页。

② 黄民生、何岩、方如康主编：《中国自然资源的开发、利用和保护》，科学出版社 2011 年版，第 59 页。

集体所有权派生的自然资源用益物权和法律作出特别规定的自然资源用益物权。但这种分类显然缺乏严谨性，法律条文所特别规定的六种用益物权，①不纯粹是没有母权的自然资源开发利用权利，与前两种权利类型存在着交叉重叠的情形。可见，自然资源开发利用权利制度体系不完善的问题亟待立法的回应。

四、自然资源开发利用权利的取得灭失制度不健全

在《中华人民共和国民法典》第三百二十八条和第三百二十九条的条款表述中，均强调自然资源用益物权应当依法取得。然而，完整的自然资源用益物权制度体系，除了应当明确规定用益物权如何取得之外，还应当明确规定权利如何行使，权利的存续期限以及权利可否继承等问题。这些问题在《中华人民共和国物权法》中没有得到明确的回应，在《中华人民共和国民法典》中也未得到明确的回应，成为中国自然资源开发利用权利制度的一大缺憾。通过梳理中国的现行立法，就不难发现其中的问题。一方面，自然资源开发利用权利的有效期限大多依赖于自然资源单行法或相关的行政法规作出规定。另一方面，在自然资源开发利用权利可否转让上规定了诸多禁止性规定，给自然资源开发利用权利的继受取得设置了不合理的法律障碍。

第三节 国有自然资源使用权的立法理念

自然资源使用权立法应给予充分的关注，并通过科学立法作出积极的回应。应当坚持以人民为中心的立法理念，既要注重维护好自然资源所有者的正当权益，也要注重建构公平合理的自然资源开发利用秩序；既要注重自然资源开发利用的公平性，也要注重自然资源开发利用的效率性；既要注重发挥好

① 指的是《中华人民共和国民法典》第三百二十八条和第三百二十九条规定的自然资源用益物权。

自然资源的经济价值，也要注重保护自然资源的生态价值；既要体现体系性、科学性和完整性，也要充分学习借鉴其他国家的立法经验，体现前瞻性和开放性。

一、处理好民法典与自然资源单行法的分工与衔接

2013 年 11 月，《中共中央关于全面深化改革若干重大问题的决定》提出了“统一行使全民所有自然资源资产所有者职责”“统一行使所有国土空间用途管制职责”的战略部署。① 落实这一改革要求，民法典与自然资源单行法应当有一个合理的分工，民法典应当侧重于建构自然资源所有权与用益物权规则，自然资源单行法应当侧重于建构一个体系完备的自然资源使用权法律体系。在立法中，既要避免不必要的重复立法，也要注重法与法的衔接问题。在中国目前的法律体系中，《中华人民共和国民法典》关于自然资源用益物权的规定笼统简要，需要自然资源单行法去落实《中华人民共和国民法典》的原则性规定；而自然资源单行法在内容上则普遍存在着重行政规范轻民事规范的问题，需要在修法中补充自然资源民事特别规范。尽管部分自然资源单行法规定了民法规则，但总体而言，落实自然资源行政管理权占据了绝大多数条款，以至于部分学者将管理权作为自然资源权利的权能之一。

由于《中华人民共和国民法典》关于自然资源权利的立法较为笼统，而自然资源单行法中关于自然资源权利行使的民法性规范又与行政性规范杂糅在一起，导致了自然资源权利不成体系的问题较为凸显。正如学者所言，将大量的自然资源所有权规定在行政性的法律中，会引起理论和立法上的混乱。② 比如，《中华人民共和国水法》在第三条规定水资源所有权归属之后，基本是关于水资源规划、管理、保护的行政性法律规范，并没有规定类似《中华人民共和国民法典》中土地承包经营权的民事法律规范，关于水资源权利的转让、

① 参见《中共中央关于全面深化改革若干重大问题的决定》。

② 黄锡生：《自然资源物权法律制度研究》，重庆大学出版社 2012 年版，第 116 页。

权利存续期间等内容均没有在该法中得到体现。由此可见,分散立法导致了各种自然资源的权利规则存在着明显的差异,将自然资源单行法关于自然资源权利行使的规则进行提取公约数,是自然资源使用权立法必须完成的课题。

二、清晰界定各主体的权利义务边界

自然资源开发利用权利的行使,应当明确权利不得滥用的要求。在行使自然资源开发利用权利的过程中,当出现开发利用障碍时,哪些情形应当由所有权人来排除障碍,哪些情形应当由他物权人来排除障碍?这是界分各方权利义务的关键问题。当自然资源所有权人发现他物权人存在着掠夺性开发、破坏性开发等滥用权利等情形时,有权利中止开发利用人的用益物权,或者要求自然资源开发利用人提供担保,直至该不利情形消失为止。如果有证据证明他物权人已经不合适继续开发利用该自然资源,则自然资源所有权人有权终止他物权人继续开发利用自然资源。

自然资源开发利用权利的行使,应当清晰界定各方当事人的权利义务边界。其中,明确界定开发利用自然资源过程中因自然条件发生变化而引发的权利义务变化,是我国自然资源使用权立法应当予以重点关注的领域。

自然资源开发利用权利的行使,应当贯彻绿色发展理念,尽量避免开发利用自然资源给生态环境带来次生灾害。因开发利用资源引发的次生灾害可能由两个方面的情形引起,一种可能是,开发利用自然资源过程中产生了自然界本不存在的污染物质,造成了生态环境的污染;另一种可能是,由于过度地开发利用自然资源,破坏了自然界原先的生态平衡,造成了生态环境的失衡。无论是添堵式的污染,还是掏空式的破坏,都是自然资源开发利用过程中应当着力去避免的,也是在设计自然资源权利行使规则时应当给予充分关注的。

自然资源开发利用权利的行使,还应当承担一定的容忍义务。国外民法典的立法经验可供参考。

第四节　国有自然资源使用权的规则完善

自然资源作为特殊的“物”,其与民法存在着天然的密切的关联性。自然资源之上权利关系纵横交错,既有公法上的管理权力,又有私法上的权利与利益。自然资源权利客体的复杂性导致其权利行使的复杂性,因而,处理好权利行使上的冲突与协调是自然资源使用权制度完善的突破口。自然资源使用权立法需要整合各个自然资源单行法的零散规定,就自然资源开发利用权利的称谓、性质、类型和权利竞合等问题作出明确的回应。完善自然资源使用权的法律规则,不仅仅是一个立法技术问题,更是一次对自然资源开发利用权利行使规则的重新检视。自然资源功能的多样性及其权利客体的复杂性,凸显了制定自然资源使用权法律规则的难度系数。当前,应当尽快明确相关权利术语的规范表达,科学安排自然资源使用权的体系,明确自然资源使用权的权利义务边界,并在此基础上完善权利的存续期限规则、继承规则与新型权利的创设规则。

一、关于自然资源开发利用权利术语的规范表达

立法该如何规范表达开发利用自然资源的各种权利名称呢?这是自然资源权利立法中应当正面回应的问题。在规范权利术语表达方面,立法首先应当明晰“使用权”“用益权”和“用益物权”这三个概念之间的关系。在目前国外民法典的中文译著中,“使用权”一词的含义相当于“无收益的用益权”,“使用权”是“用益权”的下位概念。然而,中国法律条文中的“使用权”与国外民法典译著中普遍使用的“使用权”,其内涵和外延并不相同。(以表 3-1 为例)。

表 3-1　中国法律条文中"使用权"一词立法例举

法律名称	法律术语	法律规定
《宪法》	土地的使用权	第 10 条规定了土地的使用权可以依法转让的相关内容。
《民法典》	海域使用权	第 328 条规定了依法取得的海域使用权受法律保护。
	使用水域、滩涂从事养殖、捕捞的权利	第 329 条规定了依法取得的使用水域、滩涂从事养殖、捕捞的权利受法律保护。
	建设用地使用权	物权编第十二章专章规定了"建设用地使用权"，从第 344 条到 361 条共有 28 处使用了"建设用地使用权"或者"建设用地使用权人"的表述。
	宅基地使用权	物权编第十三章专章规定了"宅基地使用权"，条文从第 362 条至第 365 条。
《土壤污染防治法》	土地使用权	该部法律共计 19 处使用了"土地使用权"或者"土地使用权人"的表述。
《草原法》	草原使用权	该部法律共计 5 处使用了"使用权"的表述。
《海域使用管理法》	海域使用权	该部法律共计 61 处使用了"海域使用权"或者"海域使用权人"的表述。
《公司法》	土地使用权	第 48 条第 1 款规定了土地使用权作价出资的相关内容。

从上表可以看出，"使用权"一词在中国现行法律条款中得到了广泛的运用，成为开发利用自然资源权利条款的规范表述。"自然资源利用权"只是开发利用自然资源权利的简称，但其本身并未正式出现在法律条款的表述中，并不是一个规范的立法语言。因此，在统一自然资源开发利用权利的法律条文表述时，应当转换成规范的立法语言，即"自然资源使用权"。通过分析中国的法律文本，可以看出"自然资源使用权"是一个内容丰富、外延宽泛的法律术语，"自然资源用益物权"或者"自然资源用益权"则是"自然资源使用权"的下位概念。这就需要在自然资源立法中充分尊重立法语言的使用习惯，并以此为基础科学设计自然资源使用权的体系。

二、自然资源使用权的体系安排

自然资源使用权是我国民法和环境资源法规定的规范自然资源使用的

制度性解决方案，但它存在着逻辑矛盾、名称模糊、错位等缺陷。[①] 就自然资源使用权的体系安排而言，首先应当将其分为收益类自然资源使用权和非收益类自然资源使用权，收益类自然资源使用权包含了使用和收益的权利内容，强调了通过利用自然资源获得收益的过程；而非收益类自然资源使用权则不以收益为目的，是为了自身的生存需要或者为了社会的公共利益而开发利用自然资源。这就决定了这两类自然资源在自然资源立法的位置应当有所不同。立法在设计自然资源使用权权利体系时的具体立法建议如表 3-2。

表 3-2 中国自然资源使用权体系的立法建议表

一级权利	二级权利	分类标准	三级权利	分类标准	立法体例
自然资源使用权	自然资源基础权	不以收益为目的	基于生存需求的自然资源使用权	生存性利用	保障性条款
			基于公共利益的自然资源使用权	公益性使用	保障性条款
	自然资源用益权	以收益为目的	自然资源用益物权	物权性使用	用益物权规则
			自然资源经营权	经营性使用	债权性利用规则

在体例安排上，自然资源基础权可在自然资源使用权立法的一般规定章节中作出总体性规定，以确保自然资源的生存性利用或者公益性使用。当前，应当重点完善自然资源用益权的法律规则。有争议的是，自然资源经营权是属于物权，还是债权呢？目前，这一争论聚焦到了关于土地经营权的性质之争，而土地经营权的定性，必将决定着其他自然资源经营权的法律性质。有的学者认为，土地经营权属于用益物权，土地经营权得以建立源自“用益物权——次级用益物权”的权利架构，[②]将土地经营权定位为用益物权是妥当的；[③]有的学者认

① 金海统：《自然资源使用权：一个反思性的检讨》，《法律科学（西北政法大学学报）》2009 年第 2 期。

② 蔡立东：《土地承包权、土地经营权的性质阐释》，《交大法学》2018 年第 4 期。

③ 陈小君：《土地经营权的性质及其法制实现路径》，《政治与法律》2018 年第 8 期。

为，明确土地经营权属于用益物权，才能解决土地经营权抵押贷款实践的疑难问题；[①]等等。有的学者则认为，应将土地经营权纳入债权范畴，采取“农村土地集体所有权（自物权）—土地承包经营权（用益物权）—土地经营权（债权）”的权利结构；[②]有的学者提出，应在确认土地经营权为债权的基础上提倡该债权的物权化。[③] 无论是土地经营权债权说，还是土地经营权物权说，抑或是土地经营权债权物权化说，在特定的情境之下都具有其合理性。但具体到自然资源使用权的立法中，则不能模棱两可。

需要进一步讨论的是，自然资源物权性利用的权利体系安排。即，立法中是否有必要将自然资源使用权区分为自然资源用益物权和自然资源准用益物权？关于这一问题的探讨，自制定《中华人民共和国物权法》以来就从未间断过。有学者认为，通过行政许可取得并负有较多公法上义务的、客体具有不确定性的自然资源开发利用权利，属于准用益物权，对准用益物权《中华人民共和国民法典》只作原则性规定，具体的由各自的特别法分别规定。[④] 有学者认为，将自然资源界定为准物权的客体，只有将权利抵押权和权利质权排除于准物权的体系才可成立，且需要进一步类型化。[⑤] 有学者进一步指出，“准用益物权”完全可以诠释自然资源使用中的非典型物权特征，未来统一物权登记应将准用益物权列为独立的类型。[⑥] 有学者用“特许物权”的概念来讨论这一问题，认为《中华人民共和国物权法》第 122 条、第 123 条规定的权利属于自然资源特许使用权，认为其不具备私法物权的一般特征，应当将其界定为公法

① 肖鹏：《土地经营权的性质研究——基于土地经营权抵押贷款规范性文件的分析》，《中国土地科学》2016 年第 9 期。

② 单平基：《“三权分置”中土地经营权债权定性的证成》，《法学》2018 年第 10 期。

③ 李伟伟：《“三权分置”中土地经营权的性质及权能》，《中国党政干部论坛》2016 年第 5 期。

④ 胡田野：《准物权与用益物权的区别及其立法模式选择》，《学术论坛》2005 年第 3 期。

⑤ 崔建远：《再论界定准物权客体的思维模式及方法》，《法学研究》2011 年第 5 期。

⑥ 李显冬、牟彤：《完善准物权理论以健全自然资源资产产权制度》，《中国国土资源经济》2014 年第 2 期。

上的物权。[1] 尽管争论还在继续，但自然资源权利体系的科学安排仍然需要立法作出积极的回应。“准物权”在《中华人民共和国物权法》的各个草案中进进出出，海域使用权的规定从略到详、从详到略，但最终立法者选择了只规定“用益物权”，表明了海域使用权不属于准物权之一种，而是典型的用益物权。[2] 针对在制定《中华人民共和国物权法》和编纂民法典过程中已经反复论证并被否决的“准物权入法”的方案，后续的自然资源使用权立法中应当秉承这一立法传统，而无需重复地去论证准用益物权的入法问题。

当前，立法者需要思考的是，在民法典的制度框架之下，如何进一步完善自然资源用益物权体系。就自然资源用益物权的体系安排而言，最为关键的是要对自然资源“物”之类型进行科学的划分，并以此为基础设置自然资源使用权的法律规则。不同类型的自然资源，其物之属性不同，与民法上物的关联度不同，其财产性特征也就不尽相同。当前的立法重点是在区分恒定自然资源、可更新自然资源、消耗性自然资源，并在此基础上就相关的权利行使规则作出科学的制度设计（详见表 3-3）。

表 3-3　中国自然资源使用权类型划分的立法建议表

类型划分	权利设定与取得规则	立法建议
恒定自然资源用益物权	当不发生资源需求冲突时，宜将该类自然资源视为公共自然资源，[3]鼓励公众自由地使用或者享用该类自然资源；当发生资源需求冲突时，宜设定自然资源用益物权，以构建有序的自然资源开发利用秩序为根本目标。	明确恒定自然资源在具备稀缺性情形下的物权类型；并授权地方立法机关根据各地的实际情况进行立法。

① 王克稳：《自然资源特许使用权之论》，《公法研究》2012 年第 1 期。

② 尹田：《论海域使用权与准物权的立法分界——海域使用权与准物权在〈物权法〉上并列规定的意义》，《海洋开发与管理》2008 年第 1 期。

③ 有学者将其称为“公众共用物”。参见蔡守秋：《公众共用物的治理模式》，《现代法学》2017 年第 3 期。

续表

类型划分	权利设定与取得规则	立法建议
可更新自然资源用益物权	对于以收益为目的开发利用国家或者集体所有的自然资源,通过设立自然资源用益物权,构建完备的可更新自然资源用益物权体系。同时,根据开发利用主体是否需要具备一定的资质或者条件,进行适当的类型区分,并进行有针对性的制度设计。	明确物权类型、权利取得规则、权利公示规则,以及权利行使和权利流转的一般规则。同时,对于野生动物资源应当制定例外规则。
(不可替代)耗竭性自然资源用益物权	对于关系国家经济安全或者军事安全的稀有自然资源,不宜设置自然资源用益物权。除此之外,允许设置自然资源用益物权,但应当与自然资源用途管制制度相衔接,权利取得应当通过行政机关许可,权利也不得随意流转。	对于不宜设置用益物权的,进行明确的禁止性规定;对于允许设置用益物权的进行义务性规定,明确开发利用者的法定义务。
(可替代)耗竭性自然资源用益物权	当耗竭性自然资源找到替代能源时,应放松对其进行用途管制,授权其参照可更新自然资源设置自然资源用益物权。但应明确认定可替代耗竭性自然资源的程序及相关规则。	对此类情形进行授权性立法,规定耗竭性自然资源经相关部门认定已找到替代资源时,参照可更新自然资源设置自然资源用益物权。

三、明确自然资源使用权的权利义务边界

对于自然资源使用权的行使,《中华人民共和国民法典》就自然资源有偿使用作出了原则性规定,①强调用益物权人行使自然资源权利应当遵守法律有关保护和合理开发利用资源的规定,并要求所有权人不得干涉用益物权人行使权利。② 但现有的民事法律并没有细化规定自然资源使用权的行使规则。因此,立法还应当进一步明晰自然资源使用权的权利义务边界,尤其是要充分保障自然资源使用权人的合法权益不受侵害,保障开发利用自然资源的权利不被随意剥夺或征用。只要自然资源使用权人合法行使权利,包括转让自然资源使用权的权利,任何组织或者个人不得以任何理由进行干涉。此外,

① 参见《中华人民共和国民法典》第三百二十五条。

② 参见《中华人民共和国物权法》第一百二十条、《中华人民共和国民法典》第三百二十六条。

政府禁止权利转让的规则应该是公开的。[①] 如果一项自然资源使用权是不允许通过流转的,则应当由法律作出明确的规定。总之,要通过制定自然资源使用权的行使规则,使自然资源使用权人在取得开发利用自然资源权利之后,正确、合理、有效地行使权利。

立法应当进一步明确规定自然资源使用权人的权利行使限度。自然资源使用权本身是一种"不完全物权",是在所有权基础上派生出来的权利。自然资源使用权人的权利行使不可超越所有权人享有的权能范围,并应当善意、谨慎地行使权利,尽量避免或者减少自然资源的耗损,通过提高自然资源的利用效率、促进自然资源的循环利用等方式,尽量延长自然资源的使用寿命。在制定自然资源使用权的权利限度规则时,应当进一步明确消耗性资源的开发利用规则。对于耗竭性自然资源而言,自然资源使用权人行使权利的过程就是自然资源数量减损的过程,但是这一过程不可以视为"改造或者显著变更物",而应当视为在"经营上用法"的允许范围内正当行使用益权的表现。比如,矿山的用益权人在取得采矿权之后,其采掘矿产资源并制作成矿产品,这是一个正当行使权利的表现,而不能将其视为"显著变更物"的行为。相反,如果权利人在取得采矿权之后,将矿山改造成跑马场或者高尔夫球场,则是改变了经营上的用法,超过了权利行使的限度,属于不当行使权利的表现。

立法还应当明确规定自然资源使用权的社会义务规则。一旦在自然资源所有权之上设置自然资源使用权时,对自然资源所有权行使的限制转变为对自然资源使用权的限制。所有权是负有社会义务的。[②] 对所有权限制已经被现代社会的法律所接受,而且其发展趋势是越来越多的限制被施于所有权之上。[③] 所有权已经开始承担社会利益分配与协调或者形塑社会秩序的功能,

---

① Bienvenu E A, Natural Resource Use with Vague-Transferability in Property Right, *Environmental Modeling Assessment*, 2018, 23(1).

② 王泽鉴:《民法物权》,北京大学出版社 2010 年版,第 13 页。

③ 程萍:《财产所有权的保护与限制》,中国人民公安大学出版社 2006 年版,第 441 页。

出于“人类利益”的需要，所有权的行使中必须兼顾公益和社会发展的要求。①行使自然资源权利还应当承担一定的容忍义务。对外界不可避免的干扰或者侵入，或者基于公共利益的需要，开发利用自然资源的主体应当负担必要的容忍义务。需要讨论的是，自然资源所有权人所负担的社会义务是否全部转由自然资源使用权人来负担？本书认为不能一概而论。如前所述，自然资源使用权应当区分为自然资源基础权和自然资源用益权。对于自然资源基础权人而言，其使用自然资源本身就源于自然资源所有权人所承担的社会义务，其权利的限度也仅限于“生存需求”或者“公益需要”，因此，只需要强调自然资源基础权人谨慎合法地使用自然资源，而无需课加其额外的社会义务。在设置自然资源用益权的情形，则应当将自然资源用益物权和自然资源经营权分开讨论。在设置自然资源用益物权的情形下，我国民法已经明确规定了“所有权人不得干涉用益物权人行使权利”②的法律规则，根据权利义务对等的基本法理，在用益物权存续期间，自然资源所有权人所需要承担的社会义务，全部移转至自然资源用益物权人，除非法律另有规定。在设置自然资源经营权的情形之下，自然资源所有权人与自然资源经营权人的社会义务之承担，应当由双方当事人在设置自然资源经营权时进行书面约定。如双方当事人未对该事项进行约定的，则视为双方默认该社会义务随着自然资源实际控制权的移转而移转，即，该自然资源在一方当事人的控制下，该方当事人就应当实际承担相应的社会义务。

四、关于自然资源用益权的存续期限规则

在上文的中国自然资源使用权体系的立法建议表中，笔者建议将自然资源用益权分为自然资源用益物权和自然资源经营权，需要进一步明确的是这

① 薛姣：《论所有权的限制》，中国政法大学出版社 2017 年版，第 254 页。

② 参见《中华人民共和国物权法》第一百二十条、《中华人民共和国民法典》第三百二十六条。

两项权利的存续期限规则。关于自然资源经营权的期限，理应由双方当事人通过合同来约定；关于自然资源用益物权的期限规则，则应当通过立法来完善。用益物权是有期限的权利，这应当是用益物权的必备特征，也是用益物权区别于所有权的典型特征之一。在我国，自然资源用益物权的期限主要由自然资源单行法或者自然资源行政法规作出规定。总体而言，规则零散、时长不统一、随意性大是当前的突出问题，不同类型自然资源用益权的期限不同。如上文所述，取水权有效期限一般为 5 年，最长不超过 10 年；采矿权有效期根据矿山规模不同为 10 年至 30 年不等。此外，在同一种资源权利项下还根据不同的用途规定了不同的权利存续期限。比如，《中华人民共和国海域使用管理法》关于海域使用权最高期限按照用途规定了 15 年、20 年、25 年、30 年、40 年和 50 年六种情形。①

在法律条文中将自然资源用益权的有效期限进行细分应当有合理正当的理由，而不能毫无根据地进行人为地细分。比如，《中华人民共和国海域使用管理法》的六种情形至少可以整合成三种情形，15 年与 20 年合并为 20 年，25 年和 30 年合并为 30 年，40 年和 50 年合并为 50 年。甚至可以进一步地整合，将海域使用权的有效期限分为 25 年和 50 年两种情形更为妥帖。总之，立法有必要对如何确立自然资源用益物权的存续期间作出明确的规定，既要允许区分不同类型自然资源用益物权的权利存续期间，也要确立划分自然资源用益物权存续期间的基本标准，以避免确立权利存续期间或者最高期限的随意性。

五、关于自然资源用益权的继承规则

在用益权有效期内，如果用益权人死亡，该用益权是否可以继承？这需要立法作出明确的回应。由于 2007 年《中华人民共和国物权法》和 2020 年《中

① 参见《中华人民共和国海域使用管理法》第二十五条。

华人民共和国民法典》对自然资源用益权可否继承没有作出统一的规定，自然资源单行法对自然资源用益权可否继承的规定并不统一。《中华人民共和国海域使用管理法》明确规定："海域使用权可以依法继承"①。《中华人民共和国渔业法》则没有对养殖、捕捞的权利是否可以继承作出规定，但明确规定"捕捞许可证不得买卖、出租和以其他形式转让"②。《中华人民共和国矿产资源法》《中华人民共和国水法》等自然资源单行法也都没有对自然资源用益权是否可以继承作出明确的规定。因此，立法有必要对此作出回应，明确规定在哪些情形之下自然资源用益权可以继承，哪些情形之下自然资源用益权不可以继承。如若自然资源用益权的获取是与用益权人的能力、资格、条件等的认定紧密相关，取得用益权是需要一定的门槛或者资质要求的，则该用益权不宜继承；反之，如若自然资源用益权的获取并无资质的特殊要求，则该用益权应当允许依法继承。因此，建议在未来的自然资源立法中对自然资源用益权的继承问题进行明确的规定（如表3-4）。

表3-4 自然资源用益权继承规则的相关立法建议表

自然资源用益权	现行立法情况	立法建议
矿业权（探矿权、采矿权）	没有相关规定	继承人具备相关资质，可以依法继承，但应当履行行政许可手续；继承人不具备相关资质，则不允许继承。
海域使用权	可以依法继承	进一步明确继承人的权利义务，尤其是要细化继承人行使海域使用权的法定义务。
渔业权（养殖、捕捞的权利）	没有相关规定	进行例外规定，明确规定不可以继承的情形；除此之外，应当允许依法继承。
水资源用益权	没有相关规定	立法应当区分地表水和地下水。地表水资源用益权允许依法继承；地下水资源利用权则应当进行例外规定，明确规定不可以继承的情形。

① 参见《中华人民共和国海域使用管理法》第二十七条。

② 参见《中华人民共和国渔业法》第二十三条。

续表

自然资源用益权	现行立法情况	立法建议
其他自然资源用益权	规定不统一	立法规定自然资源用益权的一般准则。如有需要特殊规则的，由自然资源特别法作出进一步的规定。

在立法中，应当进一步明确在哪些情形之下可以通过法定继承的方式取得自然资源用益权，在哪些情形之下允许通过遗嘱继承的方式取得自然资源用益权。比如，带有浓厚身份色彩的土地承包经营权是不可以通过遗嘱继承的方式来设定该村集体成员之外的土地承包经营权人，但土地经营权则应当允许通过遗嘱继承的方式来设定该村集体成员之外的土地经营权人。

值得注意的是，在自然资源用益权不能被继承的情形下，不意味着所有权人可以无偿地回收自然资源，也不代表着自然资源用益权人的继承人无法取得任何权益。在自然资源用益权无法被继承的情形之下，所有权人取回的是受限制的自然资源所有权。如果是依合同而设定的自然资源经营权，应当依据双方合同的约定分配自然资源所有权人与自然资源用益权人的继承人之间的权益；如果合同没有明确的约定，则应当遵循公平原则，合理分配双方的权益。在原自然资源用益权有效期限内，自然资源所有权人在该自然资源之上再次设定自然资源用益权所产生的收益，应当根据再次设定的权利的时间跨度，在原自然资源用益权有效期限内的对应收益归原自然资源用益权人的继承人所有，超过原自然资源用益权有效期限内的对应收益归自然资源所有权人所有。如果自然资源所有权人不再设定自然资源用益权，也不对该自然资源进行开发利用，所有权人应当将原自然资源用益权人取得用益权所支付的对价，按照剩余期限的相应比例支付给原自然资源用益权人的继承人。但如果自然资源所有权人选择自主开发利用该自然资源，则原自然资源用益权人的继承人有权放弃该取得用益权的费用，转而主张取得原自然资源用益权剩余期间内开发利用该自然资源的相应权益。

第五节 国有自然资源高效利用的制度保障

促进国有自然资源的高效利用，是完善自然资源国家所有权行使制度的重要目标。“能够实现生态环境、社会效益、经济效益和美好生活需要有机统一的自然资源利用就是高效利用”①。就制度建设而言，要着重关注自然资源的利用效能，着力加强自然资源充分利用、有效利用、科学利用、节约利用和安全利用的制度保障，提升自然资源利用的安全感、幸福感与获得感。

民事主体获得了开发利用自然资源权利的同时，应当从制度上保障其享有充分开发利用自然资源的权益，把适宜开发利用的自然资源充分利用起来。鼓励充分利用自然资源，并不代表行使自然资源国家所有权的政府、政府相关职能部门及其工作人员可以置身事外，而是要求其从纯粹的行政管理者思维跳出来，主动适应自然资源资产管理者的角色。就制度建设而言，不仅要建立自然资源行政管理的权力清单制度，还要建立自然资源资产管理的权利清单制度。只有明晰了权利内容及其边界，作为行使自然资源国家所有权的政府及其职能部门才能将其中的开发利用权利赋予自然资源使用者，自然资源充分利用的制度建构才具备坚实的基础。及时开发利用自然资源是自然资源充分利用的前提，要形成更为明确的约束机制，有效解决“圈地”“屯地”等投机行为。目前已经有了推动自然资源及时开发利用的相关规则。

自然资源的开发利用制度设计要与国土空间开发保护格局相适应。当前，要求在优化国土空间开发保护格局的进程中健全精准配置自然资源的相关制度，从而促进自然资源的高效利用。2023 年 12 月，《中共中央、国务院关于全面推进美丽中国建设的意见》就优化国土空间开发保护格局作了专门部署，提出要健全主体功能区制度、坚守生态保护红线、建立低效用海退出机制、

① 李松龄：《自然资源高效利用的理论认识与制度安排》，《贵州社会科学》2020 年第 8 期。

完善全域覆盖的生态环境分区管控体系等要求。这些要求应当有效衔接到国有自然资源使用权制度的建构中去。在优化自然资源使用权制度的过程中，要将国土空间开发保护与自然资源高效利用统筹协调起来，用科学合理的空间规划制度引导自然资源的合理开发利用。

自然资源的开发利用要契合节约集约利用的要求。自然资源的高效利用要求开发利用的过程中牢固树立节约资源的理念，避免低效开发、无效利用。有学者认为："保障自然资源的节约利用比保障自然资源的合理利用更重要"①。建设自然资源节约集约利用法律制度，一是要注重引导社会各主体树立资源节约利用理念，把节约资源的理念贯彻到各类资源法律法规规章的立法目的、立法原则及具体的制度设计中。二是要明确资源利用中"节约"的标准及其具体要求，让节约资源成为自然资源开发利用的行为规范。三是要明确浪费资源的惩戒措施，立法应当明确规定浪费自然资源的行为类型及其应当承担的法律责任。

自然资源的开发利用要符合总体国家安全观。自然资源是国家长治久安的重要物质基础，资源安全是总体国家安全的重要内容。贯彻落实总体国家安全观，要求自然资源的开发利用要有未来眼光、红线意识、底线思维以及化解各种风险的能力。以矿产资源为例，《自然资源部关于深化矿产资源管理改革若干事项的意见》（自然资规〔2023〕6号）已经明确了严守资源安全底线的相关要求，专门就"严格控制矿业权协议出让"作出了规定。② 可见，在自然资源使用权制度建构中，应当以确保资源安全为底线要求。一是要把资源安全纳入资源利用保护规划之中。编制自然资源资产保护利用规划，是"高效率利用和高水平保护自然资源资产的实践过程"③。目前这项工作还在探索

① 唐双娥：《生态文明视角下我国〈宪法〉自然资源利用条款的新阐释》，《海南大学学报（人文社会科学版）》2021年第6期。

② 参见《国务院公报》2023年第28号。

③ 周星汝、蔡云楠、江海燕等：《关于自然资源资产保护利用规划的若干思考》，《中国国土资源经济》2022年第10期。

之中，应当把资源安全作为资源利用的底线要求落实到自然资源资产保护利用规划之中。二是要把确保资源安全与自然资源用途管制、自然生态空间整体保护有机统一起来，明确资源利用的限度和边界。“如何不以牺牲资源、环境为代价来推动经济发展，是眼下一些地方在资源开发、生态环保领域提升治理水平的一道必答题”①。三是要把保障资源安全的责任落实到位，把预防与化解资源安全风险有机联动起来，明确自然资源开发利用中各相关主体的安全责任。

自然资源的高效利用要紧跟数字化发展的时代步伐。习近平总书记在全国生态环境保护大会上指出：“深化人工智能等数字技术应用，构建美丽中国数字化治理体系，建设绿色智慧的数字生态文明。”学者指出：“数字化和绿色化相互融合、相互促进，已成为全球发展的重要主题”②。优化自然资源使用权制度，应当积极推动自然资源开发利用的数智化转型，将自然资源使用权制度与自然资源数字化治理有效衔接。当前，应当紧跟时代发展的步伐，努力提升自然资源开发利用的数智化水平，推动“智慧+自然资源”建设，把自然资源使用权制度与自然资源治理的数字化体系有效衔接起来，做大做强自然资源科技创新平台，以数字化运用提升自然资源利用效能。

① 韩韫超：《自然资源开发利用的红线不能踩》，《工人日报》2023 年 12 月 12 日。
② 李海生：《建设绿色智慧的数字生态文明》，《人民日报》2023 年 12 月 1 日。

第四章　自然资源国家所有权行使的市场机制

完善自然资源国家所有权行使的市场机制，是保障国家作为自然资源资产所有者权益的内在要求。当前，应当着重发挥好市场在自然资源权利配置中的决定性作用，促进自然资源权利按照市场规则流转起来。研究自然资源交易规则的设计，既要明晰自然资源权利市场配置的一般规则，也需要针对不同类型自然资源的权利市场配置展开差异性研究。在发挥好市场作用的同时，还应当明确政府宏观调控在自然资源权利配置中的作用，建立健全自然资源权利交易的监管规则，使其与自然资源权利的市场规则有机协调、互为补充、相互配合。

第一节　市场配置自然资源权利的理论基础

2019 年《关于统筹推进自然资源资产产权制度改革的指导意见》强调指出："探索自然资源资产所有者权益的多种有效实现形式，发挥市场配置资源的决定性作用，努力提升自然资源要素市场化配置水平"①。落实这一自然资

① 《关于统筹推进自然资源资产产权制度改革的指导意见》，人民出版社 2019 年版，第 3 页。

源资产产权制度改革的精神和要求，应当充分发挥市场机制在自然资源权利流转中的作用，完善自然资源权利交易的市场规则，推动自然资源权利按照市场规律有序、便捷、高效流转起来。

发挥市场配置自然资源权利的决定性作用，具有重大的现实意义。一是有利于充分实现国家作为自然资源所有者的权益。通过市场机制出让自然资源权利，自然资源出让价格由市场来决定，有利于形成自然资源开发利用优胜劣汰的竞争格局，从而最大程度保障国家的自然资源权益。二是有利于调动一般民事主体开发利用自然资源的积极性。发挥市场配置自然资源权利的决定性作用，有利于减少政府的自然资源利用行政审批或者行政许可等诸多环节，从而提升自然资源权利流转的效率，降低权利主体取得开发利用自然资源权利的经济成本和时间成本。在自然资源国家所有权制度框架之下，自然资源他物权的市场机制主要出现在自然资源他物权继受取得的情形，具体可以分为自然资源他物权出让市场和自然资源他物权转让市场。[①] 三是有利于充分发挥自然资源的功效。在市场机制的作用下，自然资源开发利用主体具备提升自然资源利用价值的主观能动性，有利于促进自然资源权利主体努力提升自然资源开发利用技术，从而实现自然资源的高效利用和可持续利用，充分发挥自然资源的“物”之价值。

市场配置自然资源权利的路径，可以通过对自然资源物权制度设计对自然资源开发利用进行权利配置。通过自然资源物权制度对自然资源进行权利配置，其根本原因在于，国家所有的自然资源，其所有者只能是国家，国家的所有者身份不可以让渡给其他主体。自然资源用益物权制度，实现了从自然资源国家所有到自然资源开发利用的衔接，一般的民事主体不能成为自然资源的所有者，却能够通过取得自然资源用益物权开发利用国家所有的自然资源。而发挥市场机制在自然资源权利配置中的决定性作用，就是要抓住一般民事

① 王洪亮等：《自然资源物权法律制度研究》，清华大学出版社 2017 年版，第 68—69 页。

主体取得自然资源用益物权这一关键环节。这就需要改变自然资源用益物权的传统行政审批模式,积极引入自然资源权利竞争性取得的市场规则。以矿业权出让为例,改革的方向是"全面推进竞争性出让、严格控制协议出让,将绝大部分矿业权交给市场主体"①。由此可见,随着自然资源管理体制机制改革的不断深化,市场配置自然资源用益物权的作用将日益得到凸显,尤其是在自然资源开发利用权利的继受取得这一环节,市场机制发挥日益重要的作用。通过自然资源物权制度设计对资源进行权利配置,应当完善相关的法律制度。一是要完善开发利用自然资源的权利主体资格制度,尽管是采取竞争性方式出让自然资源开发利用权利,但并不代表任何主体都有资格参与自然资源权利取得的竞争,而应当根据不同类型自然资源的开发利用特点,设计相应的开发利用的主体资格门槛。二是完善自然资源开发利用权利出让的信息公开制度。要形成良性的竞争格局,应当有一个健全的自然资源开发利用与市场流转的信息化平台,畅通公众获取自然资源开发利用相关信息的渠道。三是要完善自然资源权利出让的价格形成机制,让自然资源权利市场化出让的价格由市场来决定。政府代表国家行使自然资源所有权,其角色不是一个管理者,而是所有者的代表。因此,在采取竞争性出让自然资源开发利用权利的过程中,必须要有一个科学的价格形成机制,让市场主体可以有序地参与市场竞争。在这个过程中,尤其是要制定科学合理的自然资源开发利用权利出让收益市场基准价,②确保在权利出让的过程中充分保障国家的自然资源收益。

市场配置自然资源权利的路径,还可以通过合同自由对资源进行权利分

---

① 《自然资源部〈关于推进矿产资源管理改革若干事项的意见(试行)〉正式实施》,自然资源部官网,http://www.mnr.gov.cn/dt/ywbb/202005/t20200507_2511279.html,发布时间:2020年5月7日,访问时间:2020年5月10日。

② 在自然资源部发布的《关于推进矿产资源管理改革若干事项的意见(试行)》中,专门把《油气矿业权出让收益市场基准价标准表》作为附件,充分表明了自然资源权利出让基准价的标准制定已经引起了自然资源部门的充分重视。参见:《自然资源部〈关于推进矿产资源管理改革若干事项的意见(试行)〉正式实施》,自然资源部官网,http://www.mnr.gov.cn/dt/ywbb/202005/t20200507_2511279.html,发布时间:2020年5月7日,访问时间:2020年5月10日。

配与安排。通过赋予自然资源开发利用主体自然资源用益物权的模式，有利于实现物权法定、赋权于民。但也正是由于我国法律采取了严格的物权法定主义，如果纯粹依赖设定自然资源用益物权的模式，市场在自然资源权利配置中的作用发挥还是非常有限的。因此，通过合同自由对资源进行权利分配与安排就应当引起充分的重视。尤其是在自然资源开发利用权利的移转继受取得这一环节，此时后手取得之权利视前手之权利内容及移转合意之约定。① 根据合同自由原则，在不违反法律强制性规定和公序良俗的情况下，当事人可以约定双方的权利义务，而不受物权法定主义原则的限制。② 当然，自然资源开发利用权利的市场配置，因自然资源自身的特殊性而需要更多地兼顾社会公共利益和生态环境利益，合同自由在自然资源权利流转过程中会受到更多的限制，而从立法上把握好限制自然资源权利市场流转的"度"，这是自然资源权利市场健康发展的重要保障。

发挥市场在自然资源权利配置中的决定性作用，并不表明市场的作用是万能，市场配置自然资源权利也是有限度的。市场在自然资源配置中起决定性作用，应当仅限于兼具使用价值和交换价值的"民用自然资源"。③ 具体而言，对于根据现有技术条件无法有效开发利用的自然资源，因对其开发利用无法形成激励机制，不需要市场机制的介入；对于数量无穷大、不存在稀缺性的自然资源，因对其开发利用无法实现经济效益，不需要市场机制的介入；对于数量极其有限的稀有自然资源，因对其开发利用涉及国家的自然资源安全，应当尽量避免市场机制的介入；对于外部负效应不明确的自然资源，因其开发利用对生态环境的破坏程度尚未探明，市场机制也应当慎重介入。

在市场配置自然资源权利的过程中，市场与政府应当有一个合理的分工。

① 王洪亮等：《自然资源物权法律制度研究》，清华大学出版社 2017 年版，第 71 页。

② 崔建远主编：《自然资源物权法律制度研究》，法律出版社 2012 年版，第 137 页。

③ 施志源：《自然资源的市场配置及其制度完善——基于生态文明制度建设视角》，《中国特色社会主义研究》2015 年第 2 期。

为实现对自然资源的优化配置，保证开发利用自然资源的综合效益，既要促进自然资源权利的市场化流转，也要对自然资源权利市场化流转进行必要的干预。[①] 当然，政府对自然资源权利流转的干预必须把握好度，能减少政府干预的要尽量减少政府的干预，能交给市场的要通过建立市场规则来实现自然资源的权利配置。2019 年新修订的《中华人民共和国森林法》充分体现了这一目标要求。新修订的《中华人民共和国森林法》调整了林木采伐许可证核发范围，采伐自然保护区以外的竹林不再办理采伐许可证。[②] 这在进一步规范政府行政许可事项的同时，也为市场配置国有林木开发利用权利提供了更为广阔的空间。

加强自然资源权利市场流转的立法保障，是实现自然资源权利有序流转的客观需求。一方面，立法需要考虑自然资源权利市场配置法律规则的共性，完善自然资源权利市场流转的通行规则，以确保自然资源权利的市场流转在法治的轨道里有效运行。一是要完善自然资源权利交易的主体资格制度，既要明确参与自然资源权利交易的市场主体所应当具备的基本条件，也要建立健全自然资源主体资格的审查机制。二是要完善自然资源权利交易的诚信登记制度，建立健全自然资源权利交易“黑名单”制度。三是要完善自然资源权利交易的环境影响评价制度，避免因自然资源权利交易而增加不必要的生态环境破坏。另一方面，立法还应当根据不同类型自然资源的各自特点，设计有针对性的法律规则。

第二节　国有林权的市场流转及其规则完善

依据我国现行法律的相关规定，林权包含了国有林权、集体林权以及个人

① 张梓太：《自然资源法学》，北京大学出版社 2007 年版，第 60 页。

② 参见《中华人民共和国森林法》第五十六条的规定。

对自留地和房前屋后的零星林木的所有权。[①] 本书仅研究国有林权的市场流转规则之完善。林权是一个权力束，是由一系列权利合成的权利的统一体。[②] 国有林权是指国家对其所有的森林、林木或者林地所享有的占有、使用、收益和处分的权利。国有林权的流转依赖于林权流转制度的改革建设和完善，理论体系尚不完整，国有林地流转可以定义为：以实现国有林地可持续发展为目的，在不改变林地所有权的前提下，按照法定的程序，对国有林地所拥有的相关法定权利，向个人或其他单位主体进行转移的行为。[③]

一、国有林权市场流转的典型案例分析

案例一：瑞丽市昆仲木业加工厂、陇川县华星木业有限公司国有林权经营权转让纠纷案[④]

2003 年 9 月 30 日，瑞丽市人民政府将瑞丽市木材公司所有的国有山林的经营权出售给昆仲木业，2005 年 11 月 28 日，昆仲木业将其所有的国有林权经营权转让给华星木业，尚未进行林权登记。受让方申请林权登记，瑞丽市林业局出具《情况说明》，根据《33 号通知》和《管理办法》的规定，暂不予以登记。由此引发国有林权经营权转让纠纷。

原审法院认为，本案系因受让国有林权后再行转让而引发的合同纠纷。双方签订的《林权转让协议》为有效合同，双方也依约履行了部分合同义务。至今昆仲木业未能办理林权的变更登记，系因国家政策原因所致，且双方也认可该事实，因此，双方的合同目的已不能实现，华星木业要求解除合同，依法应予以解除。原审判决宣判后，昆仲木业、华星木业均不服，提起上诉。二审法

① 参见《中华人民共和国森林法》第十四条、《中华人民共和国森林法》第五十六条的规定。

② 韩帮助：《林权流转法律问题探析》，《环境保护与循环经济》2011 年第 3 期。

③ 张伟：《国有林地流转制度研究》，东北林业大学 2012 年博士学位论文。

④ 案件来源：云南省德宏傣族景颇族自治州中级人民法院民事判决书【（2016）云 31 民终 243 号】。

院最终查明的法律事实和原审一致，二审判决解除双方的协议，昆仲木业返还双倍定金及林权转让款。

案例二：陈某等与福建省漳平五一国有林场林木权益纠纷案①

2008 年 2 月 2 日，张某、刘某将其拥有的山场林木权益转让给陈某和黄某，并将相关内容通知五一林场，2014 年底、2015 年初，原告陈某和黄某向林业主管部门重新申请采伐时，发现五一林场在原告不知情和未经原告同意的情况下，于 2013 年将双方共有的本案讼争山场林木划入生态公益林，根据现有的林业政策，五一林场已无法通过继续履行或者采取补救措施的方式让本案讼争山场通过商业性采伐来实现经济利益。原告因此诉至法院。

法院认为，依据《福建省生态公益林规划纲要》第四条第（一）项现场区划界定"由县级林业主管部门代表政府与生态公益林所有者或经营者现场区划界定，要将生态公益林落实到山头地块，做到权属、地类清楚，事权划分和经营主体明确……"之规定，推定五一林场将讼争山场向上级申报并现场区划界定为生态公益林，且在原告不知情和未经原告同意的情况下，将双方共有的本案讼争山场林木划入生态公益林，客观上使本案讼争山场丧失了商品林属性，使原告无法通过经营林木获得利益。五一林场的行为构成违约，应承担相应的民事责任。鉴于五一林场是为了涵养水源、保持水土、调节气候等保护生态功能而忽略其他利益，且根据现有的林业政策，五一林场已无法通过继续履行或者采取补救措施的方式让本案讼争山场通过商业性采伐来实现经济利益。法院最终判决酌定由五一林场以 55%的林木价值购买原告持有讼争山场 50%的林木所有权份额，完成了由个人林木权向国有林木权的流转。

上述两则案例都是国有林权再流转引发的纠纷。案例一表明了林权登记制度对于林权流转的重要意义。林权流转的登记是林权制度改革的显著成果，权利登记有利于明晰权利的归属，确立权利相应的物权效力。完善的林权

① 案件来源：福建省漳平市人民法院民事判决书【（2016）闽 0881 民初 1839 号】。

登记制度有助于推进自然资源登记制度的发展,有助于保护林权流转的顺利进行。案例二的判决充分考虑到林场的生态效益。公益林的生态区位十分重要,对维护国土安全,生态多样性和经济社会可持续发展具有不可替代的作用。国家赎买是公益林的一种重要来源方式,将原有的权利平级流动逆转为上级收回。

二、国有林权转让的意义

(一)创新发展国有林业的经营,提高林业资源资产管理水平

目前国有林权流转存在着一个很大的制度缺陷是“政企合一”的现象普遍存在。即,国家和地方政府通常既是国有林权所有者的代表,又是社会行政活动的管理者和参与者。国有林权具有一定的公共性,林木往往具有一定的公共产品的属性,林业资源的生产周期相对较长,需要进行大量人力物力财力的投入,若林权完全由国家掌握,就无法调动其他有能力的社会主体的力量,阻碍国有林的发展和管理的提高。国有林权实施积极转让后,由于产权清晰,责、权、利统一,经营者的积极性大大提高,林权的经济效益将得到显著提升。创新国有林场的合作经营模式,有利于解决国有林经营目的不明确、基础设施落后、林业经济薄弱等难题,让市场主体参与国有林场的联合经营也有助于提高管理经营的效率。此外,市场经济如今已经十分发达,在国有林业的交易中引入市场化的流转运营机制,将市场化的运营思维方式运用到国有林权的相关交易中,将市场性的经营、管理、资本、人才等要素引入国有林业的流转、发展,创新国有林业的经营管理制度,有利于提高国有林的管理水平,提升国有林业资源的市场竞争力。

(二)激发对国有林业资源保护的积极性

国有林权进行市场的流转,有利于林业的实际经营者可以按照相关合同

和政策的约定,实施有关保养、开发、发展林下经济等多种利用林业资源的活动。国有林权进行转让,实现林木林地的自由流转,使林业资源在非采伐的模式下就可获得经济效益,实现资源从不动产到流动资产的转变。同时,活跃国有林权的市场流转扭转了林业资源前人栽树、后人乘凉的局面,实现了当代人保护、当代人收益,缩短林木林业从栽种成材到受益的期限,实现林业资源的保值增值,既保护森林资源的生态效益,也实现了森林资源的经济效益和社会效益。在市场机制的推动下,各界主体从国有资源的"旁观者"到"当局者",拥有了实实在在的权利。随着林权可以通过市场流转的机制逐步完善,林业资源使用权人为了确保获取林木的经济利益,也会更加爱护林业资源,投入资金和技术用于林业资源的培育养护。由于缺乏财产权的保护,环境物品总是被滥用,有时甚至到了毁灭的边缘。① 林业经营从政府提出要求、职工被动完成到参与市场流转的主体积极主动投入林业的开发经营和保护,市场化机制在其中发挥着至关重要的作用。

(三)市场机制推动实现"得绿也得利"

在很长的一段时间里,我国对于林业资源的利用大部分是聚焦于其具体的物的利用价值上,尚未发掘林业资源蕴藏的巨大潜力。现如今,随着林业资源的生态功能和生态价值逐渐被社会所熟知和认可,森林观光、生态疗养等生态价值越来越受人们的青睐,过去单一的开采砍伐的利用模式逐渐被摒弃。2018 年,国家林草局就呼吁大胆创新产权模式,推进国有自然资源有偿使用,拓展集体林经营权权能,健全林权流转和抵押贷款制度,以吸引更多资本参与林业建设,同时鼓励各地开展重点生态区位商品林赎买等改革。在商品林赎买的实践中,国有林权的经营模式也在不断创新发展。国有林权的流转,可以形成多元化的权利义务主体,各个权利人在利益的驱动下,为了可持续发展的

① [美]丹尼尔・H.科尔:《污染与财产权:环境保护的所有权制度比较研究》,严厚福、王社坤译,北京大学出版社 2009 年版,第 2 页。

需要,在生态公益林的建设上建言献策,充分利用国有林业资源以取得最大的收益。这样,通过推行国有林权的积极流转,作为资源的林业林地在有能力的主体之间充分流转,国有林资源得到充分高效的利用,发挥资源最大的优势,政府可从中获得巨大的生态效益,流转主体可以从中获取相应的利益,两全其美。

三、国有林权流转市场的模式创新和规则完善

2019 年修订的《中华人民共和国森林法》对于国有林权市场的模式创新具有积极的推动作用,主要体现在两个方面:一是划分了公益林和商品林,将实践中对公益林和商品林的差异化管理实践上升为法律规范;二是增加"森林资源权属"一章,做到"山定权、树定根、人定心、政府定责"。新《中华人民共和国森林法》规定,根据国有林改革和经营管理的情况,国家所有的森林、林木和林地可以依法确定给多种所有制的林业经营主体使用;林业经营主体依法取得的国有森林、林木和林地的使用权,经批准可以转让、出租、作价出资等,并明确具体办法由国务院制定;新法还明确规定,国家鼓励、支持和引导多种所有制的林业经营主体在依法取得的国有或者集体林地上发展多种形式的林业产业,保护非公有制林业经营主体享有的林地经营权和林木所有权等合法权益。① 这些新的法律规则,为推动国有林权流转市场化创造了良好的法治氛围。

(一)国有林权流转市场的模式创新

1. 商品林赎买

商品林赎买制度就是政府通过赎买、租赁、入股、合作经营等多种方式,将禁止砍伐的商品林调整为公益林,达到政府得绿、林农得利的双赢效果。在商

① 参见《中华人民共和国森林法》第十六条、第十七条、第二十条和第五十三条的规定。

品林赎买政策试行的过程中，虽然取得了显著的成效，但是同时也暴露了些许弊端，主要表现在：赎买政策尚不完全成熟，购买的价格、程序不合理不规范的现象较为严重；购买的资金投入不足，购买的后续管护制度尚不完善等。

为解决上述不足，建议从三个方面加以改进。一是加快立法进度。国家可以逐步放权给地方人民政府，在国家总体的法律框架之下，根据地方立法的具体进度，完善相关商品林赎买政策的法律依据。在规定中明确交易对象的确定方式、交易的流程、申报的期限、申报所需的材料等，在完善程序的同时也要注意本着方便交易进行的原则，为申请人提供购买便利；另外，通过引入资质优良的第三方评估机构，根据林木的品种、年龄、用途等制定合理的评估规则，规范林木资源的价值评估规则，交易双方可以在评估价格的合理波动范围内协商确定最终交易价格。二是筹措赎买试点资金，多渠道扩充交易资金。由于商品林的赎买具有良好的生态效益，符合生物多样性保护的要求，满足保护国土安全和维持经济可持续发展的需要，极大地保护了多数人的利益，因此政府有必要将赎买资金纳入公共预算的范畴，并且积极探索其余多种渠道的融资方式。三是注意购买后的管护问题。经过赎买，原本属于集体或者个体私有的林木变成国有的公益林，因此，购买后的合理管护显得十分必要。

2. 合作经营模式

国有林场作为我国林业建设的重要组成部分，在改革发展的驱动下，一步步完成了向国有林场公益性的转型，为提升森林的质量和数量，合理利用和保护林地资源，一种以合作经营为主的新型国有林场经营主体应运而生。

合作经营的新型国有林经营模式仍然是以林地的资源保护和合理开发为核心任务，辅之以高效、稳定的市场化运作体制机制，实现国家社会与农林组织双丰收、共得利。合作经营模式具有其独特的优势，具体表现在三个方面：首先，国有林场占据特有的生态地位，具有杰出的林业生产建设的组织管理能力，有实力在偏远地区组织开展国土绿化或者其他林业重点建设工程；其次，国有林场加集体林场合作，将经营主体实现“单一管理”到“多元共治”的转变，在清晰的权利分配下，与合作集体林场实现产业的协同发展；再次，实施合作经营模式，使国有林主体与集体林主体建立了紧密的利益连接，二者在资源、资产、资金等要素方面建立了紧密的纽带，实现了合作共赢、共同发展。①

3. 林业碳汇交易

因林业碳汇的稀缺性和多重效益，将促成优势价格，增加碳市场活力。因此，要加快林业碳汇项目方法学的开发力度，完善林业应对气候变化的相关政策，壮大碳汇交易的专业型或者复合型人才队伍，促进交易市场的规范发展，加大宣传，号召企业组织，公众等各种社会力量的积极参与，发展林业碳汇项目，保护森林和改善生态环境，缓解全球变暖带来的危害，使林业碳汇为我国国有林业的发展带来新的动力。②

林业碳汇是通过实施造林、再造林和森林管理、减少毁林等林业活动，提升森林吸收和储存二氧化碳的能力，是一种应对气候变化成本最低、成效最好的方式。据专家测算，森林蓄积增长 1 立方米可吸收固定二氧化碳 1.66 吨。③ 结合我国国有林的现状，发展林业碳汇具有如下的优势：首先，一些重点国有林区具有非常丰富的森林和草地植被资源，发展碳汇经济的空间和资源十分广泛，林业碳汇的基础条件十分扎实；④其次，在全球变暖的大趋势之下，中国作为承诺减排的大国，为了使经济的发展与生态保护继续协同并进，林业碳汇的作用不可忽视，我国在积极探索和实施碳排放权交易试点项目的建设，林业碳汇由于具有多重生态效益，越加受到各级政府的强力推动；最后，全民碳汇意识的不断增强，积极探索碳汇模式，各主体不断进行技术改进，主

① 《国有林场新型经营主体如何发展》，国际环保在线官网，https://www.huanbao-world.com/others/43905.html，发布时间：2018 年 9 月 19 日，访问时间：2021 年 8 月 10 日。

② 张建勇：《浅析国有林业碳汇的作用》，《农业与技术》2018 年第 4 期。

③ 《广东首个林业碳汇项目成功交易　把树种好“卖空气”》，《人民日报》2015 年 6 月 19 日。

④ 孙金峰、梅子侠：《国有重点林区发展林业碳汇经济的探索——以最大的国有林区大兴安岭为例》，《知与行》2017 年第 7 期。

动承担保护森林资源的义务，发展较低成本的林业碳汇以实现最大的生态收益。

（二）国有林权市场流转的程序规则完善

1. 国有林权市场流转的主体制度完善

第一，完善国有林权登记制度。

国有林明晰的归属，林地权利的完善关系到国有林业的发展未来，关系到自然资源国家资产的有效保护和合法利用。当前，应当在我国建立起统一的国有林地登记机关，负责办理林地权利的确认、流转、消灭等权利变动的登记事项，借鉴已经较为成熟的土地登记管理制度、土地的登记和管理运行模式，细化各级林地权属登记机关的管理职能。同时，还应当及时修订现有位阶较高的能够调整国有林权权属的法律法规，通过立法确定交易登记机关的法律地位，使《森林法实施条例》《林木和林地权属登记管理办法》与《物权法》相协调和配合，规范目前国有林权混乱的状态。①

第二，完善国有林权流转主体利益保护制度。

将国有林权以合法的方式进行流转获得收益是权利主体回收投资，并且能够获得额外经济收益的一个十分重要的手段。尤其是像公益林这样的林地，作为投资标的，虽然潜在的收益巨大，然而投资周期长、见效慢，更应该从立法上保障流转权利人的收益。为此，可以在《森林法实施条例》或者《国有林权流转条例》中增加有关权利流转的主体以及流转后利益的规定。例如，规定流转权益归流转主体所有，任何单位和个体不得以非法的方式擅自截留和扣缴。除保护流转主体的合法收益之外，对流转程序、定价标准等也要进行规范。②

---

① 周孜予：《国有林权属制度的完善》，《东北林业大学学报》2011 年第 8 期。

② 叶知年、林怡仙：《论我国林权流转制度之完善》，《西南科技大学学报（哲学社会科学版）》2010 年第 1 期。

第三,明确国有林业行政主体与林权人的权利义务。

林业行政主体和林权人的权利义务不平衡是我国目前国有林权流转的一个普遍问题。往往是赋予行政主管部门较多的管理权或者其他权力,而赋予相对人的权利较少,赋予行政管理部门较少的义务,使得双方之间的权利义务明显的不平衡。因此现行法律应该配合政府职能和地位的改革,从管制型政府转向服务型政府,不搞政府一言堂,改变"行政就是管理"的落后思想。规定行政主体应当履行的监督管理职能,提供交易、登记等的高效便捷方式,要求相对人按照法律的要求,按照程序完成国有林权的流转,对林地的养护等职责。只有双方的权利义务明确且平衡,国有林权才能最大限度地进行健康流转。

2. 国有林地流转方式的规则完善

国有林区林地的流转方式是否合理、形式是否多样化、流转的途径是否通畅是林地能否实现其市场化的前提,是实现森林资源国家与个人之间合理配置的根本保障。国有林权实现林业产业化、市场化流转需要通过一定的利益连接机制,把分散经营的林地集中起来,进行规模化、集约化经营,实现林业生产效率和效益的最大化。设定合理、合法、灵活、多样、全面的流转方式,制定和出台配套的国有林权流转政策,明晰流转林地的产权,保障国有林地流转后承包者的切实利益,同时也可以保障流转后林地资源和后续流转的监督管理。可以在常规的转让、租赁、承包的基础上创新建设林业股份合作社模式或者国有林业金融信贷模式,继续推广商品林赎买、生态公益林的养护等现有的高效流转模式,在保障流转的同时调动国有林区林地经营者对林地的投资、规划、保护等积极性,鼓励多方主体积极参与到林地流转,推动林权的改革,实现国有林区的可持续发展。

3. 完善国有林权流转的程序和服务制度

在保证林业权利充分自主的流转的同时必须考虑到林地的生态功能,为了国家的生态安全,保护居民良好的生活环境,保证林业经济的可持续发展和林业资源的合理利用,国家需要在充分尊重市场流转自由的基础上规范林权的流转程序,如对参与流转的主体的资质进行规定和审查,进入流转的林权需要经过哪些登记和备案手续,流转前的林业资源价值评估,以避免不合理的价格转让导致国有资产的流失。国有林权的市场流转程序严格,环节较多,尝试建立多元化、多维度的服务管理体系。充分发挥各参与主体的力量,发掘利用各自的优势分角色监管,实现协调发展。① 政府可实施对流转合同、流转权利登记等重要事项的服务监管,增加国有林权流转的科研投入,以支持进行实地调查等;第三方中介机构平台可以为国有林权的交易提供一个优良的交易平台,专业的人员操作林权交易的过程,促进公平、公正地保护国有资源的顺利流转,同时可发挥对政府和第三方机构的服务作用。此外,在林权流转的过程中可以对林业经营者及林权流转交易单位给予一定的政策扶持、财政补贴和税收优惠,这样可以激发其经营、交易的积极性,进而促进林业的发展。②

第三节　水资源权利的市场流转及其规则完善

当水资源的稀缺性达到一定程度而用水需求持续上升时,水权交易就成为了水资源再分配的重要手段。为解决用水短缺问题,自 2000 年浙江省义乌市和东阳市签订有偿转让水库用水权协议以来,甘肃、宁夏、内蒙古、福建、新疆等地都在积极探索实施水权交易,逐渐打破了一直以来水资源由政府单一配置的格局,在水资源配置中引入市场机制。③ 水权交易是水资源使用权的部分或者全部通过市场来进行转让。④ 随着水权交易的深入开展,水资源权

① 蒋莹、曾华锋:《加强林权流转市场监管的思考》,《绿色科技》2012 年第 12 期。
② 陈智广:《国外林权流转交易制度借鉴》,《世界农业》2017 年第 7 期。
③ 陈玉秋:《水资源资产产权制度探索与创新》,中国财政经济出版社 2018 年版,第 68—69 页。
④ 徐晋涛主编:《水资源与水权问题经济分析》,中国社会科学出版社 2019 年版,第 147 页。

利的市场流转规则也应当尽快完善,促进市场在水资源权利配置中发挥出积极的作用。

一、我国水权交易的实践探索

(一)我国水权交易典型案例

山东省自从2012年以来就谋划推进全省水权市场建设。2014年,山东省在济宁市、沂源县、东平县、宁津县开展水权交易先期试点。2016年,山东省搭建了省级水权交易平台。2021年以来,山东省将水权交易试点范围扩大到全省,2020年—2022年,山东省通过中国水权交易所、省公共资源交易中心、自主协议等方式完成各类用水权交易1.58亿立方米,其中区域水权交易7500万立方米、取水权交易7946万立方米、灌溉用水户水权交易367万立方米,总交易金额5256万元①,形成了区域水权交易、取水权交易、灌溉用水户水权交易三种交易模式,取得了可推广、可复制的改革经验。

表4-1　山东省水权交易模式一览表

	区域水权交易	取水权交易	灌溉用水户水权交易
典型代表地区	东营市	临沂市莒南县	德州市宁津县
具体做法	东营经济技术开发区和广饶县以水源置换的方式完成了全省首单500万立方米长江水和黄河水的用水权交易。	2021年,莒南县开展了全省首例跨行业水权交易;2022年,莒南县开展了工业转工业、农业转生活等水权交易,交易水量650万立方米,交易金额为65万元。	宁津县在省内率先探索完成了农业水权确权登记。在此基础上,建立了水权交易流转制度体系,建成全县水权交易与管理平台,结合农业水价综合改革积极推进灌溉用水户水权交易。

① 中华人民共和国水利部规划计划司:《山东省积极培育用水权交易市场　促进水资源集约节约安全利用》,水利部规划计划司网站,http://ghjh.mwr.gov.cn/zdzt/slgg/slgg_ggdt/202302/t20230208_1630686.html,发布时间:2023年2月3日,访问时间:2024年3月19日。

续表

	区域水权交易	取水权交易	灌溉用水户水权交易
已取得的成效	这一做法有效促进了黄河水优水优用，推动了长江水指标消纳，解决了地区要素紧缺与资源闲置并存的局面，为黄河流域水资源超载治理提供了新的途径，开创了“水源置换、价水分离”的区域水权交易模式。	取用水户在不影响自身用水需求的前提下，通过有偿转让节约下来的取水权获得合理收益，节水内生动力得到有效提升，促进了水资源在行业之间的高效流转。	通过用水权交易，农业用水户的节水意识得到明显提升，地下水超采问题得到有效缓解，水资源配置效率和使用效益不断提高。灌区每亩年均节水25立方米、全县年均节水2000万立方米，亩次灌溉费用成本下降20%以上，每年减少农业水费负担146万元，逐步形成了“农业节水、农民增收、生态受益、多方共赢”的局面。

资料来源：中华人民共和国水利部规划计划司官方网站

（二）水资源权利市场流转的发展历程

我国水资源权利市场流转总体处于不断开发和探索的进程，对水资源权利的认识也在逐步加深。政策的制定上体现为不断强化水权的物权属性，明确水权可以转让，明确水权转让的具体方式、程序，积极推进水资源的高效利用。

一系列政策文件的出台，推动着水权交易的不断发展。在探索水权交易改革的道路上充分总结不同类型水权确权和交易的试点经验，为将确权和交易的成熟做法上升为法律制度奠定基础。2005 年 1 月 11 日，水利部同时颁布《水利部关于水权转让的若干意见》和《水权制度建设框架》。《水利部关于水权转让的若干意见》提出要充分发挥市场机制对资源配置的基础性作用，促进水资源的合理配置，并对水权转让的基本原则、限制范围、转让费、转让年限等问题进行了原则性规定。《水权制度建设框架》则指出水权制度体系由水资源所有权制度、水资源使用权制度和水权流转制度三部分组成。在水权转让方面制定水权转让管理办法、建立水权转让协商制度和第三方利益补偿制度。① 国务院 2006

① 张一鸣：《中国水资源利用法律制度研究》，西南政法大学 2015 年博士学位论文。

年发布的第460号令《取水许可和水资源费征收管理条例》正式提出了取水权取得、变更和转让的一系列制度。2007年3月颁布实施的《中华人民共和国物权法》"用益物权"编总则部分规定依法取得的取水权受法律保护,第123条将水权和探矿权采矿权等相等同,由此可见,取水权已被《中华人民共和国物权法》认定为具有用益性质的物权。水权从"行政许可权"转变为"物权"。2011年中央1号文件明确提出"建立和完善国家水权制度,充分运用市场机制优化配置水资源"。2014年2月16日颁布的《南水北调工程供用水管理条例》第15条规定,相关地区的用水需求出现重大变化,由有关省、直辖市人民政府授权的部门或者单位协商签订转让协议,确定转让价格,将转让协议上报和备案。2014年7月,水利部印发《水利部关于开展水权试点工作的通知》,选定宁夏、江西等7个省区,计划2—3年的时间,对水资源使用权确权登记、水权交易流转、水权制度建设进行试点工作。2016年,水利部出台《水权交易管理暂行办法》(级别为部门规范性文件),再次明确鼓励开展多种形式的水权交易。

水权交易的地方立法也取得了一定的进展。《广东省水权交易管理试行办法》(2016年12月20日广东省人民政府令第228号公布,2020年5月12日广东省人民政府令第275号修订)是专门关于水权交易的政府规章,该《办法》第二条第二款规定:"本办法所称水权交易,是指取水单位之间转让取水权或者县级以上人民政府之间转让用水总量控制指标的行为。"第三条第一款规定:"水权交易应当遵循节水优先、总量控制、保障发展、兼顾需求、政府引导、市场运作的原则。"在部分地方立法中,部分省份提到了"水权交易"。例如,2023年11月29日修正的《贵州省生态文明建设促进条例》第四十八条第一款规定:"省人民政府应当建立健全自然资源资产产权制度和用途管制制度,编制自然资源资产负债表;制定有利于生态文明建设的资源有偿使用、绿色信贷、绿色税收、环境污染责任保险、生态补偿、环境损害赔偿以及碳排放权、排污权、节能量、水权交易等环境经济政策。"2022年3月31日通过的《四川省水资源条例》第五十一条第二款规定："县级以上地方各级人民政府应当建立健全水资源使用权确权登记和水权交易转让制度，按照水资源用途管制要求，推进地区间、行业间、用水户间在统一的公共资源交易平台上进行取用水总量和权益的市场化交易。"在部分省份，水权交易以水利厅印发通知的方式得以推进。例如，山西省水利厅于2022年10月印发了《水权交易管理办法（试行）》。

二、水资源权利市场流转的特征分析

2016年水利部印发的《水权交易管理暂行办法》第二条明确了两个定义：一是在法律条文的规定中，水权是指水的所有权和水资源的使用权，二是水权交易是指通过市场流转的机制实现水资源的使用权在地区间、流域间、流域上下游、行业间、用水户间流转的行为。水权交易具有如下特征。

（一）流转种类形式多样

1. 区域水权交易：以县级以上地方人民政府或者其授权的部门、单位为主体，以用水总量控制指标和江河水量分配指标范围内结余水量为标的，在位于同一流域或者位于不同流域但具备调水条件的行政区域之间开展的水权交易。[①] 比如2016年6月28日，河南省内首宗跨流域区域水权交易暨平顶山市—新密市区域水权交易在中国水权交易所开业活动上正式签约。河南省水利厅通过明确可交易水量→规范交易程序→开展交易履约→严格交易监管和交易收益规范了水权交易从准备到实施再到后续收尾的全过程。[②]

2. 取水权交易：获得取水权的单位或者个人（包括除城镇公共供水企业外的工业、农业、服务业取水权人），通过调整产品和产业结构、改革工艺、节水等措施节约水资源的，在取水许可有效期和取水限额内向符合条件的其他

---

① 参见《水权交易管理暂行办法》第三条。

② 席晶、岳虹：《水权交易成功案例带给我们什么？》，《中国水利报》2017年2月9日。

单位或者个人有偿转让相应取水权的水权交易。①

3. 灌溉用水户水权交易：已明确用水权益的灌溉用水户或者用水组织之间的水权交易。其中甘肃省黑河流域张掖市的农户间水票交易是小用户之间水权交易的典范，在当地灌溉管理中发挥了一定的市场调节作用，体现了自下而上的水市场特征，成为中国农户层面水权交易的典型实践。②

（二）具有一定的行政主导色彩

国家行使对水资源的所有权需要通过政府来实现，水资源所有权由政府来行使。各地方政府作为水资源权利行使者，在维护国家整体利益的前提下又会代表各自的地方利益。水利部在2005年发布的《水利部关于水权转让的若干意见》表明了承认和鼓励水权交易的积极态度。《水利部关于水权转让的若干意见》第17条明确规定了水行政主管部门的权力，这表明，行政主管部门在掌握重大的水资源管理责任的同时也掌握了水资源的管理和分配，要注重防止行政权力干预或者是主导市场的运转，避免侵害市场主体之间的公平竞争权，过分的行政干预有碍水权市场主体合法利益的正当实现。③

（三）定价方式多样化

现阶段我国水权交易主要形成了四种定价方式：一是政府确定指导交易价格。二是协商定价，如《取水权转让暂行办法》规定，转让费用一般由转让方和受让方根据节约水资源成本，合理收益等因素协商确定，一般会包括工程设施的建设、维修、计量、监测费用，还有生态效益补偿和经济补偿费用。在实际案例中多体现在交易量相对较小的灌溉农户之间进行的水权交易。三是委

① 参见《水权交易管理暂行办法》第三条。

② 郑航等：《干旱流域自流灌区农户水权交易行为分析》，《水利发展研究》2016年第5期。

③ 蒋华剑、潘洪林：《我国水权市场中行政垄断理论探析》，《河海大学学报》（哲学社会科学版）2010年第4期。

托第三方交易平台等交易机构进行评估定价，如内蒙古通过试点进一步探索交易平台的运作机制和方式，探索第三方影响定价、评价等机制。① 四是公开竞价，水利部 2016 年印发的《水权交易管理暂行办法》第 10 条即规定，交易各方可以自由进行协商定价或者竞价；也可以直接协商定价。这说明，在协商定价和公开竞价的交易方式中，为了方便交易，以及水资源不同于矿产、土地等自然资源交易的特性，按照基准进行协商定价是较受青睐的交易价格确定方式。

三、水资源权利市场流转的难点及其原因分析

（一）实践操作难

1. 水资源的流动性，造成确权登记工作的困难

水资源权利若要在市场上充分流转，首先要进行水资源确权。近年来，我国水利部和其他地方政府组织开展了水权确权探索，取得了一定进展，但也面临着不少困难和问题。首先表现在，水资源具有流动性，因此制定跨省流域的江河水量的分配方案需要大量行政协调工作，致使目前跨省流域间的水资源确权尚未完成。其次，2018 年起国家有关部门正在开展中央和地方政府分级代理行使自然资源所有权职责的体制研究，②日渐清晰的权属有助于减少后续产生的交易矛盾。③ 由此可见，加快水资源权利的确权，明确水资源权的主体、客体与权利内容是推行水资源权利交易的重要保障。

2. 权利流转的客观基础条件有待提升

水权交易属新生领域，需要在专业平台上规范操作。水权交易平台作为开展水权交易的中介组织，可以提供水权信息、水权转让意向信息、水权交易

---

① 《内蒙古跨盟市水权交易改革顺利推进重点改革任务》，《内蒙古日报》2014 年 8 月 20 日。

② 陈金木、董延军、李兴拼：《水权确权怎么看怎么办》，《水利发展研究》2018 年第 5 期。

③ 张一鸣：《中国水资源利用法律制度研究》，西南政法大学 2015 年博士学位论文。

信息等。尽管国家已经在逐步规范公共资源交易平台,但是水权交易如何在已建的平台有效运行则尚需要不断探索。水权的合理分配、实施和转让,还需要完整有效的计量设施、监测设施和实时调度系统的配合,上述交易平台运作设施我国当前还尚不完善,比如部分工业取水和绝大多数农业取水还未进行监测计量。[①]

3. 水权确权和分配机制不完善

当前,水权分配与确权存在与地方用水总量控制指标不匹配、许可证水量偏大甚至重复发放等问题。[②] 究其原因,一方面,当前我国不少跨省域江河湖泊和省内跨地市河流的水量分配方案尚未出炉;另外一方面,各地用水总量控制指标与取水许可水量并不对应,水权确权边界不清晰。如前所述,部分地方对廉价水资源存在依赖情况,部分地方为了促进生产,发展经济,发放的许可证数量往往偏大。更有甚者,由于许可证发放单位的多样性和流域横跨范围的广阔性,不同流域、不同地方、不同层级发放的许可证难免存在重合现象,形成"大证套小证""大权套小权"的情况,增加了水权确权的复杂性。[③]

4. 水权交易价格形成机制不完善

一般情况下,水权交易价格是以成本核算为基础,采用交易双方协商确定或者政府指导价的方式确定。在交易双方协商一致的情形中,交易双方的意思自治得到了充分发挥,然而双方意思表示一致商定的价格并不一定是真实的水价,毕竟成本核算所需要计算的不仅仅是水资源的经济价值还有生态价值,此类计算一般市场交易主体是难以完成的;在政府指导价的情形下,虽然有《中华人民共和国价格法》《中国水权交易所水权交易规则》(2020 年修订)

① 李维明、谷树中:《我国水权交易基础条件及其建设》,中国发展观察网,http://www.chinado.cn/? p=6993,发布时间:2019 年 3 月 1 日,访问时间:2019 年 9 月 6 日。

② 王亚华:《以"三权分置"水权制度改革推进我国水权市场建设》,《中国水利》2022 年第 1 期。

③ 郭珺:《资源环境权益交易市场发展的国际经验借鉴——以水权、排污权交易为例》,《宏观经济管理》2023 年第 10 期。

等法律法规和行业规范作为依据，但是其中给予政府的自由裁量空间较大，加之长期以来水资源价格政府定价的惯性，政府指导价蜕变为政府定价屡见不鲜，造成前文所述的水资源价格过低等问题，水权价格的调控用水、节约用水功能难以得到充分发挥。①

（二）法律供给不足

明确的法律概念是了解和构建基本法律制度的基石。目前立法对水权和水权流转的概念尚未统一。《中华人民共和国水法》未明确规定水权，国务院于 2006 年颁布的《取水许可和水资源费征收管理条例》只提及“取水权”这一概念名词。水利部颁布的《关于内蒙古宁夏黄河干流水权转换试点工作的指导意见》将“水权”称为“取水权”，《水利部关于水权转让的若干意见》将“水权转让”以注解的形式描述为“水资源使用权转让”，即此处的“水权”指的是“水资源使用权”。水权在立法文件中的概念不明确、范围不清晰，使得水资源权利的市场转让缺乏可操作性。

此外，立法的不完善还体现在水权流转争议解决机制不健全。《中华人民共和国水法》规定，如果是不同行政区域之间产生的水事冲突，协商解决不成由人民政府裁决，民事主体之间发生水事纠纷也是先由人民政府调解，②可见水权纠纷行政权力介入比较常见。私法救济的力量不足，不同行政区域的水事纠纷如果无法协商解决，将会变成一种行政纠纷，这将会花费更多的成本支出，往往因为时间和资本的限制，当事人会优先选择政府的先行调解，另外在各地的水纠纷处理办法中也没有明确当事人对协调处理结果不满时的措施，不利于保护当事人的利益。

---

① 孟庆瑜、张思茵：《论水资源用途管制与市场配置的法律调适》，《中州学刊》2021 年第 9 期。

② 参见《中华人民共和国水法》第五十六条、第五十七条的规定。

（三）水权概念尚存争议

理论界对水权概念的争议，代表性的学说可以为“一权说”“二权说”和“多权说”三种。“一权说”的代表学者有裴丽萍、崔建远等。裴丽萍综合现代各国水法的一般规定认为：水权是独立于水资源所有权的，水资源的非所有人依照法律的规定或合同的约定所享有的对水资源的使用权或收益权。① 崔建远从财产权体系内部的位阶关系认为：水权系分离所有权中的占有、使用、收益诸权能而形成的他物权。② 王干和王浩也随后撰文赞同崔建远的理论，认为应当将地表水或地下水资源的所有权排除，仅将水权规定为水资源的非所有人依照法律的规定或合同的约定所享有的对水资源的使用权或收益权。水资源的所有权已经规定得十分清晰，因此，重点的研究对象应该是水的使用权。③ “二权说”的代表学者有姚金海、关涛等。姚金海从水资源的两个层次即有形实体和无形权利论述，得出水权包括水资源所有权和水资源使用权的结论。④ 关涛认为，水权包括了水资源所有权和用益物权（用益权、地役权等）两部分。⑤ “多权说”的代表学者有蔡守秋等。蔡守秋认为，水权是由水资源所有权、水资源使用权、水环境权、水资源经营权、社会公益性水资源使用权、水资源行政管理权、水产品所有权等不同种类的权利组成的水权体系。⑥ 由于水对人生存的重要性，也不能将水权等同于普通物权来看待。水资源可按照其用途分为生活用水权和商品用水权，尚未统一明确水权的定义，不利于明确水权流转的法律依据。没有全国统一的立法规

---

① 裴丽萍：《水权制度初论》，《中国法学》2001 年第 2 期。

② 崔建远：《水权转让的法律分析》，《清华大学学报》2002 年第 5 期。

③ 王浩、王干：《水权理论及实践问题浅析》，《行政与法（吉林省行政学院学报）》2004 年第 6 期。

④ 姚金海：《水权运营导论》，华中师范大学出版社 2011 年版，第 59 页。

⑤ 关涛：《民法中的水权制度》，《烟台大学学报（哲学社会科学版）》2002 年第 4 期。

⑥ 蔡守秋：《论水权转让的范围和条件》，《城市环境》2002 年第 1 期。

范，水权流转活动就难以发展到跨行政区域的规模，我国的水权流转机制也难以建立起来。①

四、水资源权利市场流转的规则完善

明确相关的法律规则，对水资源权利的主体、范围、流转方式进行确认，有助于水资源的转让和保护水资源市场健康发展。首先，要在立法中明确水资源权利和水资源权利流转的定义和性质，并且承认鼓励和支持市场流转，为水资源权利交易制度和实务操作提供法律支撑；其次，要在立法中明确规定交易的相关注意事项，对交易的程序、登记、资格审查等转让前置事项进行明确的规定，一定程度上突出水权所具备的私有财产权的性质，促使交易人为经济利益积极进行水权的交易探索，推动国家政策对于水权交易的有效落实；最后，对转让水权的具体范围，转让总量和转让的价格期限等，必须由国家出台法律进行限制。立法要明确用水权主体在市场关系中的角色定位，并赋予交易相对人相应的权利和义务，发挥和挖掘产权的利益导向功能。②

（一）完善水资源权利流转的透明化机制

传统的物权法对于物权变动的规定是：动产物权交付，不动产物权登记产生公示效力。在进行水权流转的过程中，如何才能追踪到具体水权的使用现状，自然最直接和简单的方法就是通过使用权的登记，明确权利人的权利范围，通过流转登记追踪水权的流转去向，有助于国家履行对水资源使用的监督和保护。水权流转的监控就是在遵循水权交易市场化的基础上，适当发挥政府的有效调控作用，健全以市场为基础的政府合理调控下的交易机制，在保证

① 阮莹茜：《论我国水权流转机制的构建》，《特区经济》2016 年第 2 期。

② 韩锦绵、马晓强：《论我国水权交易与转换规则的建立和完善》，《经济体制改革》2008 年第 3 期。

市场交易获利的前提下实施适当的政府监管。[①] 完善水资源权利交易制度，最本质的目标是保证市场在水资源权利流转过程中发挥出应有的作用。

此外，水资源权利流转的信息公开，可以使权利人及时了解目前水资源权利流转市场的法律规定，及时调整自己交易的方式和规模；水资源权利信息的公开，也有助于水资源权利交易市场的透明化和公正性，带动市场活跃性，使水权的流转符合国家的规定，减少出现因信息不对称而违反法律规定，破坏水资源的行为。对水权流转实施有效的监控和信息公开制度，必须重视政府的身份和职责。在水权市场流转的监控中，政府应当扮演好管理者的角色，在进行转让前，政府应该根据各方的实际用水需求，尤其是特定流域的水资源进行宏观把握，对水资源建立好总量的控制，科学测定和对水权转让进行总量限制，防止水权转让陷入盲目和无限制的境地。可利用互联网的大数据技术，不断扩充和完善水资源权利交易的相关信息，由专门的资源交易登记部门对资源交易的主体，范围进行核实登记，登记后向相关权利人发放权属证明，将地方权利登记系统对接国家水权交易中心，实现交易的垂直和透明化管理。在实施信息公开时，政府应该扮演好服务者的角色，及时公开水资源权利的利用规划，汇总各地区的水权改革进展，将水权利用和转让的情况等信息向社会公开，建立专门的水权网站为用水者和社会公众提供公开透明的水资源信息。交易的相关人可及时通过网络查询交易信息。公开透明的流转机制是一个双向互利的服务平台，不仅为管理水资源的行政主管部门提供了最简洁和直接的材料，同时也为交易当事人提供了交易的法律保障。

（二）完善水资源权利市场流转纠纷的解决机制

资源的流转必须兼顾效益和公平。水资源属于自然资源，因此处理水资

① 许长新、杨李华：《中国水权交易市场中的信息不对称程度分析》，《中国人口 · 资源与环境》2019 年第 9 期。

源权利流转的纠纷时应当以自然资源权利纠纷的解决方式为基础，结合水资源权利流转的特殊性，制定水资源纠纷的解决机制。如前文指出，在水权流转的过程中，出现交易纠纷往往是通过行政调解，加入的政府本身就是一方交易主体，交易的相对人自然就会处于弱势地位，既不利于相对人的权利维护，也不利于推进我国服务型政府的建设。以最常见的水权转让的价格形成为例，长期以来，我国对资源实施的是政府定价模式，在水权转让的大宗交易中也是政府定价，政府的干预和指导，除了会对资源的市场价值的体现产生阻碍，也会使得政府在资源交易过程中占据主导地位。因此，对于行政区域之间的水权流转纠纷可以先行行政调解，对调解结果不服的可以再提出民事诉讼，充分发挥司法的能动性，法院可以通过审查有关水行政机关处置此类纠纷的程序是否公正、合法，来发挥司法权的功能。可以审查行政裁决的作出是否符合逻辑、是否按照法定程序、相关行政机构有无滥用职权等不法行为。对于其他主体之间的纠纷应当以民事诉讼为主辅之以仲裁调解等其他解决方式，这样可以提高解决问题的效率，也可以及时救济受损害的一方。① 为了使交易纠纷的解决更具有效率，相应的法律责任制度也要配套完善，尤其是要进一步完善作为行政主体在交易过程中不依法办事的行政责任和刑事责任。

（三）完善水权交易基础性制度

首先，完善水权确权和分配制度。明确规定跨省区流域的水权分配方案，由各省区市人民政府协商决定，协商不成的由水利部制定水权分配方案报国务院批准。将各地用水总量控制指标与取水许可水量直接挂钩，对现有的水权证书进行全面清点，清理“大证套小证”的情形。其次，完善水权价格形成机制。一方面，水权价格形成机制应当充分市场化，市场主体意思自治应当予

① 孙婷、王胜男：《我国跨行政区水权纠纷解决机制研究》，《人民黄河》2010 年第 1 期。

以尊重;另外一方面,政府应当充分披露交易信息,严格水权交易价格的监督检查,构建水价动态调整机制,为水权交易顺利运行奠定基础。① 在此基础上探索竞价机制,引入招投标、拍卖以及集市型价格模型及机制,将一般生产性水权的价格问题交由市场出让方和受让方共同决定。②

第四节 矿业权的市场流转及其规则完善

矿业权兼具民事物权和行政许可双重属性以及矿业权转让审批的特点。③ 通过推行矿业权流转可以改变我国矿产资源以往在使用过程中无偿性、无期限的状况,显示出矿产资源国家所有的特质。通过资源流转和资金的引进,可以促进我国的矿业体制和国际通行做法接轨,有利于建立公平竞争的资源开采体制,促进矿产资源市场投资和开发,推动矿产资源流转市场高效、健康、稳定向前发展。

一、矿业权市场流转的形成与发展

20 世纪 80 年代前后,我国尚处于计划经济为主的时代,对自然资源的立法理念处于起步阶段,对矿业权的财产属性缺乏应有的认识,立法尚未支持鼓励对矿产资源的流转,也未将矿业权的市场流转纳入立法的议程。在这一时期,开发利用矿产资源的途径是通过国家的行政审批。1986 年的《民法通则》几乎也没有对矿业权的详细规定,仅规定国家有义务保护依法取得的采矿权。说明此时立法只是承认矿产资源的财产权。这一时期的立法,考虑到当时国

---

① 孟庆瑜、张思茵:《论水资源用途管制与市场配置的法律调适》,《中州学刊》2021 年第 9 期。

② 田贵良:《国家试点省(区)水权改革经验比较与推进对策》,《环境保护》2018 年第 13 期。

③ 杜万华主编:《最高人民法院审理矿业权纠纷司法解释理解与适用》,中国法制出版社 2017 年版,第 3 页。

家的生产力水平和经济发展状况，总体上是符合社会发展进程的。1994年3月，《矿产资源法实施细则》（国务院令第152号）第6条分别对采矿权和探矿权的法律概念做了详细的阐述，在附件中对矿产资源的项目做了细致的分类，但尚未形成矿业权流转市场。

1996年《中华人民共和国矿产资源法》修改时，确立了探矿权和采矿权可以转让的情形，并规定转让的具体办法和实施步骤由国务院规定。这表明，此时依法取得的探矿权和采矿权可以依法转让，这使得作为资源的矿产的经济价值逐渐开始得到体现，允许探矿权和采矿权在一定条件下依法转让使得矿产资源的市场流转有了发展的希望。1998年2月，国务院颁布《矿产资源勘查区块登记管理办法》（国务院第240号令）、《矿产资源开采登记管理办法》（国务院第241号令）、《探矿权采矿权转让管理办法》（国务院第242号令）等三个配套法规，共同构成了我国现行矿产资源管理法律制度的大体框架，规范和推进了矿产资源权利的流转。2000年11月原国土资源部发布实施了《矿业权出让转让管理暂行规定》，自此，矿业权市场初步形成，我国矿业权的市场机制也日趋成熟。2003年6月，原国土资源部下发《探矿权采矿权招标拍卖挂牌管理办法（试行）》（国土资发〔2003〕197号），在客观上促进了我国矿业权流转市场化转变的进程，同时使得矿产资源可以通过市场机制的流转，得到资源的优化配置和使用。2005年9月，原国土资源部制定并发布了《关于规范勘查许可证采矿许可证权限有关问题的通知》，严格限制和规范了相关部门矿业权登记的审批权力。

资源的有效流转离不开合理的价值评估体系，为规范矿业权评估管理，促进矿业权评估行业健康发展，2008年《矿业权评估管理办法（试行）》（国土资发〔2008〕174号）出台，该办法对评估的对象、评估师、评估机构等评估专业事项作了初步规定，客观上促进矿业权市场的合理有效流转，起到保护国家、社会公众和当事人合法利益的作用。2011年《矿业权交易规则（试行）》（国土资发〔2011〕242号）发布，对矿业权在交易时的公告登记事项、交易的形式流程，尤其是对交易机构在交易过程中的建档、管理等信息记录责任进行了规定。我国矿业权流转市场逐步成熟和完善。2009 年，《中华人民共和国矿产资源法》作出修正，但 2009 年的修正版对矿产资源的市场流转没有做出实质性的修改，仍然是第 6 条体现出矿业权流转的具体事宜。2016 年，国务院发布《国务院关于全民所有自然资源资产有偿使用制度改革的指导意见》，意见明确指出要完善矿产资源有偿使用制度，推进矿业权出让制度的发展，完善配套设施和制度的建设，根据需要进行改革，提高资源的综合利用率。

2019 年 12 月 17 日，《中华人民共和国矿产资源法（修订草案）》公布，此次法律修订相较于 2009 年的规定有了较为明显的变化。首先是增加了矿区生态修复一章，在开发勘探过程中提出保护生态环境的要求。其次，第 22—29 条对矿业权的出让和转让的规定，将矿业权的出让和转让的方式等规定上升到法律的高度，从法律上直接明确地肯定了矿业权可以流转。2019 年的征求意见稿具有较强的可操作性且充满了环境友好的人文关怀。2019 年 12 月 31 日，自然资源部发布《自然资源部关于推进矿产资源管理改革若干事项的意见（试行）》，于 2020 年 5 月 1 日正式实施。意见指出将大力推进矿产资源改革，充分发挥市场配置资源的决定性作用和更好发挥政府作用，推进净矿出让。

矿业权流转市场的法律从无到有，从粗糙到细致，包括矿业权流转的主体、客体、审批过程等各个细节，矿业权的市场流转逐步走向正轨。在计划经济时代，我国的矿业权是法律明文规定禁止流转的。这种保守的规定无疑将导致矿产资源被乱采滥挖，非法买卖等严重浪费的现象频发。这样既不利于我国有限矿产资源的开发利用，也不利于生态环境资源的可持续发展和市场经济的建设和发展。有效率地使用资源必须借助于交易的方式，通过交易的方式各种资源的流向必然趋于最有价值的使用。① 生产要素只有通过合理流

① ［美］理查德·波斯纳：《法律的经济分析》，蒋兆康译，中国大百科全书出版社 1997 年版，第 42 页。

动和有机结合，才能够将其功能和价值发挥到最优的效果。市场交易，虽然不能直接增加物品的数量，但是充分的流转可以提升商品财富的流转和积累速度。矿产资源，作为一种珍贵的资源，一定要通过交易得到合理的配置，使产权在不同主体之间进行充分、公正的流动，市场机制和规律将自动促进资源的优化配置，保护国家利益，使得资源和资本之间相互融通，进而推动经济的健康运行。

二、矿业权市场流转的法律难题

我国的矿产资源管理，经历了从计划经济体制的管理模式到市场经济管理模式的转变。随着改革开放和市场经济的快速发展，矿业权市场的管理也应及时作出相应的调整，虽然近些年我国颁布出台了一些法律规定，但是目前国内的矿业权流转市场仍然存在如下几个方面的问题。

（一）法律规则相互矛盾的问题仍然存在

我国矿业权市场流转制度的法律规定，尚不能完全符合矿业权流转市场发展和成熟的需要，矿业权的市场流转，目前存在的一个严重的问题就是，现行法律之间存在矛盾冲突，相互冲突的法律规定导致了矿业权在流转时容易触犯法律，实践中给各级部门的具体操作也带来了较大的困难。比如：2009年的《中华人民共和国矿产资源法》第6条规定：禁止探矿权、采矿权倒卖牟利。《矿业权出让转让管理暂行规定》第6条则规定："矿业权人可以依照本办法的规定采取出售、作价出资、合作勘查或开采、上市等方式依法转让矿业权。"，这就与上位法的规定相矛盾，突破了上位法的限制。此外，《矿业权出让转让管理暂行规定》自身也存在着不合理的地方，对概念的规定不够细致，给实践操作带来了困扰。如第49条规定："矿业权出租是指矿业权人作为出租人将矿业权租赁给承租人，并向承租人收取租金的行为"。这里是用"矿业权"。《矿业权出让转让管理暂行规定》第50条规定，国家出资勘察形成的矿产地的采矿权的,应按照采矿权转让的规定进行评估、确认。这里用的是“采矿权”。同时《矿业权出让转让管理暂行规定》没有作出明确的规定,同样条件下的探矿权的转让可不可以用此条规定。

(二)矿业权流转环境保护制度的不足

现行环境保护法规以污染控制为重点,尚未加强对整体环境效益保护的重视,导致不能主动全面地应付环境污染,控制污染和生态破坏。现行矿业环境保护的规定,也是基于对污染的防治,重视资源的开采,忽略资源的保护。关于矿业权流转环境保护的规定散见于不同的法律法规之中,没有一部整合矿业权流转过程中环境保护问题的综合性法律,使得环境保护方面没有统一的执行体系,给实践操作带来不可避免的混乱。另外,国家规定采矿权的出让应当根据具体情况选择竞价或者协议的方式。但是落实到实际操作中,往往演变成价高者得的行为模式。采取这样的操作模式,可能会带来严重的问题:采矿权人通过相对高价取得采矿权后,为了保证继续获得可观的经济利益,在利益的驱使下减少对环境保护必要的投入,不利于生态环境的保护。①

(三)矿业权流转评估规范的不完善

矿业权价值的正确合理评估在矿业权流转市场中占有重要的作用,是流转过程中至关重要的步骤,可以为矿业权的流转提供参考价值。完善严谨的矿业权价值评估体系的建设,微观上可以规范矿业权市场的流转价格机制,宏观上可以促进矿业权流转市场有序健康发展。但是现行关于矿业权流转的法律规定中,对于矿业权的价值评估的法律规定还不完善。矿业权价值评估的随意性将造成矿业权的真正价值很难通过评估过程和评估结果得到真正的体

① 张文:《矿业权流转的环境保护制度研究》,中国地质大学 2014 年博士学位论文。

现,造成交易成本的上升,交易环节的不透明,无形中也会阻碍矿业权交易市场的发展。

(四)立法偏重行政监管而忽视市场的资源配置功能

在矿业权流转的二级市场中,虽然只是普通民事主体之间的矿业权转让,但行政管理仍然渗透到交易的各个环节。首先,矿业权能否合理流转受制于受让人是否符合《矿产资源勘查区块登记管理办法》《矿产资源开采登记管理办法》规定的有关矿业权申请人资质条件;其二,对矿业权转让申请的行政审批和登记,流转是民事私主体之间的行为活动,审批属于行政公权力行使。《矿业权出让转让管理暂行规定》第 7 条、18 条、19 条等规定显示出我国矿业权转让需经审批登记,且审批的法律效力将约束矿业权转让合同整体的效力,原本是私权民事主体之间自由处分财产权的行为,由公权力介入进行规制和全面调整。① 其三,对违法转让矿业权行为责令更正、没收违法所得并处以罚款或者吊销采矿许可证的行政处罚。由此可见,在矿业权参与市场流转的各环节中,政府监管对矿业权权属变动的影响无处不在。② 换言之,运用行政审批制度促进矿业权流转和矿业市场化,已经成为政府的普遍性做法。③

四、我国矿业权市场流转的规则完善

(一)解决好法律规则之间的不协调

现行有效的部门规章对矿业权流转的规定存在与上位法矛盾的情形。《中华人民共和国矿产资源法》未明确规定矿业权可以自由流转,因此作为

① 郭琳琳、袁博、王凌云:《物权法视域下,矿业权流转的概念辨析与制度设计》,《中国矿业》2019 年第 10 期。

② 蒋文军:《论行政审批对特定财产转让合同效力的影响——基于负担行为和处分行为的视角》,《民商事审判中的若干典型争议判例评析》,法律出版社 2012 年版,第 90 页。

③ 郑维炜:《中国矿业权流转制度的反思与重构》,《当代法学》2013 年第 3 期。

下位法的《矿业权出让管理暂行规定》对于矿业权的投资、合作、抵押、赠予、继承、租赁等转让方式的规定就缺乏上位法的依据。这些流转方式，虽然在上位法中没有明确的依据，违背了上位法的规定，但这些方法可以满足目前矿业权流转市场的需求，促进矿业权市场的发展。相应的《矿产资源法实施细则》也应当及时作出调整，增加具体的矿业权流转方式的规定。另外，关于矿业权流转规定与民法规则的冲突之处，也需要及时作出修改和调整。

（二）完善矿业权流转的环境保护义务规则

矿产资源的开发和利用已经成为我国经济和社会发展的基本条件。首先，在矿产资源开发流转的探索中，我国不能走“先污染，后治理”的粗犷式道路，浪费资源，牺牲环境。《中华人民共和国环境保护法》明确提出“预防为主，防治结合”的原则，在矿业权流转过程中，也应该注意对环境保护制度的落实，从生产开发过程中降低对矿山环境的污染和破坏，将未来可能产生的环境破坏和污染在源头进行消除，做到未雨绸缪。矿业权在流转过程涉及多方主体，保护环境的义务自然需要多方合作完成。因此，加强矿业权流转制度和环境保护制度的衔接，从矿业权出让、矿产勘探与开采、矿业权转让、矿山环境恢复等各个环节全过程全部责任单位进行规范，①加强对矿业权流转过程环境保护任务执行的监督，提升公众参与度，保证决策的科学和合理性。其次，要逆转竞价取得矿业权方式就是“价高者得”的认识，在授予矿业权的时候不仅仅只考虑出价，还需综合考察竞价主体的节能减排、生态环境保护能力等，综合做出决定。再次，国家可以在技术上加强扶持和引导力度，比如，通过适当减少生态税收，鼓励企业加强技术改造，研发先进的技术、工艺设备，提高资源的流转效率和环境保护水平。最后，整合散见于不同法律中关于矿业权流

① 张文：《矿业权流转的环境保护制度研究》，中国地质大学 2014 年博士学位论文。

转环境保护的规定，形成综合完善的矿业权流转环境保护制度，使得矿业权流转的环境保护统一整齐。

（三）完善矿业权评估制度

以当前的《矿业权评估管理办法》为核心，围绕着合理高效评估矿业权价值的目的，参考业内其他自然资源评估的做法和成熟的经验，完善对评估方式，评估流程的规定，对规则和技术进行全国性统一，赋予高科技高效率技术规则以法律的权威性，为矿业权的价值评估提供了可行性较强的评估标准，还能为评估活动提供法律的有力保证，保障评估活动的公开性、公平性、合理性及合法性。① 除了在制度上进行完善，还必须重视实践中的操作落实。具体表现在，加强矿业权评估机构的作用。国家应当出台具体的矿业权评估规则，支持评估机构努力创新，不断完善自身的发展，依据国家行政机关的授权，积极组织评估师的培训和考核，提升评估师的专业技能，同时加强机构自身的廉洁建设和评估人员的思想品质教育，维护评估机构的声誉，确保国家财产得到合理的转让。建设完善的评估制度能够有效地提升我国矿业权价值评估的科学性、合理性以及权威性，从而降低矿业权交易的风险成本，激发矿业权交易市场的活力，促进整个市场的健康发展。②

（四）明晰行政权在矿业权市场流转中的界限

矿业权流转的过程中，确保各主体享受权利、承担义务互不干涉。第一，明确矿业权的流转是独立的民事行为，矿业权人处分其矿业权与某个主体是否有资质勘探、开采是两个不同层面的问题，一个属于物权法的范畴，一个是行政法的范畴。针对矿业权的取得和流转，可在立法上设置专业的矿业权的确权登记机构，明确此机构的权限，矿业权在流转时需要登记的内容和经过登

① 王清华：《中国矿业权流转法律制度研究》，上海交通大学 2012 年博士学位论文。
② 李攀诚、周颖：《我国矿业权市场流转法律制度研究》，《煤炭技术》2012 年第 10 期。

记的效力，确保私人之间的矿业权转让和国家矿产资源所有权界限清晰。第二，《矿业权出让转让管理暂行规定》虽然允许矿业权转让，但也设定了一系列的限制条件，第46条“矿业权转让合同自转让申请被批准之日起生效”的规定引起了较大的争议。矿业权转让合同是矿业权流转的前提和基础。合同的效力按照合同法的规定，当事人之间达成合意，不违反法律的强制性规定就可成立并生效，行政批准是国家作为公共资源的管理者审查被转让者资格的行政性流程，在实践中不适宜以行政批准与否判决合同效力，在民事权利转让行为中不应再适用行政审批。① 第三，行政权应当适时介入，进行适度的宏观调控，对矿业权出让的规模实施合理的数量限制，稳定市场供求平衡，促进经济的可持续发展和资源的可持续利用。

① 孙月、王丽艳、李赫伊：《浅谈矿业权流转制度中国家权利的合理运用》，《中国国土资源经济》2017年第6期。

第五章　自然资源国家所有权的行使限制制度

建设生态文明，要求自然资源的开发利用不能过度，应当建立健全自然资源相关权利行使限制的法律规则。无论是自然资源国家所有权的行使，还是国有自然资源使用权的行使，都要在自然资源的开发利用和自然资源的保护之间找到平衡点，既不能"盲目利用、无序开发"，也不能"绝对保护、禁止开发"，要努力促进自然资源的可持续开发利用。当前，从完善资源规划制度、环境标准制度、信息公开制度、生态修复制度等方面，对自然资源国家所有权的行使进行必要的限制，指引和约束开发利用自然资源的行为，是建立健全生态文明制度体系的内在要求。

第一节　自然资源国家所有权行使限制述要

对权利的行使进行必要的限制是权利发展和变革的必然产物。没有任何一种权利可以使其主体主张"权利的作用就是要求社会不要限制我"①。权利本位并不反对权利的克减，权利会随着社会的变迁而发展，过于强调权利的至

① 彭诚信：《现代权利理论研究》，法律出版社 2017 年版，第 67、71 页。

高性会产生负面影响，对权利本位进行修正是必要的。[①] 因此，自然资源国家所有权并不是赋予国家对自然资源的绝对权利，对自然资源国家所有权的行使进行限制，既是自然资源国家所有权行使的内在要求，也是保障国家自然资源权益的客观要求。那是因为，不受限制的权利势必会导致权利的冲突及社会秩序的坍塌。[②] 所有权行使的方式必须合法化，许多国家的民法典对此都作出了确认。20 世纪之后重新制定或者修订的民法典基本上都突出了所有权的社会功能和对权利的限制。[③] 因此，在建构自然资源国家所有权行使制度时，必须充分重视完善自然资源国家所有权行使的限制规则。

一、限制自然资源国家所有权行使的必要性分析

建立健全自然资源国家所有权的行使限制制度，有利于促进自然资源国家所有权的合理行使。对自然资源国家所有权行使进行限制，要求统筹考虑开发利用自然资源的利弊。这就要求自然资源国家所有权的行使主动适应经济新常态，与绿色低碳循环的发展新方式相契合，走资源可持续开发利用战略，建立自然资源循环使用的有效机制，健全开发利用清洁能源的法律制度。要通过自然资源开发利用规划，限制生态脆弱区域、生态敏感区域的自然资源开发利用强度，对于濒危物种的生存区域则要重点推行禁止开发利用的策略，实现自然资源国家所有权的合理行使。要及时公开自然资源开发利用的相关信息，尤其是要做好政府自然资源利用信息公开，在充分保障公众知情权的同时，给公众监督自然资源国家所有权的行使畅通渠道。

建立健全自然资源国家所有权的行使限制制度，有利于促进自然资源国家所有权的规范行使。对自然资源国家所有权行使进行限制，要求建立起一套可供遵循的自然资源开发利用准则，明确开发利用自然资源应当达到的要

① 何志鹏：《权利基本理论：反思与建构》，北京大学出版社 2012 年版，第 272—274 页。

② 刘浩：《赋予取得时效制度时代内涵》，《中国社会科学报》2020 年 3 月 11 日。

③ 高富平：《物权法原论》，中国法制出版社 2001 年版，第 171 页。

求和标准，将开发利用自然资源的各种行为规范起来。长期维护和保护自然资源的一个基本要素，是获取和行使某些必要的财产权，但对这些财产权的限制同样重要，否则由于生态环境的相互依存关系，反过来也会损害受保护的自然资源。[①] 因此，对开发利用自然资源的行为，必须辅之以必要的限制性规范。一是要明确与自然资源开发利用相关的环境标准，用严格的环境标准规范自然资源的开发利用行为。二是要明确与自然资源开发利用相关的技术标准，对开发利用自然资源过程中可能应用到的技术、设备等设定技术门槛。三是要明确与自然资源开发利用相关的生态修复要求，把能预防的自然资源利用负面作用提前预防起来，对于不可避免的自然资源利用的负面作用则应当强调边利用边修复。四是要明确自然资源的用途管制要求，明确不同主体功能区之下开发利用自然资源的不同要求。

建立健全自然资源国家所有权的行使限制制度，有利于促进自然资源国家所有权的高效行使。对自然资源国家所有权行使进行限制，要求想方设法促进自然资源的高效利用，最大限度发挥出自然资源的效用。然而，自然资源利用效率不高恰恰是当前非常突出的问题。一方面，体现在自然资源开发利用的技术水平有限，自然资源的有效利用率偏低，尤其是自然资源的综合利用水平不高导致自然资源浪费的现象普遍存在。以水资源的利用为例，传统农业生产的大水漫灌耗水量巨大且效率不高，应当采用喷灌、滴灌和微灌等节水高效的新灌溉方法。[②] 另一方面，体现在缺乏高效利用自然资源的自觉性，粗放式开发利用导致浪费资源的现象普遍存在。以矿产资源的开发利用为例，许多国有矿产资源企业由于习惯于国家分配资源，缺乏保护性开采的压力，一些矿产资源企业选择开采收益或者经济附加值高的矿种，很多尾矿被弃之不

① ［美］理查德·拉萨路斯：《环境法的形成》，庄汉译，中国社会科学出版社 2017 年版，第 192 页。

② 黄民生等主编：《中国自然资源的开发、利用和保护》，科学出版社 2011 年版，第 63 页。

用,导致极大的浪费。①

建立健全自然资源国家所有权的行使限制制度,有利于控制污染、保护生态环境。立法可以通过对环境要素的所有权进行确认、严格所有权的保护方法、完善自然资源利用规划制度等方式来实现。② 对自然资源国家所有权行使进行限制,要求着力避免环境污染和生态破坏,保护开发利用自然资源过程中的公众权益、公共利益和公序良俗。基于生态环境保护的需要,有必要对所有权的行使采取必要的环境管制。实际上,环境管制与自然资源国家所有权之间并不是矛盾的。环境管制是国家含蓄地对自然资源主张财产权。③ 对于因开发利用自然资源造成的环境污染或者生态破坏,利用人有义务进行污染整治和生态修复。为了尽可能预防破坏性开发利用资源,自然资源开发利用项目的环境影响评价应当引起足够的重视。当前,自然资源开发利用环境影响评价制度还存在着诸多不完善之处,例如,在矿山开采规划和项目实施的环境影响评价中,应当着力完善全阶段预测、综合性技术指导和公众有效参与等方面的制度。④ 此外,开发利用某一自然资源,可能会影响到其他自然资源以及由这些自然资源构成的整个生态系统。简言之,为促进自然资源可持续利用、维护生态系统,完善自然资源国家所有权行使的限制规则势在必行。

二、自然资源国家所有权行使限制的公私法调整

从所有权行使限制本身而言,既可以从私法层面进行权利的限制,也可以从公法层面进行权利的限制。有学者认为,容忍义务是所有权私法限制中的核心要素,社会义务是所有权限制的核心要素,所有权限制中的公私法交叉与

① 黄民生等主编:《中国自然资源的开发、利用和保护》,科学出版社 2011 年版,第 208 页。

② 程萍:《财产所有权的保护与限制》,中国人民公安大学出版社 2006 年版,第 541—543 页。

③ [美]丹尼尔·H.科尔:《污染与财产权:环境保护的所有权制度比较研究》,严厚福、王社坤译,北京大学出版社 2009 年版,第 32 页。

④ 黄霞、齐冉:《矿山环境影响评价法律制度评析》,《中国国土资源经济》2011 年第 1 期。

融合则是重要趋势，尤其是公法在所有权限制领域的作用越来越明显。[①] 有学者指出，就民法对所有权的限制而言，主要表现为物权法基本原则对所有权的限制、对所有权的主体的限制、对所有权客体范围的限制、对所有权权能的限制以及容忍他人干涉的义务；就公法对所有权的限制而言，按照追究的公益种类，分为消极公益的限制和积极公益的限制；按照受益主体，分为一切人的限制、为特定地域的人的限制、为特定人群的限制、为不特定个人的限制。[②] 可以看出，学者关于所有权及其行使，从私法层面、公法层面以及公私法交错的层面都展开了诸多有益的探讨，这为研究自然资源国家所有权的行使限制奠定了坚实的基础。但同时，也应当认识到"自然资源"与普通的"物"并不完全相同，自然资源国家所有权较之一般的财产所有权也有着自身的特殊性。因此，无论是研究公法层面的问题，还是研究私法层面的问题，抑或是公私法交错层面的问题，都应当充分重视自然资源国家所有权行使限制的特殊性。

就自然资源国家所有权行使的私法限制而言，特殊性主要表现在三个方面。一是自然资源国家所有权行使主体的特殊性，决定了限制规则将对与行使自然资源所有权相关联的多个主体同时发挥作用。自然资源国家所有权的所有者是"国家"，代表国家行使自然资源所有权的是"政府"，实际开发利用自然资源的却是"自然资源使用权人"（往往是"法人"或者"自然人"）。从"国家"到"政府"再到"自然资源使用权人"，与自然资源所有权行使相关的主体在不停地发生着转换，自然资源国家所有权行使的限制规则随之移转到新的主体，但不可因主体的转换致使限制规则断档。二是自然资源的保障基本需求之功能，赋予了"容忍义务"在自然资源国家所有权行使限制中更为丰富的蕴涵。与普通"物"的所有权行使过程中的容忍义务不同，自然资源国家所有权行使的容忍包括了为了保障人的生存需求需要让渡自然资源所有权本

① 薛娇：《论所有权的限制》，中国政法大学出版社 2017 年版，第 77、92、114 页。

② 程萍：《财产所有权的保护与限制》，中国人民公安大学出版社 2006 年版，第 442—446 页、第 476 页。

身的情形。也就是说,为了保障人的基本生存需求,可以不经自然资源所有权人或者权利行使人的同意使用乃至于耗竭该自然资源。当然,这并不表明可以“生存需求”为理由而无条件地使用国家所有的自然资源,此处的“生存需求”应当指在特定情境下通过其他途径无法继续生存下去,是“紧急且必要”利用自然资源才能维持生存的特殊情况。三是对所有权处分意思自治的限制。所有权人对其所有的物的处置享有充分的意思自治,这是普通的所有权主体具备的基本权利,当权利受到侵害时,所有者既有主张权利的自由,也有放弃权利的自由。但作为自然资源所有者的“国家”以及作为自然资源国家所有权行使者的“政府”,却不可以随意地处分自然资源国家所有权,也不可随意地放弃相关的权益。当自然资源国家所有权受到不法侵害时,必须及时主张权利、保障国有自然资源权益,而不可以任由权利受到侵害于不顾。

就自然资源国家所有权行使的公法限制而言,特殊性主要表现在三个方面。一是自然资源兼具国家利益、公共利益和公众需求的多重利益面向,决定了公法限制自然资源国家所有权的多维性。在自然资源国家所有权行使公法限制的过程中,不能只顾及国家的自然资源利益而忽视了公共利益或者公众权益,也不能只顾及资源利用的公共利益而忽视了国家利益或者公众权益,更不能为了只顾及资源利用的公众需求而置国家利益或者公共利益于不顾。就自然资源国家所有权行使限制规则的设计而言,应当寻求自然资源开发利用的国家利益、公共利益、公众需求这三者之间的平衡点,从而找到一个最佳的限制点。二是自然资源开发利用涉及生态系统保护、自然资源保护、环境保护的多重需求叠加,这决定了公法限制自然资源国家所有权行使的系统性。这种权利行使限制的复杂性,体现在既要考虑自然资源开发利用是否会造成生态系统的失衡,也要考虑自然资源开发利用是否会导致其周边自然资源的损害,还要考虑到自然资源开发利用是否会给周边的环境带来新的污染。将这些因素有效植入自然资源国家所有权行使的公法限制之中,需要统筹考虑生态系统平衡、自然资源保护、环境污染防治这三者之间的平衡点,从而找到一个最佳的限制点。三是自然资源开发利用涉及自然资源国家安全、自然资源高效利用、自然资源节约利用、自然资源循环利用的多重价值考量，决定了公法限制自然资源国家所有权行使的复杂性。将各种价值取向体现到自然资源国家所有权行使的公法限制中，需要区分稀有自然资源与普通自然资源、可更新自然资源与不可更新自然资源、可循环利用自然资源与不可循环利用自然资源等不同类型的自然资源，并分别设计有针对性的权利行使限制规则。

就自然资源国家所有权行使限制的公私法交错而言，特殊性主要表现在三个方面。一是理性地看待自然资源所蕴含的财产利益与公共利益，既需要公法限制自然资源国家所有权的行使以保障公共利益，也需要通过私法机制进行必要的介入以充分保障国家自然资源权益。从大的趋势看，国有自然资源的财产利益与公共利益在价值取向上是同向的，但就具体的自然资源开发利用事项而言，自然资源在实现保护公共利益这一价值理念的过程往往需要以减少自然资源的收益为代价。例如，将商品林划定为生态林无疑有利于保障公众的生态公共利益，但这同时也意味着该片森林将被严格限制采伐数量，而这将直接影响到该片森林所能创造的财产效益。此时，私法机制的有效介入就显得尤为必要，例如，在森林不允许砍伐的情形下开展林业碳汇交易、开发森林景观旅游、发展林下经济等，可以充分挖掘生态林的经济价值。二是有效平衡环境权益与自然资源权益，通过公法手段（如自然资源规划或者自然资源利用标准）可以有效地限制自然资源的开发利用，从而起到保护环境权益的目的。但也必须看到，环境权的主张与自然资源权的行使常常是相互矛盾的，保障环境权益的过程往往就是自然资源权益受到限缩的过程。因此，对于公法手段的介入给原先的自然资源权利主体造成权益损失的，私法机制的及时介入就显得尤为必要。例如，因自然资源规划而导致自然资源用途管制发生显著变化的情形，应当给予自然资源权利人必要的补偿，以实现限制资源权行使过程中环境利益与财产权益的衡平。三是私法救济与公法救济的适时转换，可以有效弥补纯粹依赖公法机制或者纯粹依赖私法机制的缺憾。通过公法机制限制自然资源国家所有权行使可以充分展现震慑力，通过私法机制限制填补不当行使自然资源国家所有权的损失可以实现生态修复的目的，二者的有机结合可以充分展示法律在自然资源国家所有权行使限制中的功能和作用。例如，对于盗伐国有林木构成犯罪的情形，在对罪犯执行刑罚的过程中，可以考虑以补植复绿的方式来替代履行部分的刑期，从而既惩戒了破坏国有自然资源的犯罪行为，又及时恢复了被破坏的自然资源。简言之，综合运用公法和私法机制，是设计自然资源国家所有权行使限制规则的一条基本准则。

三、自然资源国家所有权行使限制的制度建设

实现自然资源国家所有权的行使限制，需要不断建立健全相关的法律制度。当前，重点应当围绕着自然资源开发利用环境标准制度、自然资源开发利用规划制度、自然资源开发利用信息公开制度和自然资源开发利用生态修复制度等四个方面加强制度建设。一是通过完善自然资源开发利用环境标准制度，可以把握自然资源开发利用的尺度，限制开发利用自然资源的环境破坏行为。制定自然资源开发利用的环境标准，可以针对特定区域的自然资源开发利用活动制定环境质量标准，也可以针对特定类型的自然资源开发利用活动制定污染物排放标准，还可以鼓励自然资源企业制定更为严格的自然资源开发利用环境标准。在国家层面不断完善自然资源开发利用的环境标准制度的同时，鼓励省级人民政府制定更为严格的地方自然资源开发利用环境标准。二是通过完善自然资源开发利用规划制度，既可以针对特定区域的自然资源开发利用活动进行规划和限制，也能够就特定领域的自然资源开发利用活动进行规划和限制。在开展自然资源开发利用规划时，需要统筹考虑自然资源开发利用的总体发展趋势，合理控制各类自然资源的开发利用比例，实现自然资源开发利用的区域平衡、结构合理、产业优化、环保高效。自然资源开发利用规划，实质上就是要对自然资源开发利用进行统筹的安排与分配，用规划限制不必要的或者过度的自然资源开发利用行为。三是通过完善自然资源开发

利用环境信息公开制度,可以提升自然资源开发利用的透明度,让自然资源开发利用活动在阳光下运行,限制自然资源开发利用权力的滥用。当前,尤其要注重完善自然资源开发利用突发环境事件的信息公开制度,把相关信息的及时公开、准确公开和全面公开作为自然资源开发利用信息公开的基本准则加以强调,避免因信息公开不及时、不到位、不全面而影响突发事件的及时处置,扩大了自然资源开发利用突发环境事件的破坏程度。四是通过完善自然资源开发利用的生态修复制度,既可以实现边开发利用自然资源边修复生态破坏,也可以有效约束滥采滥伐自然资源的行为,还可以预防自然资源的破坏性开发利用。通过生态修复的约束机制实现自然资源开发利用与生态环境保护的同频共振。当前,要把生态修复作为取得开发利用自然资源资格的一个必备条件加以制度化,明确生态修复的技术标准和评估标准,明确政府、自然资源利用人等主体在自然资源开发利用过程中所应当各自承担的责任和义务,避免因技术标准不科学、评估机制不合理、主体责任不落实而带来的生态修复不到位。

除了对行使自然资源国家所有权的政府行为进行必要的限制之外,还应当对市场主体开发利用自然资源行为进行必要的限制,并使之作为行使限制规则的有机组成部分。具体而言,既要完善自然资源开发利用私法领域的限制规则,也要完善自然资源开发利用公法领域的限制规则,还要完善自然资源开发利用公私法交错领域的限制规则。

第二节　环境标准与自然资源国家所有权行使的限制

工业文明带动了经济社会的快速发展,极大地丰富了人们的物质生活条件,但其同时也带来了资源枯竭、环境污染等一系列生态保护的难题。建设生态文明,要求人类的生产生活应当充分尊重自然客观规律,尽可能避免对生态环境的破坏；要求人类必须有节制地开发利用自然资源，杜绝掠夺性的资源采掘与利用。实现这一目标，既要提升人们的环保意识和道德水准，也要通过行之有效的法律制度指引和规范人类的各种行为。环境标准指通过定量的方法来判断人类行为是否符合环境要求的客观依据。[①] 环境标准的制度完善，对于明确开发利用自然资源的限度，规范生产企业的排污行为，引导人们养成绿色消费的行为习惯，都具有重要的现实意义。

一、我国资源利用环境标准的法律制度

有效的环境标准制度，既有利于切实做好环境污染防治工作，又有利于调整环境利益，化解环境纠纷，防范环境风险，从而保护好生态环境。《中华人民共和国标准化法》和《标准化法实施条例》是关于标准化工作的一般规定，除此之外，《中华人民共和国环境保护法》和相关的法律、法规也专门就环境标准的内容、制定及其实施等作了规定。

1. 部门规章关于环境标准的相关规定。1999 年 1 月 5 日颁布实施的《环境标准管理办法》分为总则、环境标准的制定、环境标准的实施与监督、附则等四章，对环境标准的内容、制定及其实施与监督进行了较为全面的规定。该办法由当时的国家环境保护总局制定，属于部门规章。

2. 污染防治单行法关于环境标准的规定。污染防治单行法分别就某一领域内的环境标准制度作出了相应的规定，比如，2003 年 10 月 1 日起施行的《中华人民共和国放射性污染防治法》在第二章“放射性污染防治的监督管理”、第三章“核设施的放射性污染防治”以及第六章“放射性废物管理”中分别就“放射性污染防治标准”作出了规定；2008 年修订的《中华人民共和国水污染防治法》在第二章“水污染防治的标准和规划”中就“水环境质量标准”“水污染物排放标准”等作出了规定。

① 汪劲：《环境法治的中国路径：反思与探索》，中国环境科学出版社 2011 年版，第 207 页。

3.《中华人民共和国环境保护法》关于环境标准的规定。2015 年 1 月 1 日起施行的《中华人民共和国环境保护法》共有 7 个条文中对环境标准作出了相应的规定,比如,鼓励开展“环境基准研究”,把“统一标准”作为建立跨行政区域联合防治协调机制的有机组成部分,未达到国家质量标准的地方政府应当制定“限期达标规划”,实行重点污染物“排放总量控制制度”,等等。这些制度进一步充实和丰富了环境标准制度,充分表明了“环境标准”在环境保护中的重要作用。

二、完善资源利用环境标准制度的基本准则

制定环境标准的意义,就在于促进人类发展与保护好生态环境的双赢,最终实现人与自然的和谐发展。环境标准就是要让人们在生产、生活和消费的过程中有一个明确的标尺,指引人们树立绿色发展、绿色消费、低碳出行等理念,从而使“珍惜资源”与“保护环境”有效对接起来。环境标准制度的不断完善就是人类文明不断进步的一面镜子。不断提升环境质量标准的过程,既是不断严格行使自然资源权利条件的过程,也是不断严格环境质量指标的过程;提高污染物排放标准的过程,既是把行使自然资源权利的各种行为纳入统一标准的过程,也是严控企业排污行为、不断减少污染物排放的过程。而要实现这些目标,需要在制定环境标准的过程中明确应当遵循的基本准则。

第一,在制定环境标准的过程中,既要把握好“度”,又要守住“底线”。把握环境标准的“度”,就是要使经济社会发展与环境保护相协调,合理权衡环境保护与经济合理性、技术可行性的关系。环境标准应当以保护好生态环境为立足点,但标准的门槛也不能脱离实际定得太高,否则,会有大量的生产企业因无法达标而关闭。与此同时,要坚决守住环境标准制度的底线,这个底线就是不能危害公众的身体健康。环境标准应当优先考虑保护公众健康,其他因素则应放在相对次要的位置。《环境标准管理办法》把“保护人体健康”作为制定环境标准的主旨之一,《中华人民共和国环境保护法》更是把“保障公

众健康”作为制定整部法律的立法宗旨之一，可见，保护公众健康始终是制定环境保护法律法规标准的基本要求。环境标准是环境法律实现保障人体健康的立法目的和价值诉求的具体制度路径。① 应完善以有效保障人体健康为核心目的的环境标准规范，发挥环境标准体系在保障人体健康中的作用。② 总之，危害人类健康的产业，哪怕其经济效益再好，也是不值得鼓励和倡导的，必须通过有效的环境标准制度予以严格的防控。

第二，环境标准的内容要注重落实绿色发展的具体要求。完善环境标准制度是实现绿色发展的内在要求。《中共中央关于制定国民经济和社会发展第十三个五年规划的建议》明确指出：“绿色是永续发展的必要条件和人民对美好生活追求的重要体现。”那么，如何评判我们的生产生活方式是否达到“绿色”的要求？首先需要有明确的环境标准。没有科学合理的环境标准制度，绿色发展就如盲人摸象。即，环境标准制度是实现绿色发展的一项根本性制度。同时，环境标准的制定，也必须以绿色发展理念为指引，有效落实“十三五”规划关于实现绿色发展的具体要求。具体而言，一是要明确“节约资源”的标准，通过完善相关的环境标准严格产业准入制度，指引产业发展、优化产业布局，鼓励发展资源节约型产业；二是要明确“保护环境”的标准，坚决有效避免由于落后工艺、技术或者设备带来的环境污染，从完善环境标准入手加快淘汰落后工艺与不达标设备，减少生产、流通、消费各环节可能产生的环境污染。

第三，环境标准的制定，应当以科学的环境基准研究为基础。环境标准的内容应当具有科学性与超前性。形式上环境标准是科学的，但将其运用于实践中的具体问题时，总会发现环境标准并不总是科学的。③ 环境标准的内容

---

① 刘超：《环境标准：环境法律保障人体健康的制度路径》，《贵州警官职业学院学报》2010年第4期。

② 吕忠梅等：《环境标准的规制能力再造——以对健康的保障为中心》，《时代法学》2008年第4期。

③ 汪劲：《环境法治的中国路径：反思与探索》，中国环境科学出版社2011年版，第214页。

科学与否,关键在于环境基准。环境基准是指环境中的污染物等对人或者其他生物等特定对象不产生不良影响或者有害效应的最大限制。① 环境标准是在环境基准的数据基础上根据保护生态环境和经济社会发展的实际需要制定出来的。环境基准是自然科学家通过反复科学试验与研究得出的具体数据,这些数据是制定环境标准的科学依据。反之,如果对环境基准的研究不够准确到位,在此基础之上制定的环境标准的科学性必将大打折扣。《中华人民共和国环境保护法》明确规定鼓励开展环境基准研究,②在立法上强调了环境基准研究的重要性,其目的也就在于确保制定环境标准的重要参考指标尽可能接近科学的真理和现实的要求。当前,既要做好环境基准的基础性研究工作,又要充分利用不断创新的科学研究成果,针对环境污染防治中的突出问题开展与时俱进的专项研究工作,不断提升环境基准的准确性。

三、自然资源开发利用之环境标准的制度完善

环境标准制度是开发利用自然资源的基本准则,在环境资源法律制度中具有不可替代的地位和作用,是建设系统完整的生态文明制度体系的重要一环。我国环境标准制度的完善既要与生态文明的要求相协调,又要处理好与其他环境保护制度之间的衔接,更要完善环境标准制度的内容。

(一)建立健全环境基准研究的工作机制

环境基准的研究水平,直接关系到环境标准内容的科学性。与发达国家相比,我国的环境基准研究缺乏自主性与连贯性,往往是应制定某一类环境标准的需要才启动环境基准的研究,研究时间往往比较仓促,其科学性必然受到质疑。这就需要从制度上保障环境基准研究的系统开展,要完善环境基准研

---

① 信春鹰:《中华人民共和国环境保护法释义》,法律出版社 2014 年版,第 54 页。

② 参见《中华人民共和国环境保护法》第十五条第三款的规定。

究的资金保障机制，加大环境基准研究的财政预算与资金投入，为环境基准研究提供必要的设备和经费；要完善环境基准研究的人才培养机制，完善高等院校研究机构、科研院所的环境基础研究人才储备机制，为环境基准研究提供足够的智力支持；要完善对接国家基准研究的机制，注重学习借鉴发达国家在环境基准研究方面的先进技术与经验，避免重复性研究，提高环境基准研究的实效性与针对性。

（二）建立环境标准内容的动态调整机制

由于环境与资源利用行为和环境保护技术的发展经常处于一个动态的过程，而强制性环境标准的制定是以现有的经济社会发展状况和科技水平为基础，这就使得新出现的环境问题没有相应的标准可以适用，需要动态调整。① 因此，对环境标准内容的动态调整，既要根据每一个阶段的经济社会发展规划和环境质量目标进行必要的修正，也要根据科学技术的不断进步而做出相应的变化。只有这样，环境标准制度才能真正起到协调环境保护与经济社会发展的作用，才能在促进绿色发展的进程中发挥出其应有的作用。

（三）环境标准的内容应当聚焦污染防治的重点领域

能否聚焦环境污染防治的重点领域，直接关系到环境标准的作用发挥。2015 年 7 月初，环境保护部组织了一场以“大气、水、土壤污染防治和环境执法工作创新”为主题的大讨论，把大气、水、土壤污染防治比喻成“打好污染防治的三大战役”②。改善环境质量，应当聚焦在改善大气环境质量、水环境质量和土壤环境质量这三个方面。这同时明确了完善环境标准制度的重点领域，即大气环境质量标准、水环境质量标准和土壤环境质量标准。相比起大气污染防治和水污染防治，土壤污染防治往往容易被忽视，与土壤保护相关的环

---

① 金瑞林主编：《环境与资源保护法学》，高等教育出版社 2013 年版，第 96 页。

② 王昆婷：《推动治理体系现代化　全面改善环境质量》，《中国环境报》2015 年 7 月 6 日。

境标准也相对较少。因此,完善土壤保护环境标准应当成为当前完善环境标准制度的重点内容。《中共中央关于大力加强生态文明建设的实施意见》提出“基本消除农田土壤中的残留污染”的目标,并强调:“加强农用土壤环境保护和污染场地环境监管,确保农村水源清洁、田园清洁、家园清洁。”这些目标的实现,都离不开土壤环境标准制度的完善。

(四)完善制定环境标准的程序性规定

完善环境污染现状调查评价机制。在环境标准制定的过程中,既要注重广泛搜集资料,更要做好扎实的实地调查调研工作,通过科学的监测方法和有效的监测手段,掌握城市污染物特征、乡村污染物特征、重点污染物排放特征等方面的第一手数据,为制定环境标准奠定扎实的基础。要注重公众参与,环境标准的制定既要充分听取和吸收公众的意见建议,又要自觉接受公众的监督。然而,在具体的制度实践中,公众参与制度却没能发挥出其应有的功能和作用。专家和利益集团主导了环境标准的制定过程,公众反映意见或建议的渠道并不通畅。① 可见,完善公众参与制定环境标准的机制,核心问题在于如何畅通公众表达意见的渠道,以及如何保障公众的意见被慎重地考虑。要完善环境标准制度效果的后评估制度。我国制定了大量的环境标准,却缺乏对这些标准执行效果的有效评价机制,其根本原因在于缺失环境标准后评估制度。当前,应当以环境质量是否得到有效提升为指向,定期跟踪调查环境标准的执行效果,建立健全环境标准的效果评价机制。

(五)注重环境标准制度与环境规划制度之间的有效衔接

环境标准制度作为一项环境保护基本制度,其制度完善应当有效融入环境基本法律制度的整体构建之中。尤其是要把环境标准制度与环境保护规划

① 张晏等:《我国环境标准制度存在的问题及对策》,《中国环境科学》2012 年第 1 期。

制度有效对接起来，成为一个有机联系的制度体系。在《国家环境保护“十二五”规划》中，“推进主要污染物减排，切实解决突出环境问题，加强重点领域环境风险防控”等三个部分是规划的核心内容，而这三部分规划内容的实现，都有赖于科学严谨的环境标准制度。与此同时，环境保护规划提出的环境质量目标是否可行、污染防治的规划是否到位，也会影响到环境标准制度的制定及其有效实施。可见，只有把环境标准制度与环境保护规划制度有机结合起来，环境保护工作才能得以有效开展。

（六）注重不同类型环境标准之间的协调性

不同类型的环境标准应当要实现有效的衔接，避免标准之间的“脱节”或者“打架”。一方面，环境质量标准的制定是建立在科学的环境基准研究之上的，而污染物排放标准的制定应当以环境质量标准为依据。因此，需要从环境综合治理的视角来理顺环境质量标准与环境排放标准之间的关系。另一方面，排污企业的个别排放标准的制定应当以所在地区污染物总排放标准为制定依据。某区域内的每个企业都达到了污染物的个别排放标准，但如果企业的数量没有得到有效的控制，该区域的环境质量仍然无法达标。因此，要有效控制污染物排放的总量，还必须明确一定时期内某个特定区域的环境污染总排放标准，而排污企业个别排放标准的制定则必须与该区域的污染物总排放标准相协调。

（七）完善重点污染物排放总量控制指标的分解落实制度

无论是协调环境质量标准与环境排放标准之间的关系，还是协调总排放标准与个别排放标准之间的关系，都离不开重点污染物排放总量控制制度的完善。遏制超标排污的行为，建立污染物排放标准和排污许可证制度的双重约束机制是行之有效的路径，但这种机制对于全面改善环境质量还是不够的，还必须要建立健全污染物排放总量的分解落实制度。对污染物施行总量控制是国际上广泛采用的污染控制方式，有利于环保目标和可持续发展的实现。① 当前，关键是要进一步完善落实重点污染物排放总量控制的实施细则。首先，要通过地方的环境保护立法细化并逐层分解重点污染物总量控制指标，包括根据不同区域特点科学确定重点污染物的排放总量控制目标，根据不同阶段的环境保护目标确定科学的总量控制指标，健全环境总量控制完成情况第三方评估机制，等等。其次，要进一步明确政府的职责和相关的法律责任，避免政府在分解落实重点污染物排放总量控制指标中的"不作为"或者"乱作为"。再次，要把指标有效分解到重点污染物排污企业，明确相关企业的指标任务，并建立定期督查制度，加强对重点污染物排放企业排污行为的经常性监督。

（八）完善排污强度"领跑者"制度

长期以来，排污企业往往只是考虑如何达到排污的"最低标准"，而缺乏改进排污技术的积极性和促进节能减排的主动性。实施排污强度"领跑者"制度的根本目的就在于扭转这种局面，变"要我减排"为"我要减排"。中共中央、国务院《关于加快推进生态文明建设的意见》涉及"环境标准体系"时特别强调要完善我国的能效和排污强度"领跑者"制度。② 实施排污强度"领跑者"制度，一是政府要加强政策引导和技术指导，鼓励有条件的行业或者企业制定自律性污染物排放标准。企业制定的自律性环境标准，要么是填补了国家污染物排污标准的空白，要么是在国家污染物排放标准和地方污染物排放标准的基础之上制定更加严格的污染物排放标准。对于企业的这种行为应当予以充分肯定与鼓励，但同时还要加强对企业的指导，使得企业的自律性标准

① 吴涓：《关于我国污染物排放总量控制制度的若干法律探讨》，《环境保护》1999 年第 10 期。

② 《关于加快推进生态文明建设的意见》，中华人民共和国中央人民政府官网，http://www.gov.cn/xinwen/2015-05/05/content_2857363.htm，发布时间：2015 年 5 月 5 日，访问时间：2020 年 3 月 11 日。

更具现实可操作性。二是要完善相关的激励措施,鼓励支持企业加大节能环保的科技研发力度,引导他们主动对标国际环境保护的"高标准"。要完善与节能减排相关的市场机制,通过完善绿色信贷、排污权交易等制度,使得企业的节能减排行动可以转化为企业的经营效益。总之,要通过完善排污强度"领跑者"制度,逐步形成一批环保"领跑者"企业,并以此形成排污企业"主动减排、争先减排"的良好效应。

第三节　资源利用规划与自然资源国家所有权行使的限制

一、自然资源利用规划概述

(一)自然资源利用规划的定义

自然资源利用规划是政府及其相关职能部门为促进自然资源的合理开发利用,在多方位调查分析自然资源利用类型、数量、空间分布的基础之上,对自然资源开发利用和保护作出的一种具有引导性特征的总体安排。科学的自然资源利用规划,是实现合理开发利用自然资源的有效手段。自然资源利用规划既属于公共规划也属于行政规划,是行政主体对自然资源的开发利用范围、开发利用强度以及相关的空间布局所作出的具有法律约束力的规制安排。自然资源利用规划不仅要作用于自然资源开发利用的空间布局安排之中,更是通过对自然资源的开发利用行为作出必要的限制,实现自然资源利用与主体功能区划的有效衔接,促进自然资源的高效利用。当前,要通过推进"多规合一""三线一单"等举措,推动自然资源利用规划与用途管制、自然保护地建设、陆海统筹的衔接,发挥出自然资源利用规划在自然资源权利行使限制中的作用。

（二）自然资源利用规划的目的

1. 明确自然资源开发利用的上线

自然资源利用规划也是为了达到合理利用自然资源的目的，因此，明确自然资源的利用上线，是编制自然资源利用规划的核心目的。自然资源利用开发上线可作用于自然资源利用要求的衔接，通过历史趋势分析方法结合既有自然资源总量和现状，衔接各部门对自然资源开发利用总量和强度的管控要求。在此基础之上，结合自然资源生态环境的综合考虑，划分不同的功能区并确定重点管控区。科学的资源利用规划，有助于明确把握自然资源开发利用的度，确保自然资源开发利用不过线。

2. 明确自然资源利用的区域特征

自然资源因其资源分布的不平衡性，在数量或质量上会有显著地域差异。在自然资源利用方面，自然资源的地域差异导致各地经济效益的差异，区域性的优势自然资源与本地区的自然资源市场紧密相关。① 对于一个地区的经济发展来说，自然资源的区域特征是本地区相关经济市场的重要衡量标准，所以，要通过自然资源利用规划明确自然资源利用的区域特征，结合当地的实践，合理利用自然资源，促进经济的发展和开展自然资源的保护工作。

一方面，要注重自然资源利用的区域差异性，鼓励地方政府根据本区域的地理特点、气候情况、资源储量和经济社会发展状况的不同，因地制宜地制定本区域的自然资源利用规划。

另一方面，还应当注重自然资源利用的跨区域特征。1990 年，国务院发布了《国务院批转全国水资源与水土保持工作领导小组关于长江流域综合利用规划简要报告审查意见的通知》作为长江流域的综合利用规划的基本依据。此后，2017 年司法机关相继出台了《最高人民法院发布长江流域环境

① 王文楷、张震宇：《区域自然资源特征与合理开发利用研究——以河南为例》，《地域研究与开发》1999 年第 3 期。

资源审判十大典型案例》《最高人民法院关于全面加强长江流域生态文明建设与绿色发展司法保障的意见》。跨区域的自然资源利用不可能按照行政区域的划分完全壁垒分明,既要统筹考虑跨区域自然资源利用的特点与要求,也要在规划中根据不同区域的特征明确相应的自然资源开发利用的安排与要求。

同时,自然资源开发利用规划根据不同区域的经济发展状况确定自然资源的开发利用情况,从而调整自然资源的市场配置行为。在自然资源市场配置中,区域陷入不平衡发展的重要原因之一是自然资源的过度依赖。① 所以,在促进合理自然资源利用的过程中,要通过资源利用规划明确自然资源利用的区域特征,明确不同的自然资源利用方式和市场化程度。

3. 促进自然资源的可持续利用

在自然资源的开发利用过程中,资源可持续利用原则是一直被强调的。缺乏规划的自然资源利用行为会引起资源的过度开发利用,而人口的增长和不受限制的资源需求也会引发资源的过度开发利用,这与自然资源可持续开发利用的目标格格不入,并极易出现因自然资源生产和消费空间分布的不平衡导致自然资源供需之间的矛盾。因此,必须通过自然资源利用规划促进自然资源的有序开发利用,实现自然资源可持续利用之目的。

4. 明确自然资源的用途与功能

自然资源利用规划要扩展到所有自然资源空间范围中,就要明确自然资源的用途与功能,再加以区分利用功能区域。例如,在土地利用方面,土地利用分区可以分为土地利用综合分区、土地利用功能分区、土地用途分区。② 土地利用功能分区主要是规定各种用地区土地的基本用途和管理措施,并通过法律或者行政手段强制实行。而功能分区主要是通过保护或者调整土地利用

① 刘那日苏、张建江:《自然资源依赖与区域发展不平衡:机制与证据》,《甘肃理论学刊》2019 年第 4 期。

② 刘胜华、刘家彬:《土地管理概论》,武汉大学出版社 2005 年版,第 23—27 页。

结构实现土地的主导功能，以发挥区域整体功能。① 可见功能分区和用途分区的目的不一致，但是可以有效地结合，并且功能分区和用途分区都是依靠规划方式去划分。所以，在资源规划明确自然资源用途与功能的同时，自然资源用途规划要把握自然资源所处地区的实际情况，掌握自然资源的基本用途，并制定合适的管理方式来推动自然资源用途规划的落实。自然资源功能规划侧重于调整自然资源利用结构，以保护的方式加强自然资源区域的可持续性发展，与用途规划可以更好地衔接。

（三）自然资源利用规划的意义

1. 有利于促进自然资源的合理开发利用

近年来，随着社会的发展，环境保护意识的觉醒，以及自然资源日益紧缺的现实，政府开始对自然资源加强管理，这一定程度上是对自然资源的行使进行限制。以自然保护区为例，自然保护区是资源规划中兼顾经济效益和生态保护的一种区域划分，在规划中将开展生态旅游开发的区域设定功能划分，以达到经济效益与生态保护的一致性。② 在水资源方面，从源头上对水资源的开发利用进行控制，才能实现区域经济发展与区域水资源承载能力相适应的目标。③ 在土地资源方面，土地利用规划研究主要关注规划过程中的公平性问题和公众参与情况，以及土地利用规划在生态服务中的作用。④ 可见，自然资源利用规划可以有效地将自然资源合理开发利用要求纳入规划中，并将自然资源开发利用与经济发展和生态保护的要求有机结合起来，增加程序性事

---

① 薛翠翠、安萍莉、周丁扬：《土地利用功能分区与用途分区的差异比较研究——以山东省泰安市为例》，《国土与自然资源研究》2008 年第 3 期。

② 王鸣柳：《自然保护区的可持续旅游发展与生态管理——评〈基于生态价值共创的自然保护区利益相关者管理研究〉》，《世界林业研究》2020 年第 3 期。

③ 史瑞兰、孙照东、刘永峰：《对我国开展规划水资源论证的几点认识》，《人民黄河》2009 年第 6 期。

④ 王庆日等：《2019 年土地科学研究重点进展评述及 2020 年展望》，《中国土地科学》2020 年第 1 期。

项，保证社会资源公平和公众权利，从而促进自然资源得到最为合理的开发利用。

2. 有利于实现主体功能区划

自然资源利用规划需要作用于所有自然资源空间之中，但是由于不同的自然资源所处的空间情况有所差异，所以要根据不同区域的特点采取有针对性的利用规划措施，因地制宜制定自然资源的开发利用策略。主体功能区划是自然资源利用规划的重要方式。推进主体功能区建设，是我国经济发展和生态环境保护的战略要求。① 主体功能区划作为国土空间规划的重要内容和基本骨架，两者之间的关系相辅相成。国土空间作为各类自然资源的载体，自然资源利用规划都是作用于国土空间的，所以自然资源利用规划在提升资源划分水平的同时，要加强区划管理，合理开采利用自然资源，提升自然资源的利用率。通过科学的自然资源开发利用规划，主体功能区划才能科学地划定主体功能区，真正实现定界划线，避免各类主体功能区划的重叠和交叉，实现各类主体功能区的全域覆盖。

3. 有利于维护资源利用安全

所谓国家资源安全，主要是指资源对经济发展和人民生活的保障程度，保障程度越高就越安全。② 所以自然资源利用安全尤为重要，自然资源利用规划在明确自然资源利用上线的前提之下，兼顾改善生态环境和保障生态安全，自然资源利用的安全性将会得以保障。以土地资源为例，土地资源是人类经济活动的重要根基，在现代社会的持续发展下人口、资源、环境之间的矛盾冲突日益严峻，有限的土地资源能否得到有效利用成为影响社会经济可持续发

① 王观远：《浅析新时代国土空间规划背景下的主体功能区划》，《大众科技》2019 年第 7 期。

② 王恒生：《关于提高青海自然资源利用效率的思考》，《青海民族学院学报》2008 年第 1 期。

展的关键。[①] 将自然资源利用规划作用于土地资源之中是解决矛盾的重要手段。自然资源利用规划可以有效建立土地生态利用体系，将土地划分出不同的安全等级，并针对土地本身进行合理的规划，减少土地危害、确保土地生态安全。在不同的土地区域划分的基础上，保证土地合理利用，制定对应的保护政策，提高土地生产力，促进可持续性发展，方便政府管理。可见，自然资源利用规划对于资源安全和生态安全可以起到保驾护航的作用，也可以提高自然资源的利用率，避免过度浪费的情况产生。在政策的保障和政府的政策执行之下，才可以真正落实自然资源的持续利用生态安全政策，提高人们的土地保护意识。

二、我国自然资源利用规划的制度考察

（一）中央层面自然资源利用规划的立法与政策

中国自然资源利用规划的相关规定散见于诸多自然资源相关法律之中，相关政策对于自然资源利用规划也给予了充分的重视。但总体而言，自然资源规划的相关法律规定呈现出了分散且不成体系的特点，在强调山水林田湖草一体保护的大背景之下，现有的法律规则很难在实践中对自然资源利用规划起到有效的指引和规范作用。在自然资源利用规划的相关法律中，除了《中华人民共和国草原法》有完整的规划章节体现出自然资源利用规划的内容，在其他的法律法规中主要是以个别条款的形式展现出来的，大多数的规定是提出了资源规划的原则性条款。此外，目前的法律规定主要是从保护自然资源的视角设计法律规则，关于开发利用自然资源方面的规定则相对较少。在自然资源利用规划的法律中，必须进一步贯彻落实“多规合一”的理念，尽快将制定自然资源利用规划单行法纳入全国人大常委会的立法规划，这对于

① 石斌：《区域土地资源可持续利用的生态安全评价解析》，《甘肃农业》2020 年第 3 期。

加强自然资源利用规划的法治保障尤其重要。

在行政法规方面,有关自然资源利用规划的内容相对简单,在自然资源利用规划方面也只是从宏观层面作原则性表述。有关自然资源利用规划方面的可操作性规定比较少,相关的法律责任制度也不健全,以致造成自然资源利用规划的实施过程中面临无法可依或依据不足的尴尬局面。2019 年,自然资源部废止了《土地利用总体规划管理办法》,该《办法》的废除也是为了落实党中央"多规合一"、建立国土空间规划体系的要求。当前,需要根据自然资源开发利用和保护的新要求,对自然资源利用规划相关的部门规章进行评估和清理,及时废除或者修改与形势发展不相适应的规定。

近年来,在党中央、国务院出台的与生态文明建设相关的政策文件中,对自然资源利用规划给予了充分的重视,强调要加强自然资源利用的空间规划、自然保护地规划、矿产资源规划等。当前,要将相关的政策要求及时转化为法律规定,更好地实现自然资源利用规划政策与法律的衔接,有效推进自然资源利用规划的制度化与规范化。中央政策文件关于自然资源利用规划的相关规定例举如表 5-1。

表 5-1　中央政策文件关于自然资源利用规划的相关规定例举表

序号	年份	名称	相关内容	发布部门
1	2015 年	《生态文明体制改革总体方案》	构建全国统一、相互衔接、分级管理的空间规划体系	中共中央、国务院
2	2017 年	《省级空间规划试点方案》	将空间规划试点扩大至省级	中共中央办公厅、国务院办公厅
3	2019 年	中共中央、国务院关于《建立国土空间规划体系并监督实施的若干意见》	自然保护地规划是国土空间专项规划	中共中央、国务院
4	2019 年	《关于建立以国家公园为主体的自然保护地体系的指导意见》	构建科学合理的自然保护地体系,编制自然保护地规划	中共中央办公厅、国务院办公厅

(二)地方层面的立法与政策

地方立法机关对自然资源利用规划也给予了积极的关注,多地的地方性法规、政府规章中对自然资源利用规划作出了规定。地方性法规在自然资源利用规范方面主要体现在具体的自然资源要素之中,包含了土地资源、水资源、气候资源、湿地资源以及自然保护区的利用规划等。地方性法规的相关规定也较为具体,充分结合了中央层面的政策文件和精神。在自然资源利用规划方面,国土空间规划从"多规合一"提出之后开始了体系建设的道路,改革试点地方的立法经验可以帮助国土空间规划具体构建方案的落实。地方性法规关于自然资源利用规划的相关规定例举如表5-2。

表5-2 地方性法规关于自然资源利用规划的相关规定例举表

序号	年份	名称	相关内容	发布部门
1	2020年	《广州市湿地保护规定》	湿地保护规划涉及空间布局和用地需求的,市规划和自然资源行政管理部门应当纳入土地利用总体规划和城乡规划。	广州市人大常委会
2	2020年修订	《浙江省水资源管理条例》	开发、利用水资源应当按照流域、区域统一制定规划。	浙江省人大常委会
3	2017年	《连云港市滨海湿地保护条例》	滨海湿地保护规划是滨海湿地保护、修复、利用、管理的依据。	连云港市人大常委会
4	2017年	《镇江市长江岸线资源保护条例》	市长江岸线保护规划应当明确长江岸线资源保护和利用的原则、目标和任务。	江苏省人大常委会
5	2021年修订	《吉林省河道管理条例》	河道管理、保护与开发利用应当服从防洪的总体安排,坚持全面规划、保护优先、统筹兼顾、综合利用的原则。	吉林省人大常委会
6	2022年修订	《吉林省土地管理条例》	关于土地利用总体规划的规定	吉林省人大常委会
7	2017年	《甘肃祁连山国家级自然保护区管理条例》	坚持实行统一规划、科学管理、依法监督、生态优先、协调发展的原则。	甘肃省人大常委会

续表

序号	年份	名称	相关内容	发布部门
8	2017 年修订	《贵州省气候资源开发利用和保护条例》	县级以上人民政府应当将气候资源开发利用与保护纳入本级国民经济和社会发展规划。	贵州省人大常委会
9	2016 年	《厦门经济特区多规合一管理若干规定》	制定了"多规合一"的空间战略规划和程序性规定	厦门市人大常委会

自 2014 年"多规合一"改革开展以来,先后共二十八个市县级、九个省级行政地方参与试点工作,范围覆盖全国。①《厦门经济特区多规合一管理若干规定》是"多规合一"的首部地方立法,在规划审批方面进行了详细的规定,极大地压缩了审批流程和审批时间,组织建立由发展改革、规划、国土房产、建设等部门牵头,其他相关部门协同配合的建设项目生成工作机制。这一点在自然资源利用规划之后的审批环节有很重要的借鉴作用,也是地方性试点的成功经验。

在地方出台的规范性文件中,自然资源利用规划的内容多体现为"多规合一"、自然资源利用上线、环境质量底线几个具体部分。地方政府在贯彻落实中央政策的同时根据地方自身特点制定了相关的规范性文件。地方规范性文件中关于自然资源利用规划的规定例举如表 5-3。

表 5-3　地方规范性文件关于自然资源利用规划的规定例举表

序号	年份	名称	内容	发布部门
1	2019 年	《吉林省自然资源厅关于落实规划用地"多审合一、多证合一"改革的实施意见》	"多规合一"为基础推进规划用地"多审合一、多证合一"改革。	吉林省自然资源厅

① 王操:《"多规合一"视阈下我国空间规划的立法构想》,《甘肃政法学院学报》2019 年第 6 期。

续表

序号	年份	名称	内容	发布部门
2	2020 年	《重庆市人民政府关于落实生态保护红线、环境质量底线、资源利用上线制定生态环境准入清单实施生态环境分区管控的实施意见》	推动长江经济带高质量发展，现就落实生态保护红线、环境质量底线、资源利用上线，制定生态环境准入清单（以下统称三线一单），实施生态环境分区管控。	重庆市人民政府
3	2020 年	《贵州省煤层气资源绿色开发利用方案（三合一）编制提纲（试行）》	为深入推进矿业权出让制度改革，加快推进贵州省煤层气开发工作的有序发展，并进一步简化煤层气矿业权登记要件及审查环节，提高办事效率。	贵州省自然资源厅
4	2019 年	《甘肃省祁连山地区自然生态空间用途管制办法（试行）》	以保护生态环境、推动绿色发展为首要目标，并与生态保护红线制度和自然资源管理体制改革要求相衔接。	甘肃省自然资源厅

在地方政府出台的规划文件中，自然资源利用规划当中的管控举措尽量细化标准，并注重结合自然资源用途管制加以规划。在政府管理和实施方面，资源利用考核机制是有效阻断政府不作为、乱作为的有效手段。在审批方面精简效率，在实施和管理方面多花精力才能促进自然资源利用规划的快速发展。地方政府的规划文件在地方性法规、地方政府的规范性文件的基础上，作出了更加具体的、可操作性更强的自然资源利用规划。

三、我国自然资源利用规划的实践探索

无论是在国家层面，还是在地方层面，都在尝试着探索一条行之有效的自然资源利用规划路径。回顾我国自然资源利用规划的实践探索历程，有助于我们更加清晰地把握资源利用规划在自然资源国家所有权行使过程中的限制作用。

（一）国家层面的实践探索

自然资源利用规划的实践探索一直在进行，中央和地方不论是在立法还

是在政策层面都在推动自然资源利用规划制度的完善和自然资源利用规划从制定审批到执行环节的优化。自然资源部在对自然资源利用规划的实践探索中,从国土空间规划的改革和监督,①到和地方合作的生态文明建设,再到督察机构对土地利用总体规划的检查都有许多建树。同时水利部对自然资源利用规划也贡献了力量。②

1. 国土空间规划在自然资源利用规划领域的改革。第一,推进"多审合一、多证合一",优化营商环境。"多规合一"将土地利用规划、城乡规划、主体功能区规划等各类空间规划整合为统一的国土空间规划,为规划许可和用地审批打下基础。这项改革主要是为了精简效率,提高政府服务效率,促进自然资源市场发展。第二,改革国土空间规划审查报批制度,压减审批内容,缩短审批时限。规划的程序性事项的改革是有效提高效率和效能的手段,在自然资源利用规划的程序性设计中也具有很重要的借鉴意义。第三,将国土空间规划的改革落实,在改革要求和实施路径都已准备好的情况之下,坚持放管结合放管并重,落实监管责任,健全监管规则,创新监管方式,动用大数据、先进的科技手段,加强规范事中事后监管,严厉追究违法责任。

2. 自然资源督察机构对自然资源利用规划的监督作用。《中共中央 国务院关于加强耕地保护和改进占补平衡的意见》(中发〔2017〕4 号)中明确规定"督察机构要加强对省级政府实施土地利用总体规划、履行耕地保护目标责任、健全耕地保护制度等情况的监督检查"。政策明确的要一督到底,政策不合理的要促进完善。在自然资源利用规划的落实和发展方面,自然资源督察机构对自然资源利用规划政策的落地发挥着举足轻重的作用,完整的利用

① 《自然资源部:推进国土空间规划领域两项改革》,自然资源部门户网站,http://www.mnr.gov.cn/dt/mtsy/201909/t20190920_2468471.html,发布时间:2019 年 9 月 20 日,访问时间:2020 年 3 月 20 日。

② 《水利部办公厅关于深入推进河湖"清四乱"常态化规范化的通知》,中央人民政府门户网站,http://www.gov.cn/zhengce/zhengceku/2020-03/10/content_5489548.htm,发布时间:2020 年 3 月 4 日,访问时间:2020 年 3 月 20 日。

规划体系从前期的科学规划手段和成型的规划方案，到事后的监督，这一套体系的成型有利于自然资源利用规划实践探索。

3. 国家生态文明建设的自然资源综合地质调查示范区。2014 年 7 月，国家六部委将承德纳入首批生态文明先行示范区建设，为地区乃至全国生态文明建设树立先进典型。① 中国地质调查局作为自然资源部直属的副部级单位，在 2017 年开始就与承德市合作将承德作为支撑服务国家生态文明建设的自然资源综合地质调查示范区。

4. 自然资源的开发利用经历的时间久远，所以各类资源的历史欠账也多。自然资源利用规划要有效地落实，首先就要理清自然资源区域之前的遗留问题，同时落实属地政府部门的责任，不断规范管理，加强内外监督，确保自然资源规划工作的落实。

（二）地方层面的实践探索

地方层面对自然资源利用规划的实践探索更加多种多样。第一，国土空间规划的先行尝试；第二，在矿产资源利用规划方面优化改革；第三，加强海洋资源方面海洋功能区划的作用。根据自然资源部办公厅关于在广州市开展市级国土空间规划先行先试工作的通知，广州市国土空间总体规划和鄂州市矿产资源总体规划、钦州市无居民海岛开发利用规划的探索与实践中关于利用规划的几个方面值得借鉴。从自然资源部官方网站获悉，目前国务院已经陆续批复了各省份制定的国土空间规划（2021—2035 年），②国

① 《地质调查支撑服务承德生态文明建设纪实》，自然资源部门户网站，http://www.mnr.gov.cn/dt/ywbb/201912/t20191202_2485427.html，发布时间：2019 年 12 月 2 日，访问时间：2020 年 3 月 20 日。

② 截至 2024 年 3 月 7 日，国务院已经批复了河南、重庆、福建等 24 个省、直辖市的国土空间规划（2021—2035 年），并原则同意了自然资源部组织起草的《长江经济带—长江流域国土空间规划（2021—2035 年）》。参见：自然资源部官网规划计划栏目，https://www.mnr.gov.cn/gk/ghjh/index.html.相关规划自 2023 年 8 月 2 日至 2024 年 3 月 7 日陆续发布，访问时间：2024 年 3 月 21 日。

土空间规划体系日趋完善。

1. 按照自然资源部关于开展国土空间规划先行先试的要求，广州市组织开展了《广州市国土空间总体规划(2018—2035年)》编制工作，[①]率先建立国土空间规划体系，优化国土空间开发保护格局。其中构建了国土空间秩序，引领和支撑经济社会可持续发展；统一了资源与资产、利用与保护、支撑与管控；加强公众参与和社会治理，从部门专业规划集成到全社会行动纲领。在落实党中央、国务院重大决策部署的前提下，要共编共治共享，建立技术保障；完善规则实施机制，促进规划有序实施，完善空间规划体系，市域、片区、单元层层落实；转向规划清单约束管控，建立国土空间基础信息平台，健全政策法规。

2. 在矿产资源的利用规划方面，鄂州市局"四促进"实施矿产资源总体规划[②]中也有如下几点对于矿产资源利用规划有所借鉴。坚持保护优先，促进合理布局，总结和借鉴前两轮规划成功经验，找出规划工作中存在的问题，结合鄂州市经济社会发展需求、矿产资源禀赋特点，与鄂州市主体功能区规划、生态功能区规划、土地利用规划、城乡总体规划等相衔接，划定鄂州市内具有资源和环境保护功能的禁止、限制开发区，严格准入管理，强化环境保护，实现多规合一。全面落实生态文明建设总体要求，节约集约利用资源，全面推进绿色勘查、绿色矿山和绿色矿业的发展。在经济发展方面做好统筹衔接，促进经济发展，根据区域发展需要及资源分布特点，因地制宜，发展与资源禀赋、区位条件、区域发展要求适应的矿业。推进矿产资源管理重点领域和关键环节改革，处理好政府和市场的关系，使市场在资源配置中起决定性作用，促进资源

① 《广州市先行先试编制完成〈广州市国土空间总体规划(2018—2035年)〉草案》，广州市规划和自然资源局信息公开，http://ghzyj.gz.gov.cn/gkmlpt/content/2/2746/post_2746158.html#941，发布时间：2019年6月17日，访问时间：2020年3月21日。

② 《鄂州市局"四促进"实施矿产资源总体规划》，自然资源部门户网站，http://www.mnr.gov.cn/dt/dfdt/201904/t20190404_2404104.html，发布时间：2019年4月4日，访问时间：2020年3月21日。

高效配置、产业结构优化、区域合理布局、产品节能环保，不断提升资源综合利用水平。

3. 在海岛资源方面，在《无居民海岛保护和利用规划编制技术导则》颁布实施后，根据《钦州市海洋功能区划》，广西首例无居民海岛开发利用化解权属争议、解决征地难题。① 其中突出的亮点是加强了公众的参与，推进合浦海洋测点项目建设的同时充分尊重村民利益，将群众需求与法律政策相结合，根据法律规定解决群众的实际问题。观测点的建设累积了该区域丰富的海浪、水流、水质等海洋水文数据，为地方政府在海洋防灾减灾、海洋经济建设、海洋环境保护及维护海洋环境安全方面提供支撑。

4. 资源利用规划实践探索的经验总结。无论是国家层面的实践探索还是地方层面的实践探索，对于促进自然资源的有序开发利用都具有重大意义。第一，自然资源利用规划体系首先要确立政治站位，贯彻落实习近平生态文明思想，符合生态文明建设要求，契合区域自然资源开发利用的战略要求。第二，自然资源利用规划涉及的方面多，自然资源利用规划的工作需要各区域不同部门同心协作，共编共管共治共享。同时加强自然资源利用规划中的公众参与，保障公民的利益，听取公众的意见以完善自然资源利用规划方案。第三，对自然资源利用规划方案的落实可以采取试点方式，以点试面，各地资源分布不一，但是资源有重合的地区可以根据试点地域的利用规划方案来推进。第四，利用规划编制要运用技术手段，尽量加快编制步伐。坚持科学编制，引进专家学者的评估机制，充分结合群众的意愿，加强公众参与机制更能因地制宜，结合创新满足现实需求。第五，要结合自然资源的禀赋特点，与主体功能区规划，生态功能区规划、土地利用规划、城乡总体规划等相衔接。第六，加强监督，要建立全程监督跟进机制，在自然资源利用规划过程中进行监督，防止

① 《打通海洋监测"神经末梢"——南海局北海中心站"一站两点"顺利开建》，自然资源部门户网站，http://hyj.gxzf.gov.cn/gzdt/qnkb_66841/t4390767.shtml，发布时间：2020 年 4 月 3 日，访问时间：2020 年 9 月 4 日。

权力滥用等问题的产生，严格追究法律责任，发现问题及时补救，对政策问题促进完善。简言之，通过有效的自然资源开发利用规划，可以合理规划自然资源开发利用的格局，限制不必要的资源开发利用行为，从而促进自然资源得到更为合理的开发利用。

四、自然资源开发利用规划的规则完善

（一）加强自然资源利用规划的立法保障

随着生态文明建设的不断推进，为尽可能地促进自然资源的节约利用和循环利用，强化自然资源利用规划的立法非常重要。自然资源利用规划要求在生态文明建设政策文件中多有体现，但是在法律法规中相对滞后。自然资源利用规划的法律供给不足，造成了自然资源利用规划的实施过程中面临无法可依或依据不足的尴尬局面，阻碍自然资源利用规划的体系建设及未来发展。第一，修改法律法规中自然资源利用规划的相关条款。建立自然资源资产核算体系，必须弄清楚我国到底有多少自然资源可以被开发利用，才能在这个基础之上设立自然资源利用规划清单。例如在空间规划的概念和体系中，规划不是城乡规划或土地利用规划这样单一的规划，而应该是综合的国土资源及空间规划。因此，"多规合一"既是近年来规划界的理论研究和实践热点，也是强化国土空间规划和各项规划的基本思路。① 所以，要结合"多规合一"的立法思想，在自然资源利用规划当中首先要完善规划编制体系，规划编制是利用规划运行的基础，贯彻一张蓝图，不在自然资源利用规划体系之外再设其他的规划，精简效率，方便利用规划的运行。第二，增加相关的程序性条款。强化规划统筹，完善规划实施体系，实施好一张蓝图。按照"多规合一"的要求，构建统一的自然资源利用规划技术标准体系，修订完善自然资源利用

---

① 徐馨裔、刘志有、董露等：《国土空间规划视角下产业结构与土地利用结构相互关系研究——以新疆乌鲁木齐市为例》，《生态经济》2020 年第 4 期。

现状和用途分类标准，提供规划、建设、管理三大环节运行的强有力技术保障。在大数据支撑之下，“多审合一”“多证合一”可以有效地方便自然资源权利人，促进自然资源市场发展，减少因手续繁复而造成的不必要的纠纷，也可以降低政府在审核、监管方面的压力。第三，加强自然资源利用规划的配套制度与机制。通过“多规合一”完善自然资源利用规划体系的探索正在持续推进，可以预期日后会出现新的问题和创新的技术、手段。所以有必要对现行的相关文件进行及时的修改，抓住立法先行的前瞻性订立更完善的法律法规和政策文件，为利用规划体系提供法律支撑。

（二）促进资源利用上线与生态保护红线、环境质量底线的充分衔接

要促进资源利用上线与生态保护红线、环境质量底线的充分衔接；按照“多规合一”理念，考虑环境功能区划落地所需管理条件，对相关规划在空间管制方面的要求进行充分衔接，并探讨冲突解决方案。① 资源利用上线与生态保护红线、环境质量底线充分衔接的核心是改善环境质量，用空间管控的方式去统筹生态保护红线、环境质量底线、资源利用上线，建立一个完整的生态环境管控体系。② 生态环境管控方式是自然资源利用规划体系制度中的重要环节，尤其要将“三线一单”有效融入自然资源利用规划体系当中，成为一个有机联系的制度体系。“三线一单”的编制工作从 2017 年 6 月，原国家环保部印发了《“三线一单”试点工作方案》就已经展开，直到 2017 年 12 月编制印发《“生态保护红线、环境质量底线、资源利用上线和环境准入负面清单”编制技术指南（试行）》正式成型。首先，要加强统筹衔接，衔接生态保护红线划定。其次，根据区域之间的差异性，因地制宜将主体功能区作用于分区管控体

---

① 王琴、尚英男、文博、魏微、辜小明：《基于“三线一单”的环境功能区划实证研究》，《四川环境》2019 年第 6 期。

② 贾瑜玲、廖嘉玲：《四川省“三线一单”编制与相关部门管理工作的协调性研究》，《环境保护》2019 年第 19 期。

系。突出差别准入,针对不同的环境管控单元,从空间布局约束、污染物排放管控、环境风险防控、资源利用效率等方面制定差异化的环境准入要求,促进精细化管理。在管理手段方面建立数据库以技术手段支撑编制工作和管理工作,数据库应当实时更新逐步完善。再次,加强政府监督工作,督导小组应当对“三线一单”的工作进行监督,及时发现问题改进相关法律法规和相关政策。按照“生态功能不降低、面积不减少,性质不改变”的原则,划定生态保护红线。强化空间管控,划定区域需要适应环境质量底线,明确生态空间。结合环境质量底线的环境改善要求,提高自然资源利用率,促进自然资源合理开发利用。遵循环境质量不断优化的原则,确立环境质量底线并结合科技手段提高自然资源利用规划的科学性。建立健全自然资源开发利用的资源环境监测预警机制,在环境质量底线之上的区域应当保持区域环境质量稳定,并逐步改善。

(三)加强自然资源利用规划与自然保护地的相关制度衔接

要将自然资源利用规划作用于全部的自然资源类别当中,自然保护地作为自然资源开发利用保护的重点规划区域,自党的十八届三中全会以来,以国家公园为代表的自然保护地体系就在不断完善。要加强自然资源利用规划与自然保护地相关制度的衔接。2019 年 6 月,中办、国办印发了《关于建立以国家公园为主体的自然保护地体系的指导意见》(以下简称《自然保护地指导意见》)明确指出,要求构建新型分类体系,分级管理、分区管控,构建统一的自然保护地分类分级管理体制。所以,要建立有效的分区域协调机制,根据不同的自然社会环境条件制定不同的分类分区机制;建立区域协调机制,发挥区域管理部门的作用,加强跨区域合作。自然保护地的划定取决于政治、经济和法律相互调整的结果。[①] 这可能会导致自然保护地在实

① 秦天宝、刘彤彤:《自然保护地立法的体系化:问题识别、逻辑建构和实现路径》,《法学论坛》2020 年第 2 期。

施过程中受到多方掣肘，影响实施的有效性，同时中央和地方的利益拉扯也会阻碍自然保护地的实施。这些问题的解决，有赖于发挥自然资源利用规划的作用。首先，在自然保护地规划过程中，充分促进主体功能规划和资源利用上线的结合，在考虑整个环境承载力的同时尽量保证资源利用率的提高。厘清生态保护红线和自然保护地划分的管理范围，尽量避免管理重叠的局面。其次，明确自然保护地的管理体制，自然保护地的管理体制应当尊重中央管理和监督，地方执行和自我监督，并且建立分区域的治理手段，强化区域管理机制促进区域协调发展，加强区域日常联动合作，划分政府的权责，加强督查机构对自然保护地利用规划的监督力度。自然保护地的管理体制必须由法律确立，应当加快相关立法工作，建立完整的自然保护地法律制度体系。

（四）将陆海统筹理念贯彻到自然资源利用规划之中

海洋资源与岸线资源一直是法律法规与部门规章中多有涉及的自然资源之一。海洋环境复杂，范围庞大，对可持续性发展也有所要求，同时涉及国与国之间的利益关系和我国自然资源安全保障。自然资源安全保障是自然资源利用规划的基本要求，可持续性发展是自然资源利用规划的根本目的。陆海统筹理念只有贯彻到自然资源利用规划之中才能实现海洋资源可持续性发展并保护我国自然资源的安全。陆海统筹是自然资源利用规划体系中的重要方面，其主要是针对海岸带开发处于低效无序状态，近海与流域污染日趋严重等问题。这些问题导致自然资源的过度浪费和环境破坏。因此，将陆海统筹理念贯彻到自然资源利用规划之中能有效解决海洋自然资源的过度浪费和环境破坏，以达到合理开发利用海洋资源的目的。当前，自然资源利用规划应当贯彻落实陆海统筹的理念。首先，要通过“多规合一”的方式去编制国土空间规划，要将海洋功能区规划这类陆海规划纳入统一的国十空间规划编制之中。其次需要全面实施“三线一单”制度。明确陆海利用规划的边界，划定陆海生态保护红线并制定环境质量底线的环境承载评估报告，针对陆海区域的特性，形成陆海一体化的国土空间开发利用规划格局。打造高效率的陆海统筹管理平台和决策机制，同时完善海岸线保护与利用法律体系。陆海统筹规划的难点在于涉及陆地和海洋两大区域，同时关联的各级政府和各部门数量多，利益繁杂。部门之间的权责交叉和双重领导的局面必须打破，陆海统筹的管理体系才能加速完成。要建立海洋部门为主导的多主体联合管理机制，海域资源在陆海规划之中占比例较大，而且海域资源不同于陆地资源需要较强的专业人员配置。在陆海统筹规划的工作中首先应当确立谁主谁辅，才能有效推进接下来的工作进程。对海洋资源的国家安全保障方面，根据“三线一单”的原则，自然资源利用规划要建立完备的数据库，检测各区域的海洋水文数据，建立实时监控机制，因地制宜为各地方政府在海洋防灾减灾、海洋经济建设、海洋环境保护及维护海洋环境安全方面提供支撑。

第四节　信息公开与自然资源国家所有权行使的限制

政府是代表国家行使自然资源所有权的主体，自然资源国家所有权行使限制的相关内容应当是政府信息公开的范围，其核心是政府的自然资源权利行使信息公开。政府信息公开制度，即主动将政府信息向社会公众公开或者依申请而向特定的个人、组织公开的制度。[①] 自然资源国家所有权行使的信息公开就是指在政府信息公开的基础之上，针对自然资源具体特性建立起一套行之有效的自然资源信息公开体系。与此同时，在自然资源国家所有权行使过程中涉及多方利益，自然资源权利取得与确认的相关信息公开显得尤为重要。

---

① 刘恒：《政府信息公开制度》，中国社会科学出版社2004年版，第12页。

一、自然资源国家所有权行使信息公开的意义

完善与自然资源国家所有权行使相关的信息公开制度，具有重大的现实意义，具体而言，主要表现在以下三个方面。第一，有利于促进政府合理行使自然资源国家所有权。对于政府而言，将自然资源进行初次分配是一项十分重要的社会管理和经济活动，在之后的自然资源市场流转中也加入了政府的行政行为和政府的监管职责。政府在履行着监管职能、督促职能的同时，其自身也面临督查考核和公众监督。① 这就要求政府在自然资源资产产权登记、自然资源开发利用权利取得与灭失、自然资源开发利用过程中发生突发事件、自然资源造成生态环境破坏等四个重点领域将自然资源信息公开制度建立起来。各项环节都需要社会的多元共治，社会的各方主体参与其中，建立一个客观、可行、完整的自然资源信息公开制度。自然资源信息的公开不仅保护的是公众的知情权，也是提高公众参与环境治理意识的重要手段，长远来看建立自然资源信息公开体系不仅能将多方社会主体纳入参与环境的决策过程和监管过程，弥补政府独自做出决策的弊端，也会促使生态环境保护意识在社会多方落地，有效地保护生态环境。第二，有利于自然资源开发利用者正确行使自然资源权利。对于自然资源开发利用者而言，自然资源政府信息公开的完善是对自然资源市场的秩序保障。政府信息公开真实、及时，可以有效阻断政府和参与主体私相授受，给予一个公平公正的环境。在自然资源再分配的时候，政府信息公开可以减少因为信息不对称而导致的流转纠纷问题。同时企业信息公开的要求也有利于引导自然资源开发利用者规范自身生产活动，树立道德感、责任感。第三，有利于充分保障生态环境安全。生态保护不仅关系到个人的经济利益、政治利益和生存利

① 杨煜、陆安颉、张宗庆：《政府环境信息公开能否促进环境治理？——基于120个城市的实证研究》，《北京理工大学学报（社会科学版）》2020年第1期。

益，更关系到国家的生态利益，甚至关系到国家的生态安全。① 在自然资源开发利用领域，相关的环境信息公开是学术界热烈讨论的话题。环境信息公开是指依据和尊重公众知情权，政府和企业及其他社会行为主体向公众通报和公开各自的环境行为以利于公众参与和监督。② 自然资源国家所有权行使的信息公开应当是包括了与自然资源开发利用有关的所有信息公开，资源利用相关的环境信息公开是自然资源国家所有权行使的"紧箍咒"，要求自然资源国家所有权的行使不得以破坏生态环境为代价。

二、我国自然资源国家所有权行使信息公开的法律依据

在我国现行的法律中，《中华人民共和国环境保护法》第五章专门规定了环境信息公开制度；《中华人民共和国大气污染防治法》第二十三条第二款规定，县级以上地方人民政府生态环境主管部门负责统一发布本行政区域大气环境质量状况信息；《中华人民共和国清洁生产促进法》第十七条规定，按照国务院清洁生产综合协调部门、环境保护部门的规定公布能源消耗或者重点污染物产生、排放情况，接受公众监督；《中华人民共和国海岛保护法》第八条第三款规定，海岛保护规划报送审批前，应当征求有关专家和公众的意见，经批准后应当及时向社会公布，第十四条规定国家建立完善海岛统计调查制度；《中华人民共和国水法》第十六条规定基本水文资料应当按照国家有关规定予以公开。《中华人民共和国森林法》第二十七条、第四十八条、第五十四条对相关的政府应当公布的信息作出了规定。上述条款除《中华人民共和国环境保护法》对信息公开作出了独立的章节规定，其他法律法规中的条款对信息公开的规定基本以"定期"和"公布"等字眼来确定行政机关的环境信息公开义务。

---

① 黄锡生、任洪涛：《生态利益有效保护的法律制度探析》，《中央民族大学学报（哲学社会科学版）》2014 年第 2 期。

② 李艾蓉：《生态视角下环境信息公开制度研究》，《资源环境》2020 年第 1 期。

在行政法规方面,2007 年国务院通过了《中华人民共和国政府信息公开条例》,随即 2008 年便出台了细化的配套规定,即:《国务院办公厅关于施行中华人民共和国政府信息公开条例若干问题的意见》。2019 年修订《政府信息公开条例》,并且在 2019 年开始实施。在现行有效的部门规章中,涉及自然资源利用信息公开的规定分散在涉及土地、野生动植物、林业等自然资源的部门规章之中。土地方面为征地和信息公开平台建设,野生动植物和矿业权方面信息公开规定居多,在林业方面都是政府信息公开的年度报告。可见现行有效涉及自然资源方面的部门规章较为分散,部门规章的作用发挥受限。

三、自然资源国家所有权行使信息公开的重点领域

(一)自然资源资产产权登记的信息公开

自然资源资产产权制度是加强生态保护、促进生态文明建设的重要基础性制度。[①] 2019 年中共中央办公厅、国务院办公厅印发的《关于统筹推进自然资源资产产权制度改革的指导意见》中提出要完善自然资源资产产权信息公开制度,强化社会监督。2019 年自然资源部、财政部、生态环境部、水利部、国家林业和草原局联合印发的《自然资源统一确权登记暂行办法》第三十一条规定,自然资源确权登记结果应当向社会公开,但涉及国家秘密以及《不动产登记暂行条例》规定的不动产登记的相关内容除外。这一条规定进一步实现了自然资源资产产权信息公开制度的完善,并且在《自然资源统一确权登记暂行办法》中对自然资源簿的公示进行了规定,强化了社会监督。目前,我国自然资源统一确权登记试点取得积极进展,但仍然存在改进提升的空间。随着全国和各省级征地信息公开平台建设的推进,各级自然资源管理部门生成的征地信息,以区域、征地阶段、用地批复等为主线,有效梳理信息内容和目

① 张文明:《加快构建中国特色自然资源资产产权制度体系》,《中国经济时报》2019 年 9 月 11 日。

录,带给公众便利的查询方式,不断提高平台建设和服务水平。① 有征地信息平台建设经验在前,在自然资源确权方面建议尽快建立全国统一的自然资源确权登记信息平台,《自然资源统一确权登记暂行办法》虽然提及了信息公开的内容,但是内容过于单薄,对于政府登记错误或者审核有误的责任没有规定。虽然目前自然资源产权登记是以试点进行,但是试点原本就是发现问题,寻求答案,以形成具有充分实践基础的制度体系。在未来自然资源统一登记制度“暂行”去掉之后,自然资源资产产权登记信息公开的问责机制也应当建立起来。

(二)自然资源开发利用权利取得与灭失的信息公开

有学者认为,自然资源是一国人民共享的财富,具有强烈的公共性,因而,有关自然资源开发利用的决策都是公共决策。② 还有学者强调,有关自然资源的管理活动都属于公权力活动。③ 有的学者则强调要理顺各类自然资源管理关系,把资源配置权真正交给市场,从根本上避免政府对企业进行各种不合理的行政干预。④ 2016 年,国务院《关于全民所有自然资源资产有偿使用制度改革的指导意见》就提出了建立健全有偿使用信息公开和服务制度,确保国家所有者权益得到充分有效维护。可见,要实现市场配置的作用,就要加强信息公开和服务制度建设。在自然资源的市场中公权力的介入比一般资源市场的公权力介入较重,对于信息公开的要求应该更高。以矿产资源为例,信息公开是公众监督矿业权出让转让审批管理的重要渠道,是提升矿业权管理能

---

① 谢敏、叶兴茂、侯一俊等:《我国征地信息公开信息平台建设回顾与展望》,《国土资源信息化》2020 年第 1 期。

② 邱秋:《中国自然资源国家所有权制度研究》,科学出版社 2010 年版,第 51 页。

③ 王克稳:《自然资源国家所有权的性质反思与制度重构》,《社会科学文摘》2019 年第 8 期。

④ 乔兴旺、崔聪聪:《中国自然资源法律实施的制约因素与推进措施》,《江西社会科学》2009 年第 6 期。

力的重要手段。2011 年,国土资源部门户网站矿业权市场网投入运行。矿业权市场网的建立主要是为了进一步规范矿产资源管理和矿业权出让转让行为,提高管理效率和透明度。现矿业权市场网属于自然资源部门户网站,网站内关于采矿权和探矿权的信息较为完整,另外对于全国矿业权人勘探开采信息还有独立的一个系统,里面设置了年度信息、异常名录、严重违法名录和抽查信息。但是根据 2019 年自然资源部办公厅关于印发《2018 年度全国矿业权出让转让审批等信息公开情况》的函,对于矿产资源信息公开还有所不足,主要问题是公开内容不完整、公开信息不规范、公开时间不符合要求。对于这三个问题还是要加强政府内部培训、完善监督管理职责,同时加强系统功能升级。除了矿业权的市场信息比较完备,自然资源门户网站还有土地市场网。但是对于其它类型的自然资源权利,例如林权、排污权都是只有各地政府建设的交易市场网站,而没有相应的市场网站。交易网站更侧重于市场流转路径,对于自然资源出让转让的公示则没有涉及。

(三)自然资源开发利用过程中发生的环境性突发事件信息公开

开发利用自然资源的过程中,如果发生突发环境事件,其在破坏生态环境的同时必然会造成一定范围内自然资源的破坏。这种破坏的影响有多大,对国家的自然资源权益造成了多大的伤害,会在多大程度影响其他自然资源用益物权人的资源权益,等等,这些问题的有效解决,都有赖于健全自然资源开发利用的突发环境事件信息公开制度。政府信息公开应当及时、准确、全面。政府与公众产生的信任危机很多都是在沟通上出现问题,信息公开不及时、不准确、不全面会引起公众的恐慌从而影响政府的公信力。尤其在突发事件中,政府的反应会直接影响公众对政府的信任。因此,在自然资源开发利用突发事件中,政府需要做到及时、准确、全面地公开环境影响信息。还应当运用好公众参与制度,维护公众知情权。政府作为突发性环境事件信息的单一发布主体,显然已经无法满足公众的信息需求;肇事企业是事件的利益相关者,突发性环境事件肇事企业作为直接的利益相关者，其参与信息公开容易避重就轻，显然也不能奢望它能提供给公众及时、有效的环境影响信息；公民个体因缺乏资金和技术的支持，其发布的相关信息往往是片面的，甚至可能起到反作用。非政府组织可以有效应对传统政治无法解决的环境问题。① 公众参与可以弥补政府作为突发性环境事件信息单一发布主体的缺憾，助力提升政府公信力和后续处理事件能力。

（四）自然资源开发利用过程造成生态环境破坏的信息公开

自然资源开发利用过程中除了会造成环境性突发事件之外，由于人类行为造成的生态环境破坏是无法避免的。在自然资源开发利用过程中，因资源利用行为造成生态环境破坏的信息公开也需要重视。

四、自然资源国家所有权行使信息公开的立法完善

（一）明晰自然资源所有权行使的信息公开主体范围

自然资源所有权行使过程中的信息公开主体是指权利主体和义务主体，由于自然资源所有权行使过程中涉及了社会管理、环境问题和生态保护等一系列方面，故在确定政府环境信息公开主体的范围时应当作适当的拓展。第一，政府作为信息公开义务主体，在自然资源所有权的行使过程中的权利限制和角色定位。在社会管理领域中，政府作为信息公开义务主体将信息公开事关公众的知情权、公权力的限制。尤其在自然资源所有权行使过程中，政府作为自然资源国家所有权的代表者，与属于权利主体的企业在某种程度上会有利益联系，这就会阻碍信息公开的透明或及时性。要阻断这种利益关联就要从规则上限制公权力，平衡公益与私益从而保障公众的知情权。第二，环境问

① 施志源：《互联网时代突发环境事件信息公开的主体制度创新——以环保 NGO 的参与为突破口》，《法学评论》2017 年第 3 期。

题所产生的生态环境破坏后对哪些利益相关者带来利益损害。要维护公众的知情权就要推进服务型政府建设，将政府信息公开化和透明化，以提高政府机构公信力。根据《中华人民共和国环境保护法》的规定，环境保护信息公开的义务主体是各级人民政府环境保护主管部门和其他负有环境保护监督管理职责的部门。根据《生态环境部政府信息公开实施办法》，生态环境信息公开的义务主体是生态环境职能部门。目前，对义务主体的规定显然是不够的，自然资源涉及的范围之大，包括国家林业和草原局、自然资源部等都对自然资源拥有管理职能。土地、矿产、林地等主管部门在自然资源的保护和管理过程中往往掌握许多信息，但是这些义务主体在自然资源相关法律法规中的法律定位不够明确，建议尽快制定专门的自然资源信息公开条例，将义务主体范围扩大以及明确。《中华人民共和国环境保护法》虽然在信息公开章节增加了公众参与，但是公众参与的程序只在可能对公众产生影响的情况下才向公众征求意见。而《生态环境部政府信息公开实施办法》只是对需要公众参与的信息进行主动公开。可见，公众参与的主体资格以及公众参与资源利用信息公开的条件等有待于立法的进一步明确。在自然资源开发利用过程中，自然资源的使用权人、与自然资源开发利用过程有利益关系的自然人、相关的其他组织都是信息公开的关联主体。环境问题所产生的生态环境破坏会直接影响自然资源的使用权人、相关自然人和其他组织。根据《中华人民共和国环境保护法》的规定，公民、法人和其他组织都有知悉环境信息的权利。自然资源使用权人在获取自然资源的使用权的同时，就是和政府在进行交易，这一点政府作为信息公开的主体和国家所有权的代表者角色有重合。

（二）完善自然资源国家所有权行使过程中的信息公开程序

目前我国对政府信息公开的方式规定较为完整，但是仍然有可改进之处。特别是对于自然资源权利行使方面的信息公开制度尚不健全。对于自然资源利用中的突发性环境事件,相关环境影响信息公开的及时性就显得非常重要,而能否做到在最快的时限内公开相关的环境影响信息,则是需要通过相关的制度加以规范。在有关自然资源的政府信息公开体系中,政府的信息公开平台建设应当注重以下三个问题。第一,信息公开的门户网站或平台建设应当注重公众的便利性,将需公开的信息进行分类,并向公众提供便捷的政府公开信息查询渠道或方式。第二,对于行政许可、行政处罚文书的公开时限予以具体的规定,并将相关法律文书设置专门的查询链接。这一点对自然资源的市场流转尤为重要,例如矿业权、土地等自然资源权利都带有行政性质,故在市场流转当中很有可能会因为相对人的资质问题而导致合同目的不能实现。就法律文书的方便查询而言,自然资源开发利用过程中的信息公开显得十分有必要。第三,建议各部门公布信息公开流程指引或政府信息公开指南,公示相关部门或机关的地址和联系方式等信息。

(三)建立长期有效的信息公开监督机制

在现行的法律制度下,对信息公开的监督制度还不完善,需要多方共治对信息公开进行监督,以建立完善的监督体系。自然资源开发利用信息公开的监督,离不开社会监督(如公众和媒体、其他组织)、政府内部监督。自然资源国家所有权行使方面的信息公开,应当与构建多元共治的现代环境治理体系相衔接,明确社会各界主体的责任,强化信息公开与社会监督,加快一体化建设与完善联防共治协调机制,才能更好地落实长期有效的信息公开监督机制。《中华人民共和国环境保护法》也规定了新闻媒体应当开展环境保护法律法规和环境保护知识的宣传,对环境违法行为进行舆论监督。其"监督管理"章节主要还是针对政府内部的自查有完整的规定,对公众的监督、媒体的监督和社会组织监督缺乏完整的程序性规定。公众环境信息监督权是指公众所享有的获取政府、企业等基本环境信息,并有权参与其环境信息决策、监督政府企业等正当使用环境信息的公共权利。[①] 不仅是环境信息，在自然资源国家所有权行使过程中涉及的一系列自然资源相关信息都应当纳入社会监督体系当中，即包括公众、媒体、社会组织的监督。这就要求社会监督不能只停留在原则性法条当中。如果要将社会监督程序化，那么就要确立社会监督主体的范围和地位。在环境保护领域，政府内部监督的实现方式主要是中央环保督察组进行的一系列监督行为。但是自然资源国家所有权行使的过程涉及的信息公开内容范围广阔，要有效落实政府内部的监督机制就要建立配套完善的政策性文件，制定具体的考核标准，丰富考核形式，提高考核质量，建立起问责机制以完善监督机制。同时还要重视检察机关的作用，除政府内部的监督之外，对执法者的监督还要依赖于检察机关，当执法人员怠于履行职责没有及时公开信息或不正确履行职责的时候，检察机关应当及时发出检察建议。

（四）明确信息公开违法主体的法律责任

对在自然资源国家所有权行使过程中的信息公开的法律责任的承担，主要是关于政府没及时履行信息公开职责的法律责任。目前《中华人民共和国环境保护法》中的法律责任章节只对破坏环境的责任人和政府失职有所规定。为了充分保障公众对自然资源国家所有权行使的知情权，立法应当明确规定自然资源利用信息不公开或者乱公开的违法责任。政府没有及时履行职责的法律责任可根据《政府信息公开条例》第 53 条依据认定。但是在自然资源开发利用过程中，多是环境污染等问题，如果政府不及时公开会给相关利益者带来极大的损失，但是《中华人民共和国环境保护法》和《政府信息公开条例》中也只是对利益相关者提供了举报、投诉、行政复议或者行政诉讼等维权途径。而且根据《政府信息公开条例》，政府的法律责任主要为改正、处分、刑事责任三种，规定情形也设置的较为简单，无法适应自然资源开发利用过程中

① 方印、张海荣：《大数据视野下公众环境信息监督权的规范构造》，《贵州大学学报（社会科学版）》2019 年第 6 期。

的各种复杂情形。所以,细化《中华人民共和国环境保护法》信息公开的相关规则,明确政府环境信息公开的法律责任,是完善自然资源国家所有权行使的信息公开责任的重要任务。

第五节　生态修复与自然资源国家所有权行使的限制

近年来,党和国家频繁地在政策性文件中强调在开发利用自然资源的过程中,一定要解决生态环境问题,保护生态环境稳定,并且将生态保护提到了国家战略层面。伴随着中国生态环境破坏的加剧,国家对生态环境损害修复的问题越来越重视。生态修复作为生态保护的重要方式必须法律化、系统化,将生态修复的要求贯彻到自然资源开发利用的相关环节,实现自然资源利用与生态环境保护两不误。

一、自然资源开发利用中的生态修复概述

无论是从立法角度还是学理角度,生态修复的概念始终无法得到统一,其中包括了生态修复说、生态恢复说、生态重建说、环境修复说、土地复垦说等。生态修复说中焦居仁将生态修复视为一种人为引导下的生态恢复的加速手段、而周启星等认为生态修复是针对已被污染的环境尤其是人为破坏的情形,对污染环境的修复。① 吴鹏认为生态修复就是一种人类通过生态恢复和重建手段来修复受损的生态系统,并通过社会资源合理分配和公平合理的发展机遇来实现人类社会可持续发展的过程。② 生态修复学说认为生态修复主要的手段是人为手段,是对已经遭受破坏的环境进行修复,所以,生态修复不能仅

① 焦居仁:《生态修复的要点与思考》,《水土保持》2003 年第 2 期。

② 吴鹏:《论〈矿产资源法〉的修订:以矿区生态修复为要点的思考》,《南京工业大学学报(社会科学版)》2013 年第 1 期。

仅停留在理论层面，必须要付诸实践。生态恢复是一个长期的动态过程。[①]而土地复垦说更加的具体化了，法律意义上的土地复垦强调的是对受损土地的整治，新近颁布的《中华人民共和国土壤污染防治法》对生态修复有了直接的规定和具体手段，该法第三十五条写明土壤污染风险管控和修复的具体要求。土壤修复治理主要属于污染者的义务，土壤修复义务是侵权责任或民事责任的承担方式。这是一种事后的惩罚手段，而非事前的预防手段。环境修复说只有较少学者开展单独意义上的环境修复理论研究，更多的时候环境修复是直接存在于具体的环境污染的修复当中。从上述五种学说不难看出这些概念虽然大圈包小圈或两圈重叠，但本质上内涵是趋于一致的。从广义而言都是在一种可持续性发展的理念之下通过人工技术使受到损害的生态环境恢复到之前的状态或者更好的状态以维护一个大范围的生态环境的稳定。从狭义来看是指对生态破坏的责任人确定的侵权责任和手段，目的也是为了维护生态环境的稳定。生态修复责任指向的法益是生态利益。生态修复具有的恢复原状、预防损害结果、惩戒损害行为等功能，帮助环境修复，维持生态秩序。

生态修复主要还是一种技术手段，将其作用于社会生活当中，要通过法治完善下的制度建设来实现。对于生态修复理论不能局限于技术手段之上，要从社会属性的角度构建生态修复的法律概念。生态修复是一个长时间且连续的过程，生态修复在现有的法律术语中多出现的是“事后恢复”“恢复环境原状”“采取补救措施”等。在2014年《最高人民法院关于审理环境民事公益诉讼案件适用法律若干问题的解释》第二十条中生态环境修复的费用受到法院支持，而2017年《生态环境损害赔偿制度改革方案》做出了更加细致的生态环境修复的具体赔偿制度。地方性法规中，《山西省汾河流域生态修复与保护条例》规定了生态修复章节，并且确定了主体和方式。可知生态修复在法

① 丁婧祎、赵文武：《生态恢复评价研究进展与展望：第5届国际生态恢复学会大会会议述评》，《应用生态学报》2014年第9期。

律法规中具体的存在更倾向于一种事后的追责和处罚手段，责任主体主要是企业或者个人。但是生态修复责任的制度功能肯定不仅于此。生态修复的责任并不只局限于作为损害生态环境中的侵权责任人的身上，行政主体作为公权力方也要行使其相应的职权以促使行政相对人履行相应的责任和义务以实现生态修复。其过程中也不能一味地追求生态修复追责机制的"去行政化"倾向，而是需要生态修复行政追责的功能补强和实现其路径回归。[①] 在这整个过程中，由于民事主体的责任其实在各法律条文中都有诸多规制，但是行政主体可能是作为国家所有权人的代表者或监督者，如何更好地规制其权力从而促进生态修复整体的运行目前在理论上还有待于深入研究。

我国目前并没有形成系统的生态修复法律，与生态修复相关的法条都散见于环境基本法和其他生态修复法律法规中，而且各法律中针对生态修复的提及字眼不明确，内容简单。《中华人民共和国环境保护法》第六条规定，政府、企业和个人都有保护环境的义务，但是法条描述十分笼统并不利于明确生态修复主体。生态修复是一个持续并且整体化的过程，包括自然自我的修复和社会帮助的修复，这两方面的修复必不可少且环环相扣。生态修复既是对环境资源的保护，也是对社会发展的保障。生态修复的主体是指被破坏的生态环境在修复过程中承担相应的权利和义务的参与者，这些参与者或是政府或是自然人抑或是企业。现今学术界对生态修复的主体多以生态修复责任主体进行分析，界定好生态修复法律责任主体的范围和具体责任，才能更有效地实施生态修复法律法规。

政府是生态修复的责任主体之一，由于国家是自然资源的所有权人，政府不仅负有国有自然资源的监督和管理责任，还对国有自然资源履行分配等职责，并且对生态修复负有不可推卸的责任。也因为历史欠账等诸多原因，在无

---

① 徐本鑫、储源：《生态修复行政追责的路径回归与功能补强》，《江西理工大学学报》2020年第2期。

法找到责任人和责任人无法承担生态修复责任的同时，政府是应当补充承担在自然资源分配中受益的生态修复责任，以及应当补充承担基于自然资源监管失当和特殊使命的生态修复责任。①

政府在生态修复中承担多面且重大的责任，环境的修复问题十分复杂且具有长期性，所以修复中的政策支持、技术支持和资金支持是至关重要的环节。而个人和企业的力量往往薄弱，此时就需要政府的加持。生态破坏引起的后果不仅仅是环境问题，也会给社会带来震荡，这些问题单纯依靠市场和市场主体是无法得到解决的，环保监督的介入必不可少。在此基础之上国务院对于生态文明建设和环境保护曾经推出了一项重要的规定，2019 年 6 月实施的《中央生态环境保护督察工作规定》就生态环境保护督察制度作出了专门规定。

企业和个人作为自然资源的使用权人在享受自然资源使用收益的同时承担相应的责任义务是完全符合相关法律规定的。例如，《土地复垦条例》第三条规定了生产建设单位或者个人是复垦义务人（以下称土地复垦义务人）。企业和个人作为修复主体是对政府责任的分摊，是公平正义原则的体现。但是，生态修复始终是一个需要技术、资金、人力的持续性过程，环境污染责任属于无过错责任，即只要责任人造成了环境的污染，无论主观是否存在过错都要承担责任，企业和个人作为修复主体的压力被放大。为此。根据中共中央、国务院印发的《生态文明体制改革总体方案》明确："在环境高风险领域建立环境污染强制责任保险制度"。建立健全了环境污染强制责任保险制度，有助于丰富生态环境保护的市场手段。

生态修复的客体主要指的是生态环境破坏下，生态修复的主体应当对其负担责任和义务的对象。生态系统的管理和保护并不容易被区分为"污染控制"或者"自然资源问题"，例如，采矿既涉及开采数量的把握问题，也涉

① 张维宸：《浅谈生态修复的责任主体》，《中国矿业报》2018 年 6 月 2 日。

及到开采造成的废物如何处置的问题，还涉及开采可能对生态系统造成的破坏问题。① 自然资源开发利用的过程，也往往是生态系统受到破坏的过程。因此，自然资源开发利用的生态修复主要是针对因开发利用自然资源行为而遭到破坏的生态环境，从具体的物种到与物种相关大范围的环境再到整个生态环境。从我国目前的生态修复现状来看我国的生态修复客体主要有土壤、森林、矿藏，而后乃至水资源、大气资源都成为了生态修复的客体。土壤是生态修复中因为历史原因涉及最多的一个生态修复客体，不仅有《中华人民共和国土壤污染防治法》，针对矿区土地和农用土地都有管理办法。但是从各法律法规中可以看出每个具体的自然资源都交叉存在于各条文当中，例如《森林法实施条例》中包含矿藏资源的开发利用的相关规定。也就是说，生态修复的客体不仅是具体类别的自然资源还包括了整个生态系统的平衡。

生态修复的内容主要是指生态修复主体所应当承担的权利和义务。权利和义务皆以法律为准，生态修复的权利主要是基于自然资源的使用权，而生态修复的义务就是指在权利行使之中，需要承担的必不可少的义务。因为自然资源的开发利用必然伴随着生态环境的破坏，而这种结果无法避免，所以就要在可控的情况之下尽量减少生态环境的破坏。自然资源的开采和自然资源自身修复之间的平衡，需要掌握一定的度，这也是生态修复所必然考虑的方面。而政府此时应该是需要承担自然原因造成损害的修复责任的，政府作为自然资源国家所有权的行使代表，修复的责任必然由政府承担。2019 年《重点生态保护修复治理资金管理办法》明确提出，支持开展历史遗留废弃工矿土地整治。通过强化中央财政扶持的作用，坚持“谁破坏、谁治理，谁投资、谁受益”的原则就体现了生态修复中的权利与义务的统一。

---

① ［美］理查德·拉萨路斯：《环境法的形成》，庄汉译，中国社会科学出版社 2017 年版，第 192 页。

二、生态修复对自然资源国家所有权行使的限制

完善生态修复在自然资源国家所有权行使限制中的作用，需要完善自然资源生态修复制度，其实质是赋予自然资源国家所有权行使者保护环境的义务，从而实现自然资源开发利用和生态保护有机统一。

（一）限制权利滥用

完善生态修复制度对于促进自然资源权利的合理行使至关重要。法律对所有权的限制，充分体现了法律试图建立起的互相协作的权利秩序。而生态修复对自然资源国家所有权行使的限制在绿色矿山建设中有所体现，绿色矿山建设与生态修复不谋而合。绿色矿山建设能够维护生态环境平衡，促使科学、有序、合理地开发利用矿山资源。为了应对矿山地质灾害、生态破坏，利用创新科学的方法最大程度地修复矿山生态环境，政府、企业、第三方机构应当相互配合。三方权利的相互制约是能有效制止权利滥用的方式，社会监督和公示原则也是权利边界明晰的重要手段。但是同时，对第三方机构在生态修复中的责任也应当明确，不然还是会造成第三方形同虚设或者无法保持三方平衡。这就需要法律明确第三方机构在生态修复中的权利和责任的认定，确保其信息公开的及时性和真实性。① 第三方机构在生态修复中的作为，其自身和自然资源主管部门都应当向社会公示，接受社会监督。如果第三方机构在生态修复中有不法行为，自然资源、生态环境等各个主管部门可以联合启动失信惩戒机制。生态修复制度是可以限制自然资源国家所有权权利滥用的，为发挥生态修复制度保护自然资源的作用，应当在生态修复制度中明确自然资源国家所有权行使主体在生态修复中的权利义务。

---

① 郭英华、康莹:《生态修复中第三方机构责任制度的建立和完善》,《四川环境》2020 年第 2 期。

（二）平衡公益与私益

自然资源所有权的公益与私益之争从未停歇，学术界的不同声音层出不穷，但是自然资源由于本身属性的特征，公益与私益向来都是共同存在。物权关系的本质是平等主体之间的关系，强调的是对物的利用。但是自然资源涉及的利益不仅包括一般民事主体也包括了国家和政府的利益，更包含了整个地球和人类生存环境的生态利益，故公益与私益之间的平衡是至关重要的。生态修复出于公益的目的，是指通过公权力对私权的合理限制，将自然资源合理分配，有助于更多私权的实现。公法中对以所有权为代表的私权的限制，看似是私权的退让，其实是在公权面前下私权最大化的表现，因为最后的结果就是少数人权利和多数人权利的平衡，这也是符合平衡公益与私益的要求。再者在司法实践当中，私权损害和生态环境损害的区分度不充分，出现设计的生态修复方案脱离生态环境损害特性的情况。只有坚持生态价值观，在生态修复方案中首先要区分私权损害和生态环境损害，然后对受损的生态环境进行科学的评估，在生态系统修复到稳定的情况下，让私权主体以平等的地位享受生态资源，以公正的程序承担相应的修复义务。

（三）协调权利与权力的关系

自然资源管理权力的边界与行使自然资源开发利用权利的边界一致，所有权是自然资源开发权利的基础，生态修复介入自然资源国家所有权的行使是为了防止自然资源权利的滥用从而导致生态破坏，弥补了自然资源所有权制度在预防权利滥用方面的不足。传统模式上以国家行政机关为主导的治理方式已经落伍于时代的发展，政府在很多领域都需要和其他行为主体的合作。由于多元共治理念的实行，生态修复责任主体的责任落实、生态修复费用的运行等问题都是各主体需要共同解决的。

三、自然资源权利行使相关的生态修复制度之完善

（一）明确生态修复主体

《中共中央　国务院关于加快推进生态文明建设的意见》强调，无论政府、企业或个人，都是生态文明的重要建设者。无论是自然资源的所有权人和管理权人还是使用权人皆对生态环境负有义务，破坏生态环境的行为人应当承担必要的环境修复责任。一是发挥好政府在生态修复中的作用。有效控制破坏生态环境的程度主要是依赖于政府的管理职责，它不仅是自然资源国家所有权的代表，还拥有监控和治理生态环境的权力。政府在实施管理行为的同时要保障公众的需求和国家的利益。面对市场无法调节的生态修复工作，政府需要进行有效的介入。为了遏制政府公权力地位过于强势，在对政府行政磋商的生态修复功能补强的同时，也要充分发挥行政磋商的非强制性特征，秉持公平公正的原则，保障磋商的各个主体在平等基础上交流对话。① 二是更好发挥好社会组织的作用。随着我国社会主义民主政治的改革和发展，环保民间组织已成为自然资源保护事业的生力军。《中华人民共和国环境保护法》第58条规定对污染环境、破坏生态，损害社会公共利益的行为，符合条件的社会组织可以向人民法院提起诉讼。这也是对公益组织在立法上真正的认可，同时公益组织在生态修复中将发挥更大的作用。

（二）完善制定生态修复规划方案的规范要求

我国在生态修复方面的立法较为分散，并没有一部具体规定生态修复的法律规范。要想科学完善生态修复方案，完善生态修复规划法律制度是第一步。我国现有的环境规划只有社会经济发展计划中的文件类型，国家层面的

---

① 徐本鑫、储源：《生态修复行政追责的路径回归与功能补强》，《江西理工大学学报》2020年第2期。

环境保护计划多为宏观性指导政策或意见,"十三五"规划将生态文明建设列为重点建设项目,其中就提到了生态环境的修复。首先,对现有环境规划程序的完善,要加入公众参与机制。① 其次,生态修复中的评估制度是衡量生态修复成效的重要制度,科学地制定生态修复方案是生态修复执行的重要依据。生态修复应当严格依照方案执行,这也加大了政府的监管责任。最终的生态修复结果评估应当让修复主体比如企业上交报告,再引进第三方评估,由政府官方公布数据,收集公众意见,最后由政府汇总制作出最终的评估报告并向全社会公开。

(三)建立健全政府规范行使生态修复权的制度保障

政府在实施自然资源生态修复的过程中,必须制定修复行为的准则和规范,明确修复的范围、修复的手段和修复的力度,同时坚持绿色发展理念,促进自然资源开发利用与社会发展的双赢。2018 年 10 月 1 日由自然资源部发布的《国家绿色矿山建设规范》正式实施。推动绿色矿山建设,应当结合资源、用地、财税、金融四大方向政策,政府各部门联合行动,加入公众参与,社会资本注入,推动政策细则有效落地。同时坚持公示公开原则,相关主管部门要实事求是,严格监管企业主体。绿色矿山规范体系还是存在一些不足,行政执法法律依据不足的问题尤为突出。我国法律、行政法规并没有就绿色矿山建设义务主体、有关单位的责任分担、法律责任等方面进行规范,主要是以政策性文件表现出来。地方政府在缺乏法律支持的状态下追究企业责任可能会被提起行政诉讼,并且面临败诉的结局。要确保政府规范行使权力,就要完善绿色矿山建设规范体系,在《中华人民共和国矿产资源法》中加入绿色矿山建设相关法条。其次就是加强地方性立法,例如《山西省汾河流域生态修复与保护条例》就增设了"生态保护"章节,除了矿产这部分,"生态保护"章节还对流域

① 案件来源:江苏省连云港市中级人民法院刑事裁定书【(2016)苏 07 刑终 99 号】。

附近的林木、野生动物、保护区等生态资源环境都做了相关规定，其他地方都可以参照《山西省汾河流域生态修复与保护条例》进行立法探索。

（四）完善生态修复对自然资源市场交易的限制要求规则

生态修复是开发利用自然资源的一项法定义务。生态修复责任不应当仅仅作为一种事后责任，更是应当作为一种事前的限制规则，开发自然资源者应当附属必要的生态修复义务。要实现生态修复保护与经济发展紧密结合的状态，就要建立在原来的生态保护以及人文工程建设的基础上，利用创新的综合发展理念，形成产业之间相互依托的发展闭环，达到生态修复的目的，进一步提升生态保护的价值和效率。① 生态修复对自然资源市场交易的限制要求可以表现为在订立合同的同时加入生态修复的相关条款去规制双方，尽量在自然资源开发利用之前就要求生态环境得到最大程度的保护，从过往的事后修复转变为边开发边修复，从而减少环境和资源的损害。

① 王凌：《基于绿色发展视阈的矿山地质修复模式探究》，《绿色环保建材》2020 年第 4 期。

第六章　自然资源国家所有权的行使监管制度

自然资源是人类社会生存和发展的必要条件，加强对政府行使自然资源国家所有权的监管对于及时发现和整改自然资源保护以及利用中的违法违规问题，维护自然资源开发利用秩序以及实现自然资源资产权益保护等方面具有重要作用。中国特色社会主义进入新时代，党和国家高度重视加强生态文明建设，出台了一系列政策文件对生态文明建设进行支撑保障，而自然资源国家所有权的行使作为生态文明建设的重要内容，如何加强对其的监管是当前的重要关注点之一。尽管党和国家无论是在顶层设计还是在试点探索等方面都对政府行使自然资源国家所有权的监管给予了重视，但是当前在自然资源国家所有权的行使方面仍然存在着资源确权登记不规范、资源出让寻租、忽视资源利用后生态修复环节等现象，这与保护和合理开发自然资源的宗旨不符。

第一节　自然资源国家所有权行使监管的内涵阐释

一、自然资源国家所有权行使监管的概念

明晰自然资源国家所有权行使监管的概念，首先要对“监管”的含义进行

厘定。英文中的“监管”为“regulation”，国内学者对其主要有“监管”“管制”“规制”三种译法，①我国法律法规，政府官方文件以及实务界一般将其表述为“监管”，比如2019年国务院出台的《关于加强和规范事中事后监管的指导意见》，历年政府工作报告中关于国有资产监管等表述。对于什么是“监管”，中外学者都进行了一定的讨论，比如美国联邦最高法院大法官，知名公法学家史蒂芬·布雷耶在其著作《规制及其改革》一书中围绕监管的正当性依据、历史基础、监管的手段和目标等内容进行了阐释。② 总体而言，关于“监管”的学术探讨主要集中在监管的理论基础、监管主体、监管对象等方面。

在监管的理论基础方面，在生态环境领域主要有政策执行理论、公共信托理论、责任政府理论等。政策执行理论认为，政策执行者基于对政策的自我理解以及主体行动力等因素的影响，不一定能够忠实地执行相应政策，在政策执行过程中有执行腐败之虞。③ 公共信托理论认为自然资源属于信托资产，而政府则是公共受托人，④政府应当按照既定的信托规则对自然资源进行配置和管理，尽到善良管理的注意义务，实现自然资源社会价值的最大化，否则不能被容忍。⑤ 责任政府理论要求政府对选民负责，形成保证政府责任实现的责任控制机制，⑥该理论认为自然资源租金是影响责任政府建立的重要变量，当政府对自然资源所有权进行垄断时就能够获得足以控制社会的收入，这会减弱政府治理变革的动力，阻碍责任政府的建立。⑦

---

① 马英娟：《监管的语义辨析》，《法学杂志》2005年第5期。

② [美]斯蒂芬·布雷耶：《规制及其改革》，李洪雷等译，北京大学出版社2008年版，第19—513页。

③ 刘兆鑫：《政策执行理论视域下的执行性腐败及其治理》，《中国行政管理》2010年第11期。

④ 李兴宇、吴昭军、张倩：《全民所有自然资源所有权委托代理的法律分析——以信托为视角》，《中国土地科学》2023年第8期。

⑤ 王灵波：《公共信托理论在美国自然资源配置中的作用及启示》，《苏州大学学报（哲学社会科学版）》2018年第1期。

⑥ 赵蕾：《论责任政府的价值理念、运行体系与体制要求》，《中州学刊》2007年第4期。

⑦ 胡荣荣：《责任政府理论及其中国实践》，《学术界》2009年第2期。

在监管主体方面，学界对监管主体的认识经历了从狭义到广义的变迁过程，以国外对生态监管的研究为例，国外对生态环境的监管经历了“命令—控制”型监管模式，激励型监管模式以及合作型监管模式。“命令—控制”型监管模式主要存在于二十世纪中后期，此时政府在生态环境的监管中起主导作用。与此对应，这一时期有学者提出监管主体狭义论，比如认为监管的主体仅指政府。[①]“命令—控制”型监管模式在适用初期对生态保护发挥了较大作用，以美国为例，在这一监管模式之下其大型污染源得到了很好的控制，但是在大型污染源得到整体控制的背景下，“命令—控制”模式在对小型污染源监管的过程中暴露出众多弊端，于是越来越多的学者开始用成本收益分析方法对这一监管模式进行反思，开始探讨激励型监管模式、合作型监管模式的可行性。目前，监管主体的多元化是学界的主流观点，即监管主体包括政府、社会组织、公众等多元主体。[②]

在监管的对象方面，早期的监管对象仅包括具有自然垄断性质的特定行业，[③]比如铁路行业等。随着科学技术和工业水平等的发展，生态环境和消费者权益保护等领域因监管不足暴露的问题日益明显，例如随着生产力的发展，人类利用各种自然资源和环境要素的能力不断提高，这一方面为社会提供了更多的物质和精神财富，另一方面也带来了环境污染等一系列问题。自工业革命以来，重大环境污染事件在多个国家出现，1952 年伦敦的空气被严重污染，夺走了上万人的生命；1956 年日本的氮肥公司将废水排入海中导致水俣湾附近的鱼、鸟等生物异变，居民患上“怪病”；1986 年切尔诺贝利核电厂发生爆炸，核泄漏带来的破坏震惊世界。一系列环境问题的出现使人类更加迫切地感受到其生存和发展对环境的依赖，促使人类进一步思考如何加强对生态

---

① ［美］约翰·伊特韦尔等：《新帕尔格雷夫经济学大辞典　第 4 卷》，陈岱孙译，经济科学出版社 1992 年版，第 129 页。

② 马英娟：《监管的概念：国际视野与中国话语》，《浙江学刊》2018 年第 4 期。

③ 杨炳霖：《从“政府监管”到“监管治理”》，《中国政法大学学报》2018 年第 2 期。

环境等社会性问题的监管力度，监管对象逐渐从具有自然垄断性质的特定行业扩展到对环境保护，消费者权益等社会性问题的监管。基于对监管的理论基础、监管主体、监管对象等的讨论，部分学者对监管进行了界定，比如《布莱克法律大词典》(第 10 版)将监管定义为通过规则对某件事物进行约束的行为或过程，①菲利普·塞尔兹尼克提出监管是"公共机构针对社会共同体认为重要的活动所施加的持续且集中的控制"②。部分学者认为由于对监管性质，监管的方式等要素的认识尚不够清晰，因此没有必要对监管的概念进行明确界定。

虽然有关监管的观点莫衷一是，但是基于对监管主体等核心要素的主流观点的把握，可以将监管定义为政府、社会组织等多元主体根据一定的规则对与公共福利、生态环境等事项相关的各类经济与非经济活动进行的限制或约束。基于以上分析，可以将自然资源国家所有权行使监管界定为政府、社会组织等多元主体依据一定的规则对属于国家所有的，能够为人类带来福利的自然状态中的物质进行占有、使用、收益、处分的政府主体的相关经济与非经济活动的限制或约束。

二、自然资源国家所有权行使监管的特征

把握事物的特征是对相关事物进行阐释的关键一环。明晰自然资源国家所有权行使监管的特征对于深入理解自然资源国家所有权行使监管的相关理论，准确把握自然资源国家所有权行使监管和其他监管行为的区别，从而进一步构建和完善自然资源国家所有权行使监管制度具有重要意义。具体而言，自然资源国家所有权行使监管主要具有以下特征：

一是监管主体多元性。引入社会公众等外部力量，实现多元主体共同监

① Bryan A.Garner, *Black's Law Dictionary 10th Edition*, Thomson Reuters, 2014, p.1475.

② 唐要家：《数字经济监管概论》，清华大学出版社 2023 年版，第 5 页。

管是建立多维立体的综合监管体系，深化监管力度的核心途径。① 自然资源国家所有权行使的监管主体具有多元性，既包括政府内部的监管，也包括社会组织等政府外部监管。以环保 NGO 为例，环保 NGO 的发起者一般都对生态环境方面的专业知识有一定的了解，甚至很多环保 NGO 的发起人为自然资源领域的专家、学者或律师，他们能够对政府是否合理合法行使自然资源国家所有权作出专业判断，例如“自然之友”等环保组织在多起涉及自然资源的公益诉讼案件中就展现出优秀的专业素养，弥补了政府在相关自然资源专业知识上的不足。因此，保证社会组织等多元主体参与自然资源国家所有权行使的监管工作不仅有助于充实监管力量，同时也有利于提高监管的专业化水平。

二是监管对象特定性。自然资源国家所有权行使的监管对象特指行使自然资源国家所有权的政府。以全民所有自然资源资产所有权委托代理机制试点工作为例，2019 年，中共中央办公厅、国务院办公厅发文要求在福建、江西、贵州等省份进行自然资源资产所有权委托代理的先行试点，2022 年 3 月，中办国办印发了《全民所有自然资源资产所有权委托代理机制试点方案》，拉开了自然资源资产所有权委托代理试点工作的序幕。该试点工作是由国务院授权自然资源部统一履行全民所有的土地、矿产、海洋、森林、草原、湿地、水、国家公园等八类自然资源资产所有者职责，其中部分职责由自然资源部直接履行，部分职责由自然资源部委托省级、市地级政府代理履行，②而地方政府在具体履职的过程中，基于部门职能分工的考虑，会将相关试点任务具体分配给林业部门、海洋渔业部门、水利部门、矿业部门等相关自然资源行政机关。因此，在全民所有自然资源资产所有权委托代理机制试点工作中，自然资源国家所有权行使的监管对象为具体行权履职的自然资源部、相应地方政府以及自然资源行政机关。

---

① 孙明茜：《中国碳排放权交易价格机制研究》，四川大学 2023 年博士学位论文。

② 宋猛、刘伯恩：《全民所有自然资源资产所有权委托代理机制探析——基于监管风险管控与规避的视角》，《自然资源学报》2023 年第 11 期。

三是监管方式多样性。对政府行使自然资源国家所有权进行监管的方式具有多样性，具体包括自然资源督察、纪检监察、公益诉讼等。作为生态文明建设的题中之义，自然资源督察是加强自然资源的整体保护以及监督，保障政府合理合法行使自然资源国家所有权的重要手段。我国对自然资源的督察开始于对土地等单一资源要素的督察，2018 年国务院机构改革后，自然资源部“三定”方案等规定陆续公布，该方案明确设立国家自然资源总督察办公室，指出要“完善国家自然资源督察制度”，对自然资源督察机构的职责等进行了规定，由自然资源主管部门主导的自然资源全要素督察逐步开始推动，其在对政府行使自然资源国家所有权的监管中发挥了重要作用。纪检监察是党和国家进行自我监督的重要手段，其对于党永葆初心，通过自我革命跳出治乱兴衰的历史周期率具有重要而独特的作用。百年来，中国共产党在带领中国人民进行现代化探索的过程中对如何加强自我监督进行了深入的实践与系统的总结，尤其是新时代以来，中国特色纪检监察体制机制在守正创新的基础上不断发展完善，在法治建设、纪检监察机构设置、人才培养、监督执纪执法效果等方面都取得了显著的成效，为确保党始终“不变质、不变色、不变味”，引导党和国家工作人员始终坚守为人民服务的宗旨做出了独特的贡献。在对自然资源国家所有权行使的监管工作中，纪检监察机关深挖细查，深化整治政府行使自然资源国家所有权过程中的违法违纪行为，通报了多个自然资源领域领导干部违纪违法案例，彰显了一严到底的决心。① 而在公益诉讼方面，公益诉讼的原告包括法律规定的机关和有关组织，从目前的法律规定和实践情况而言，法律规定的机关主要指检察院。检察院作为国家机关，对于公共利益的保护具有无可替代的优势，而法律规定的有关组织包括具有相应资格的社会组织，这些组织专注于某一领域，具有某方面的专业知识，并且作为民间组织，其成员散布在不同的地方，甚至分布于各行各业，是获取社会信息的灵敏的触角，甚

① 管筱璞：《严防国有资源成为设租寻租筹码》，《中国纪检监察报》2024 年 1 月 21 日。

至在一定情况下其获取信息的能力能够高于官方组织，在对政府行使自然资源国家所有权的监管中，公益诉讼同样发挥着重要作用。

第二节　自然资源国家所有权行使监管的现实意义

为了更好地行使自然资源国家所有权，避免由国务院单一主体行使所有权而产生巨大人力、物力等压力的弊端，国务院授权地方各级人民政府具体行使相应的权利，比如《中华人民共和国草原法》第八条规定："国务院草原行政主管部门主管全国草原监督管理工作。县级以上地方人民政府草原行政主管部门主管本行政区域内草原监督管理工作。"《中华人民共和国水法》第十三条规定："国务院有关部门按照职责分工，负责水资源开发、利用、节约和保护的有关工作。县级以上地方人民政府有关部门按照职责分工，负责本行政区域内水资源开发、利用、节约和保护的有关工作。"《中华人民共和国海岛保护法》第五条第二款规定："国务院海洋主管部门负责全国无居民海岛保护和开发利用的管理工作。沿海县级以上地方人民政府海洋主管部门负责本行政区域内无居民海岛保护和开发利用管理的有关工作"等，由此形成了以国务院为法定行使主体，地方各级政府为实际行使主体的自然资源国家所有权行使模式。① 尽管《中华人民共和国民法典》以及《中华人民共和国草原法》《中华人民共和国水法》等自然资源单行法已经对政府开发、利用、保护自然资源等所有权的行使进行了规定，但是这并不意味着自然资源国家所有权得到了合理有效的行使，在政府行使自然资源国家所有权的实践中暴露出了诸多问题，例如有的地方政府在行使资源所有权的过程中将自然资源的"全民所有"曲解为"政府所有"，认为凡是利用国家所有的自然资源均需事先获

① 杜群、康京涛：《自然资源国家所有权行使主体改革的设想——设立自然资源"国资委"的初步思考》，《江西社会科学》2016 年第 6 期。

得政府的审批或者许可，以长官意志决定自然资源的开发利用，罔顾自然资源开发利用的市场规律，“权力寻租”滋生资源领域的腐败，最终损害了国家的自然资源权益。再例如存在有的地方政府在行使自然资源国家所有权的过程中重自然资源的经济价值、轻自然资源的生态价值等其他非经济价值等现象。

目前，学界对政府行使自然资源国家所有权进行监管的研究方兴未艾。总体而言，当前学界主要围绕对政府行使自然资源国家所有权进行监管的理论基础、现实需要，对政府行使自然资源国家所有权进行监管存在的主要问题以及相应的解决对策等方面展开。在对政府行使自然资源国家所有权进行监管的理论基础方面，学者指出自然资源国家所有权的行使受公益目的约束，①全民是我国国有自然资源的真正所有者，②政府行使自然资源国家所有权应当接受全民的监督，③民主监督原则是自然资源国家所有权行使的基本原则之一，④国有自然资源资产监管的外部性理论，⑤等等。这些理论基础的研究为监管政府行使自然资源国家所有权提供了正当性依据。在对政府行使自然资源国家所有权进行监管的现实需要方面，学界基本达成了共识，认为由于缺乏对自然资源国家所有权行使的有效监管，自然资源国家所有权在实践中暴露出诸多问题，比如一些地方政府视自然资源为获取地方财政收入的工具，将与民众生存和发展密切相关的公共资源作为商品转让，⑥或者对特定自然资

---

① 许瀛彪:《迈向共同富裕:自然资源国家所有权权利行使的公益性面向》,《西北民族大学学报(哲学社会科学版)》2022 年第 6 期。

② 王克稳:《完善我国自然资源国家所有权主体制度的思考》,《江苏行政学院学报》2019 年第 1 期。

③ 叶榅平:《完善自然资源国家所有权行使人大监督立法的法理思考》,《学术月刊》2018 年第 6 期。

④ 叶榅平:《论自然资源国家所有权行使的基本原则》,《法治研究》2019 年第 4 期。

⑤ 张文斐:《国有自然资源资产监管法律制度研究》,首都经济贸易大学 2021 年博士学位论文。

⑥ 马俊驹:《国家所有权的基本理论和立法结构探讨》,《中国法学》2011 年第 4 期。

源负有监管职责的行政机关不作为，推诿塞责，[①]导致自然资源国有资产流失，[②]政府依据公共权力滥用自然资源国家所有权使得自然资源国家所有权的制度设计落空等。[③] 在对政府行使自然资源国家所有权进行监管存在的主要问题以及相应的解决对策方面，学者指出部分自然资源主管机关行权用权失控的重要原因是监管缺位或者力度不足，尤其是对"一把手"的监督不到位，[④]所有权和监管权界限不清，[⑤]相关立法不明确，针对性和可执行性不强，[⑥]监管主体之间的职责未厘清[⑦]等，并有针对性地提出了完善自然资源督察制度，强化对政府行权的监督，[⑧]坚持所有者与监管者分开的原则，[⑨]设立自然资源国资委作为独立的自然资源国家所有权行使主体，[⑩]对人大监督自然资源国家所有权行使进行专门立法等。[⑪] 总体而言，我国学界对于对政府行使自然资源国家所有权进行监管的理论依据、现实需要、存在的问题以及解决路径等方面都已经进行了一定的研究，但是相关研究不够深入，对于对政府行使自然资源国家所有权进行监管的内涵、范围等问题尚未进行系统性研究，

---

① 宋猛、李文超、李克庆：《我国矿产资源监管体系改革路径探讨——基于因子评价与国际经验分析》，《矿业研究与开发》2024 年第 2 期。

② 王淼、吕波：《中国海洋资源性资产流失成因与治理对策》，《资源科学》2006 年第 5 期。

③ 董斌：《自然资源资产权利分置研究》，武汉大学 2020 年博士学位论文。

④ 管筱璞：《严防国有资源成为设租寻租筹码》，《中国纪检监察报》2024 年 1 月 21 日。

⑤ 郭志京、蒋仁开、陈静：《论对全民所有自然资源资产行使所有权与监管权的分离》，《中国土地科学》2022 年第 12 期。

⑥ 叶榅平：《完善自然资源国家所有权行使人大监督立法的法理思考》，《学术月刊》2018 年第 6 期。

⑦ 姜闻远、陈海嵩：《中国自然资源督察体系完善的规范路径》，《自然资源学报》2022 年第 12 期。

⑧ 顾龙友：《关于创新完善国家自然资源督察制度若干思考》，《中国国土资源经济》2020 年第 6 期。

⑨ 程雪阳：《国有自然资源资产产权行使机制的完善》，《法学研究》2018 年第 6 期。

⑩ 杜群、康京涛：《自然资源国家所有权行使主体改革的设想——设立自然资源"国资委"的初步思考》，《江西社会科学》2016 年第 6 期。

⑪ 叶榅平：《完善自然资源国家所有权行使人大监督立法的法理思考》，《学术月刊》2018 年第 6 期。

对于对政府行使自然资源国家所有权进行监管的制度保障仍然处于初步探索阶段。为了进一步加强对政府行使自然资源国家所有权的监管，仍然需要学界对政府行使自然资源国家所有权的相关监管问题进行进一步的关注和探索。

新时代以来，我国高度重视对自然资源的相关监管工作，比如国务院在2016年发布的《国务院关于全民所有自然资源资产有偿使用制度改革的指导意见》中指出要“强化监管”“完善国家自然资源资产管理体制和自然资源监管体制”；在2017年印发的《全国国土规划纲要（2016—2030年）》中明确指出要“完善自然资源监管体系”；中共中央办公厅、国务院办公厅2019年印发的《关于统筹推进自然资源资产产权制度改革的指导意见》中指出要“健全自然资源资产监管体系”“发挥人大、行政、司法、审计和社会监督作用，创新管理方式方法，形成监管合力，实现对自然资源资产开发利用和保护的全程动态有效监管，加强自然资源督察机构对国有自然资源资产的监督”；自然资源部2022年出台的《自然资源部关于加强自然资源法治建设的通知》提出要“探索建立自然资源行政审批事中事后监管年度报告制度”等一系列规定展示了党和国家对自然资源监管的重视，也为强化对政府行使资源所有权的监管提出了要求。除了颁发相关的政策文件之外，党和国家还通过积极推动全民所有自然资源资产所有权委托代理机制试点工作等方式创新政府行使自然资源国家所有权的路径，进一步推动所有者和监管者的分离，为更好地监管自然资源国家所有权的行使提供了有利环境。无论是实务探索还是理论研究都提示我们有必要进一步加强对政府的监管力度，完善相应的监管规则，以保证政府积极履行职责，妥善行使自然资源国家所有权。

具体而言，对政府行使自然资源国家所有权进行监管的意义主要体现在以下两个方面。

一、杜绝国有自然资源资产流失

国有自然资源资产的流失指国有自然资源通过各种途径受到耗损，主要包括三个方面的内容：(1)自然资源资产的所有者没有因资源的开发利用获得同等对价；(2)生产的外部不经济性造成资产流失，比如在河流上游大量砍伐树木，造成水土流失，河道堵塞，使河流下游水域的价值降低，总体经济受到损失；(3)未有效配置资源，造成资源的闲置和浪费。[①] 在地方政府行使自然资源国家所有权时，部分地方政府没能积极履行职责，对国有自然资产未能进行妥善的管理和保护。例如 2014 年，范桥铁矿低价转让案曝光，价值 8.14 亿元的范桥铁矿被作价 2.89 亿元转让给民营企业，此一案就导致国有资产损失 5.25 亿元。[②] 自然资源的闲置和浪费比较明显地表现在国有土地的流转中。一些开发商囤地的目的并不是为了建设，而是为了获得囤积土地当期市场价值与囤积成本的差额。[③] 小部分开发商将大量土地囤积在手中，待价而沽，土地资源仅仅成了倒卖赚钱的工具，不能真正发挥出其建设用地的作用。由此可以看出，在缺乏有效制约的情况下，部分地方政府对大量存在的资源侵害和破坏问题视而不见、不闻不问，即使监管，也往往以象征性处罚、以罚代管、运动式执法等方式敷衍了事，没有很好地履行监管和保护国有自然资源的职责，[④]由此导致的国有资产的流失数目惊人。

二、保护生态环境

党的十八大以来，党和国家高度重视生态文明建设，采取了一系列强有力

① 姜文来、龚良发：《国有自然资产流失探析》，《中国人口·资源与环境》1995 年第 4 期。

② 王绍智：《五亿国资流失之谜　安徽省六安市原副市长权俊良滥用职权、受贿案纪实》，《检察风云》2014 年第 16 期。

③ 盘和林：《切实杜绝开发商“囤地”乱象》，《经济日报》2018 年 9 月 25 日。

④ 王克稳：《论自然资源国家所有权的法律创设》，《苏州大学学报(法学版)》2014 年第 4 期。

的措施推动生态环境的保护。但是当前“我国生态环境保护结构性、根源性、趋势性压力尚未根本缓解。我国经济社会发展已进入加快绿色化、低碳化的高质量发展阶段，生态文明建设仍处于压力叠加、负重前行的关键期。必须以更高站位、更宽视野、更大力度来谋划和推进新征程生态环境保护工作，谱写新时代生态文明建设新篇章。”①加强对政府行使自然资源国家所有权的监管正是落实党和国家加强生态环境保护要求的具体体现，其有利于督促作为山水林田湖管理者的政府负责任地落实绿色发展理念，依法依规利用自然资源，将环境破坏事件扼杀于萌芽之中。

第三节　自然资源国家所有权行使监管的难题分析

进入新时代以来，我国高度重视生态文明建设，出台和修订了一系列法律法规，创新和完善了环境公益诉讼制度、生态保护补偿制度等。但是在对政府行使自然资源国家所有权进行监管方面，受探索时间较短，经验不足等各种因素的影响，对政府行使自然资源国家所有权进行监管仍然存在一些问题，主要体现在以下几个方面：

一、自然资源登记环节的监管现状

党的十八届三中全会高度重视建设生态文明，提出对水流、森林、山岭等自然生态空间进行统一确权登记。2016 年《自然资源统一确权登记办法（试行）》出台，明确对水流、森林、山岭等自然资源的所有权统一进行确权登记。2019 年自然资源部、财政部、生态环境部等五部门发布《自然资源统一确权登

① 《习近平在全国生态环境保护大会上强调：全面推进美丽中国建设　加快推进人与自然和谐共生的现代化》，中华人民共和国中央人民政府官网，https://www.gov.cn/yaowen/liebiao/202307/content_6892793.htm，发布时间：2023 年 7 月 18 日，访问时间：2024 年 1 月 10 日。

记暂行办法》，标志着自然资源确权登记迈入法治化轨道。① 2020 年 2 月发布的《自然资源确权登记操作指南(试行)》进一步细化了自然资源登记的要求，让自然资源的登记工作更加规范。推进自然资源的登记工作是落实党中央全面深化改革的要求，也是摸清自然资源家底，从而对自然资源进行合理开发利用和保护的前提和基础。为了保证自然资源登记工作的顺利进行，有必要对自然资源登记环节进行监管。

“监管”的核心内涵包括两个方面：一方面是“监”，即监督、监视，另一方面是“管”，即管理。自然资源登记环节的监管作为监管的下位概念，同样离不开这两方面的内容。结合自然资源登记工作的具体实践，对自然资源登记环节的监管，主要包括对登记机关、登记人员的监督以及对具体工作内容的管理。具体而言，就是要加强对自然资源登记机关及相关登记人员的监管，防止登记机关及相关登记人员的道德风险以及尽可能减少客观因素对登记工作的不利影响，保证登记工作的正确高效。

二、对地方政府出让自然资源的监管欠缺

2015 年，中共中央、国务院联合发布了《生态文明体制改革总体方案》，其明确指出要“构建反映市场供求和资源稀缺程度、体现自然价值和代际补偿的资源有偿使用制度。”自然资源能够满足人类生存和发展的需求，同时其又具有公共性，为了避免资源的无序开发利用，实现自然资源的合理有序分配，国家进行了包括自然资源有偿使用在内的一系列制度设计，进一步扩大了国有土地有偿使用范围，全面推行矿业权竞争出让，初步完成了海域海岛有偿使用制度顶层设计等。② 尽管自然资源有偿使用制度等资源出让制度日益完善，但地方政府利用自然资源有偿使用进行寻租等损害国家权益的行为却未

① 李倩：《自然资源确权登记步入法治化新进程》，《中国矿业报》2019 年 7 月 31 日。

② 谢海燕、刘婷婷：《资源有偿使用制度和生态补偿制度现状、问题及建议》，《环境保护》2021 年第 20 期。

必得到了遏制,“自然资源领域是我国经济转轨过程中的腐败重灾区之一”①,而对地方政府出让自然资源的监管不到位正是这些不良现象没有得到及时遏制的重要原因之一。

自然资源出让的全过程监管不到位。自然资源出让主要涉及三个阶段:自然资源出让决策阶段、自然资源出让实施阶段、自然资源出让合同履约阶段。② 目前对自然资源出让的监管重点在自然资源出让实施阶段,比如对于资源出让公告的发布情况,招拍挂流程是否合法等的关注较多,而对于自然资源出让决策阶段以及自然资源出让合同履约阶段的监管较弱,比如在土地资源审计中,“实践中对土地规划环节的审计很少,几乎没有涉及土地规划环节”③,这不利于及时纠正政府违规设置竞买人限制条件,违规处置自然资源出让金等问题。

对部分自然资源的出让监管不重视。政府行使自然资源国家所有权的资源包括土地、矿产、海洋、水、森林、草原、湿地等多个种类,尽管地方政府在土地、矿产、海洋、水等多个自然资源领域均存在资源出让行为,但是实践中更为关注土地等具有较大经济价值的资源领域的政府出让行为的监管,对于无居民海岛等部分资源出让的监管重视程度不够。以自然资源离任审计为例,审计机关的审计范围主要集中在土地资源和水资源领域,对于湿地等其他自然资源的关注较少。④

对地方政府出让自然资源的监管偏重于形式审查,对资源出让综合效益的考量不够。自然资源具有经济价值、生态价值、社会价值等多元价值,⑤地

---

① 杜函芮、过勇:《土地资源的产权交易与腐败》,《经济社会体制比较》2019 年第 3 期。

② 林继红、徐忠国、蒋明利:《略谈土地出让行为规则细化》,《中国土地》2015 年第 10 期。

③ 马志娟、曾雨、梁思源:《土地资源审计探讨》,《审计研究》2020 年第 5 期。

④ 朱逢念、徐文思:《领导干部自然资源资产离任审计问题探讨——基于 2018—2021 年审计报告的统计分析》,《财会通讯》2022 年第 19 期。

⑤ 陈方圆、张卫民、范振林:《自然资源资产价值体系构建及应用》,《统计与决策》2023 年第 7 期。

方政府在出让自然资源时应充分考量相关资源出让行为能够产生的经济价值和非经济价值，同时这也应该是相关监管主体判断政府的资源出让行为是否合理合法正当的重要因素。但是在当前的监管实践中，受相关监管人员的专业性不足等因素的影响，相关监管主体主要是对政府出让自然资源的程序、手续等形式内容进行审查，对相应自然资源出让产生的综合效益的考量较少。以资源环境审计为例，"审计人员的专业知识多集中在财经类，较缺乏资源环境专业背景"①，因此对于审计工作中非财务领域的生态修复、资源管理等内容的审计显得能力不足。

三、对资源保护的监管重视程度不够

我国国土面积广阔，自然资源种类齐全，总体而言资源总量大，但人均占有量小。以水资源为例，我国全国多年平均水资源总量居世界第六位，但人均占有量不到世界人均水平的百分之三十，②属于全球人均水资源最贫乏的国家之一。随着工业化时代的到来，我们对资源的消耗量越来越大，对资源的消耗速度越来越快，资源问题已经成为影响可持续发展，影响人与自然和谐相处的重要问题之一。保护自然资源，保证自然资源的合理开发和利用，是作为自然资源国家所有权行使者的政府需要承担的责任。

就目前我国的自然资源开发利用现状而言，主要存在三个方面的问题。第一，资源利用方式粗放，浪费严重。对自然资源的过度开发和粗放使用是造成生态环境破坏，影响人与自然和谐共生关系的重要原因。③ 一方面，企业在开发利用自然资源以及生产经营的过程中，资源利用率低，浪费量大。这既表

① 郭鹏飞：《中国资源环境审计的发展历程、理论表征与实践深化》，《重庆社会科学》2021年第3期。

② 秦昌波、苏洁琼、容冰等：《我国水资源安全面临的挑战与应对策略研究》，《环境保护》2019年第10期。

③ 陆昊：《全面提高资源利用效率》，《人民日报》2021年1月15日。

现在资源开采环节的浪费，比如我国煤矿资源的回收率不到50%，①大量煤炭资源在开采的过程中被浪费。也表现在企业生产经营过程中对资源的浪费，比如我国的万元GDP用水量、万元工业增加值用水量是国际先进水平的2倍左右。同时在我国城镇化建设的过程中，对土地资源的浪费同样不可忽视，中国农业大学土地科学与技术学院的教授曾参与的一项调查显示："全国超六成省份商业服务用地地均第三产业增加值低于全国平均水平，整体产业效益偏低"②。另一方面，广大普通群众在生活消费中对资源的浪费同样严重，比如生活用水浪费的现象并不鲜见，③有专家估计全国每年在会议场所浪费的瓶装水上千万瓶。④ 第二，对珍贵、不可再生资源的重视不足，部分资源的宝贵程度与其交易的价值不成正比。我国面积广阔，有的地方经济落后但是拥有比较珍贵的资源，比如西部地区拥有丰富的油气等资源，锂、稀土等珍贵矿产储量也相对丰富。而这些资源丰富的地方往往生存条件恶劣，当地政府和居民能够获得经济收益的渠道狭窄。因此当拥有的资源能够为其带来经济效益时，当地政府和居民可能根本不会考虑该资源是否珍贵，就对该资源进行开采利用，并且由于当地收入水平低，即使资源的交易单价并不高，也能吸引部分地方、部分人群出卖资源，因此就出现了珍贵资源卖出"白菜价"的现象，极不利于对资源的保护。

第四节　自然资源国家所有权行使监管的制度路径

必须探索全过程、切实有效地对政府行使自然资源国家所有权进行监管

---

① 于孟林：《用科技手段抢救浪费的煤炭资源》，《神华能源报》2018年3月9日。

② 黄晓芳：《土地节约集约利用势在必行》，《经济日报》2019年6月25日。

③ 《节约用水，贵在日常，重在行动》，人民网，http://opinion.people.com.cn/n1/2021/1224/c1003-32316330.html，发布时间：2021年12月24日，访问时间：2024年3月25日。

④ 《会议用水浪费巨大：每年扔掉上千万瓶"半瓶水"》，新华网，http://www.xinhuanet.com/mrdx/2021-03/23/c_139830108.htm，发布时间：2021年3月23日，访问时间：2024年2月25日。

的路径,以保证政府的行权履职运行于正轨。一方面,要加强对自然资源确权登记环节的监督,明晰自然资源开发利用权利的边界,避免因登记不全、登记错误等因素导致自然资源的随意开发,尤其要注重防止国家自然资源权益因登记不到位受到侵害。另一方面,要加强对自然资源开发利用规划、自然资源开发利用许可、自然资源用途管制、稀有自然资源储备等领域的监管,切实保护好国家的自然资源权益。就监督主体而言,既要发挥好人民代表大会在自然资源开发利用监督管理中的作用,也要注重发挥好检察机关在自然资源开发利用监督管理中的作用,还要注重调动新闻媒体、社会组织以及公众的积极性,从而形成自然资源开发利用监督管理的合力,确保自然资源国家所有权的行使与自然资源国家权益的保障相辅而行、相得益彰。具体而言,要着重关注以下方面:

一、加强资源登记环节的监管制度建设

第一,设立自然资源登记回避制度。在人类社会的早期,生存条件恶劣,人们必须紧密地团结在一起才能保证生存,因此亲属关系发展成为了人类社会的基础关系,随着社会的发展,除了亲属关系之外还产生了各种错综复杂的利益关系,统治者出于对最高利益和长远利益的考虑,在用人方面采取了一些防范措施,遂产生了回避制度。① 在当代,出于公平正义的要求,回避制度以更加丰富的形式更为广泛地存在于不同的国家之中。开展自然资源统一确权登记,需要清晰界定各类自然资源资产的所有权主体,划清不同主体行使自然资源所有权的界限。为了划清这些界限,需要相关部门(比如自然资源调查监测与测绘处)在收集处理大量资料的基础上制作工作底图,预划登记单元,进行地籍调查等,而在这一过程中可能涉及国家利益和集体利益的冲突、不同集体利益之间的冲突以及不同层级政府行使自然资源国家所有权的冲突。

① 刘嘉林、何宪:《回避制度讲析》,中国人事出版社 1990 年版,第 3 页。

因此,为了保证自然资源的登记与实际情况一致,有必要设置自然资源登记环节的回避制度,在资料收集处理、制作工作底图、进行地籍调查等重要环节尽可能避免利益相关人员的干扰。

第二,完善自然资源登记信息的复查审核机制,确立“谁登记谁负责”的原则。从自然资源部到地方自然资源局,自然资源登记机关涉及的部门和工作人员众多,在人员和机构相对复杂的情况下,面对自然资源登记这一项开展时间短、经验积累不足、难度相对较大的工作,如果不将责任落实到位,在面对难度较大的工作时很容易出现推诿懈怠的现象,这样既不利于提高工作效率,也不利于在出现问题时进行追责。因此,明确“谁登记谁负责”的原则,确保登记流程的各个环节责任落实到位,不留工作死角,加强对登记工作的复查审核,对各个环节出现的问题及时纠正和追责,这样有利于提高工作的效率和质量。

第三,在自然资源登记环节引入终身追责制度。在环境保护领域,终身追责制度在 2014 年国务院办公厅印发的《关于加强环境监管执法的通知》中就已经提出。“终身追责”是指如果领导干部以牺牲环境为代价换取政绩,即使其转任异地、退居二线甚至是离职,也需要为自己任职期间做出的决策承担责任。① 设立生态环境损害终身追责制度具有良好的威慑作用,相关人员出于对可能付出的成本的考虑,会在涉及环境问题时,更加审慎地决策。在自然资源登记环节,同样可以引入这项制度。因此,在进行自然资源登记,尤其是涉及经济价值较大的自然资源的登记时,有必要设立追责制度,当发现自然资源登记人员在登记过程中存在谋取不正当利益的现象,即使是相关人员已经不在其职,也对其追究责任。这样有利于对登记人员产生威慑效果,从而起到预防违法登记的作用。

---

① 吴敏:《终身追责须读懂终身要义》,《中国环境报》2014 年 12 月 10 日。

二、重点加强地方政府出让自然资源的监管制度建设

第一，强化自然资源出让的全过程监管。自然资源出让包括决策，出让实施以及合同履行三个阶段，[①]必须对每个环节均监管到位才能保证政府正确行使自然资源国家所有权。要通过出台相关的制度文件，将政府部门制定自然资源出让计划，编制出让方案以及自然资源出让合同履约等自然资源出让各环节的内容均纳入监管范围，同时要针对自然资源出让各环节的具体情况制定明确可操作的监管标准，在制定监管标准时既要考虑到相关自然资源开发利用的刚性标准，比如生态保护红线、耕地红线的管控要求，又要充分考虑各地区的实际情况，因地制宜明确对政府出让自然资源进行监管的事前事中事后监管细则。

第二，加强自然资源全要素监管。首先要牢固树立"山水林田湖草沙是生命共同体"的理念，把握生态系统的关联性，在对政府出让自然资源进行监管的过程中，既要关注土地等具有较高经济价值的资源的出让情况，又要关注其他经济价值相对较低的资源的出让情况。其次要进一步完善自然资源离任审计等制度，实现对山水林田湖草沙等全资源要素的审计。

第三，加强对自然资源出让综合效益的考量。在对政府出让自然资源的监管中，既要关注政府出让自然资源所带来的经济效益，也要重视考虑相关自然资源出让行为产生的社会效益、生态效益等。为了强化监管者对自然资源出让综合效益进行考量的能力，有必要提高监管者的生态知识等专业化水平，避免监管者仅具备财务知识，不具备其他专业知识而带来的能力不足的窘境。一方面要加强监管机关内部的素质培养，及时更新相关知识、信息，打造相关专业能力过硬的监管队伍。另一方面要采用人才引进等多种手段借助外界力量充实自身，提高监管能力。

---

① 林继红、徐忠国、蒋明利：《略谈土地出让行为规则细化》，《中国土地》2015年第10期。

三、加强自然资源国家权益保护环节的监管制度建设

第一，要完善自然资源资产清单。我国地域辽阔，自然资源范围庞大复杂。要加强自然资源利益保护必须要掌握我国境内到底有多少自然资源可以被开发利用，有哪些自然资源是遭受到了剧烈的损害而不能再开发利用必须直接进行生态修复，以及有哪些已经被开发利用的自然资源其所处的生态环境需要修复等。在完善自然资源清单的过程中要注意实现权责配置清晰合理。在中央和地方事权划分上，要根据自然资源对国家安全的重要程度，自然资源开发利用过程中负外部性的强弱以及自然资源资产所有权行使的成本等因素综合考量相关事权的配置。① 对于与国家安全关联程度高或者与国家安全关联程度不高，但是有着强负外部性，并且中央能够支付相应成本的事权则划归中央，以加强对其的约束与控制；对于与国家安全关联程度不高，有着强负外部性，但是中央承担相应事权成本过高时，则由中央和地方共同承担事权。②

第二，要加强对自然资源集约高效利用方式的引导，进一步推动绿色环保生活方式。在监管政府行使自然资源国家所有权的过程中要更加关注政府是否采取积极行动促进自然资源的集约高效利用，推动绿色环保的生活方式。将政府是否引导和促进资源低效型企业向集约和高效化资源利用方式转变，是否大力扶持绿色环保型企业，在资源开发利用招投标工作中加大对资源回收率、利用率因素的考量，推进资源开采利用绿色企业和绿色示范区建设。是否加强对居民绿色节约生活消费方式的引导，采取综合措施适当增加资源浪费型生活方式、消费方式的成本，对过度浪费的生活方式进行抑制，同时对节

---

① 徐军、王薇薇：《负外部性视野下的自然资源国家所有权》，《河海大学学报（哲学社会科学版）》2014 年第 1 期。

② 施志源、李思锐、俞虹帆：《自然资源资产所有权委托代理中的权益落实及其制度保障》，《中国人口 · 资源与环境》2023 年第 12 期。

约适度、绿色环保的生活消费方式进行鼓励等事项纳入监管范围,从而进一步督促政府注重推动资源的高效利用和居民生活方式的绿色化。

第三,要落实和完善自然资源生态绩效评价体系。以提高自然资源生态效益为指向,根据各地实际情况合理选取评价指标与权重,制定科学合理的自然资源生态绩效评价体系,根据评价结果,明确监管重点,有针对性地对自然资源保护工作进行调整。提高对生态的重视程度,将自然资源生态绩效评价结果作为考核政府、领导干部工作的重要环节之一,及时公布相关结果,接受社会监督。进一步完善领导干部自然资源资产离任审计制度,对该制度进行供给侧改革,聘请专业人员进行审计,明晰评价标准,明确责任承担,搭建公众参与平台,提高信息透明度,强化自然资源审计作为离任和任命的前置程序的模式,将自然资源资产审计结果作为政绩考核、任免奖惩的重要依据。①

① 雷俊生、王梓凝:《自然资源资产审计制度的供给侧改革》,《中国人口·资源与环境》2020年第1期。

第七章　国有自然资源资产有偿使用制度改革

自然资源资产有偿使用制度改革与推进，是政府代表国家具体行使自然资源国家所有权的重要抓手，对于确保全民所有自然资源的所有权人到位、切实落实国家的所有者权益意义重大。这项改革的落实与推进，是对自然资源国家所有权的行使主体、自然资源使用权、自然资源国家所有权行使的市场机制、自然资源国家所有权的行使限制等理论研究成果的综合运用，也是对自然资源国家所有权行使的各项制度创新成果的综合运用。从这个意义上讲，落实与推进自然资源资产有偿使用制度改革，就是对自然资源国家所有权行使之理论研究成果的具体运用，而自然资源有偿使用制度改革的成效，直接检验着自然资源国家所有权行使制度运行的效果。

第一节　国有自然资源资产有偿使用制度改革的实践探索

以水资源、森林资源、草原资源国家所有权的自然资源资产有偿使用为考察对象，探讨这三类国有自然资源资产有偿使用制度改革在实践中的进展情况，分析国有自然资源资产有偿使用制度改革的实践困境，有助于找准国有自然资源资产有偿使用制度完善的着力点。

一、水资源有偿使用制度改革的实践探索

(一)水资源有偿使用制度改革情况概述

在水资源有偿使用制度中,水资源归国家所有,使用水资源的个人或组织应当向国家缴纳费用,而政府作为国家的代表来收取费用。当然,不是任何使用水资源的行为都应当纳入有偿使用的范围,比如说在河流湖泊山泉等地临时取用少量水就应无偿供应,否则就会干扰到人民的正常生活。《中华人民共和国水法》在第四十八条明确规定单位和个人直接从江河湖泊地下水取水的,需要领取取水许可证,并且缴纳水资源费,方能取得水权,但是家庭生活和零星散养、圈养畜禽饮用等少量取水的情况则不需要。

1. 中央层面水资源有偿使用制度改革部署

在《国务院关于全民所有自然资源资产有偿使用制度改革的指导意见》(以下简称《资源有偿使用指导意见》)中,水资源有偿使用制度是重点改革领域。《资源有偿使用指导意见》对水资源有偿使用制度改革进行了一系列部署,包括落实最严格水资源管理制度,严守三条红线,健全水资源费征收制度,推进水资源税改革试点,鼓励水权交易等等。2018 年 3 月,水利部、国家发改委、财政部发布的《关于水资源有偿使用制度改革的意见》对水资源有偿使用制度改革提出了更为具体的意见。① 其关涉的内容(最严格水资源管理制度、水权交易、水资源税改革试点等)与《资源有偿使用指导意见》中对水资源有偿使用制度改革进行的部署大体是一致的。2023 年,水利部、国家发展改革委、财政部、科技部、工业和信息化部、住房城乡建设部、中国人民银行、市场监管总局、国管局联合印发《关于推广合同节水管理的若干措施》,其中提到了

---

① 《关于水资源有偿使用制度改革的意见》,海南省水务厅官网,http://zw.hainan.gov.cn/data/news/2018/03/86589/,发布时间:2018 年 3 月 14 日,访问时间:2018 年 4 月 15 日。

实施差别化水价政策、强化水资源刚性约束、鼓励开展用水权交易等措施。2016 年—2017 年财政部、国家税务总局、水利部关于先后印发《水资源税改革试点暂行办法》和《扩大水资源税改革试点实施办法》，在北京市、河北省、天津市、山西省、内蒙古自治区、山东省、河南省、四川省、陕西省、宁夏回族自治区进行水资源税改革试点。① 2024 年 1 月 10 日，水利部印发《用水权交易管理规则（试行）》，对用水权交易的监督管理权限、交易平台、具体交易办法、信息安全、风险管理、争议处置等方面进行了规范。

2. 地方层面水资源有偿使用制度改革经验——以宁夏为例

宁夏出台了《自治区水资源管理条例》《宁夏计划用水管理办法》《宁夏水资源税改革试点实施办法》《宁夏水权交易管理办法（试行）》《宁夏非常规水源开发利用管理办法（试行）》等一系列地方性法规规章制度，修订颁布了覆盖农业、工业、服务业和城乡生活在内的各行业用水定额标准，建立了以水资源论证与节水评价、计划用水与定额管理、水价与水资源税杠杆调节为主体的框架，涵盖取、供、用、排各环节的节水制度体系。非农业用水全面开征水资源税，城镇居民用水基本实行阶梯水价、非居民用水实行超定额累进加价，促进各类用水主体节水。宁夏将国家分配的可耗用黄河水初始水权分配到市、县（区）和各干渠，建立了区市县三级水权指标控制体系。率先在全国实施用水权改革，农业应确尽确、工业全面覆盖；实行用水权有偿取得，驱动闲置指标退出和用水节约；发布用水权价值基准，赋予用水权融资功能，变水资源为“水资产”；深入推进用水权交易，推动了水资源配置由“政府主导”向“市场主导”转变。②

宁夏自 2017 年 12 月启动水资源税改革试点以来，近 5 年水资源税年均

① 《财政部、国家税务总局、水利部关于印发〈水资源税改革试点暂行办法〉的通知》（财税［2016］55 号），中华人民共和国国家税务总局官网，http://www.chinatax.gov.cn/n810341/n810755/c2132428/content.html，发布时间：2016 年 5 月 9 日，访问时间：2018 年 4 月 15 日。

② 李存才：《宁夏：以水安全助力高质量发展》，《中国财经报》2022 年 9 月 8 日。

收入约3.8亿元,50%按照收入来源地返还市县,50%通过考核奖补市县。通过试点,税收杠杆调节作用得到进一步发挥,有效抑制了不合理用水需求,促进水资源节约保护。① 2023年10月1日,《宁夏回族自治区水资源税改革试点实施办法》实施,将城镇公共供水管网取水计税环节由末端征税改为取水端征税,在核算应纳税额时将城镇公共供水合理损耗部分予以扣除。末端征税改为取水端征税,企业取来的水都缴过税了,堵住漏损才能提高供水效率,迫使企业主动节水。

(二)水资源有偿使用制度改革存在的问题

1. 水资源定价不合理

我国水资源定价长期偏离水资源真实价格,部分地区对廉价水资源依赖严重,用水主体节水意识较为薄弱,制约了节水技术的进步和节水效能的提高。在微观上,以我国长江经济带为例,长江经济带存在明显的现行水价低于真实价格,水资源配置整体过剩的情况,这一现象从区域来看在成渝都市圈、长江三角洲地带较为明显,从产业分布来看在第一、第三产业较为明显。② 居民用水方面,虽然我国实施了阶梯水价,但是第一阶梯的范围较为宽广,所以整体水价还处于偏低的水平,多数地区水费占家庭开支的比例不足1%。③

2. 水资源税费计征存在问题

我国水资源税费的征收,除了水力发电和火力发电贯流式(不含循环式)冷却取用水应纳税额以实际发电量作为基准,其余均为从量计征。从量计征能够有效发挥作用,能够准确地计量水资源耗费的数量是前提,这就需要有先进的计量设施作为支撑。

---

① 裴云云:《宁夏用“关键一招”破解用水之困》,《宁夏日报》2023年9月14日。

② 佟金萍、秦国栋、王慧敏等:《水资源价格扭曲与效率损失——基于长江经济带的实证分析》,《软科学》2022年第8期。

③ 田贵良:《我国水价改革的历程、演变与发展——纪念价格改革40周年》,《价格理论与实践》2018年第11期。

3. 节水机制不健全

我国关于节水的立法较为分散，散见于《中华人民共和国水法》《中华人民共和国清洁生产促进法》《中华人民共和国农业法》《中华人民共和国水文条例》《取水许可和水资源费征收管理条例》《城市供水条例》等法律法规中，节水的规定分散且不系统，存在“重节水原则和节水宣传，轻法律后果的严格设定”的倾向。① 2016 年，水利部曾牵头起草《节约用水条例》（征求意见稿），然而至今该条例仍然停留在征求意见阶段。根据学者进行的实证分析，我国节水政策存在行政手段占比较高，经济、宣传、技术手段占比较低，市场在推动节约用水中缺位，节水政策针对性较弱以及分行业指导较少，技术和资金支持力度有待提高，市场和全社会的积极性没有得到充分调动等问题。②

二、国有森林资源有偿使用制度改革的实践探索

《资源有偿使用指导意见》将建立国有森林资源有偿使用制度作为改革的一项重点任务，对国有森林资源有偿使用制度改革进行了部署，提出了国有森林资源有偿使用的原则，强调了发挥森林资源在生态建设中的作用，提出要发展森林旅游。国家林业和草原局在《资源有偿使用指导意见》发布后，即着手制定《国有森林资源资产有偿使用制度改革实施方案》，然而遗憾的是该方案因种种原因至今仍未出台。地方上，海南、贵州、福建、黑龙江、宁夏等省级行政区域相继出台本省国有森林资源有偿使用暂行办法，规定了国有森林资源有偿使用的用途、期限、审批权限、收益管理等。从用途来看，大多数地方都将国有森林资源有偿使用的范围限定在：（1）森林旅游、休闲度假、森林康养；（2）经济林、用材林基地及林业科学研究、科普教育基地建设项目；（3）林

① 王春业：《我国节水立法的不足及完善路径》，《深圳大学学报（人文社会科学版）》2020 年第 5 期。

② 严婷婷、陈世博、王凤春等：《基于政策工具视角的我国节水政策研究》，《水利水电技术（中英文）》2023 年 S2 期。

下经济。部分省区森林资源有偿使用范围如表 7-1。

表 7-1 部分省区森林资源有偿使用范围例举表

省区	森林旅游、休闲度假、森林康养	经济林、用材林基地及林业科学研究、科普教育基地建设项目	林下经济
宁夏	√	√	√
福建	√	√	√
贵州	√	√	√
黑龙江	√	√	
海南	√	√	√
江苏	√	√	√

资料来源:上述各省区森林草原主管部门官方网站

当前,国有森林资源有偿使用制度改革中存在的问题主要有:

第一,森林旅游产业发展尚有较大提升空间。

一是基础设施建设有待加强。不少森林旅游产业地处偏僻,道路条件一般,通水通电情况不理想,提供餐饮食宿的设施条件和数量都比较有限,严重制约了森林旅游的发展。① 二是旅游内容比较单一,同质化现象严重。不少森林旅游项目多以观光一日游为主,缺乏森林主题的娱乐项目,也缺乏与地区内其他景点的联动,对于精品旅游路线的布局力度不够。② 三是森林旅游专业人才不足。由于林区的条件相对艰苦,对于具备森林疗养、经营管理、医疗保健、旅游资源开发等能力的专业人才吸引力较低,导致青年员工较少,不利于产业发展。③

第二,林下经济发展面临的障碍有待破除。

① 陆天宇:《森林生态旅游发展现状及策略》,《辽宁林业科技》2023 年第 2 期。

② 陈玉新、陈玉梅、高焕等:《河北省森林康养产业开发的对策建议》,《河北林业科技》2023 年第 4 期。

③ 王立谦、孙丽玮、王阳:《加快黑龙江省森林旅游康养产业发展的对策》,《黑龙江科学》2023 年第 21 期。

一是资金来源单一且投入不足。林下经济项目存在融资慢、融资难问题，尤其是林药、林菌、林畜、林菜等高标准林下经济项目前期投资较大，然而部分地区没有配套专项资金，多数经营者的启动资金捉襟见肘，项目先天不足，难以做大做强。① 二是产业布局发展较为分散，产业转型升级较为缓慢。由于资金投入不足，虽然林下经济的分布很广，但是小而散问题突出，区域化规模化经营程度较低，产业链较短，附加值较低，与电子商务的结合程度不高，产品售价距离最佳价格尚有距离。② 三是政策支持体系不够完善。如前所述，林下经济的前期投入大，市场风险相应较高，尤其是高水平的林下经济，如果没有强有力的政策支持，市场主体很难舍常规种养殖业而从事林下经济，这就需要政策的扶持，尤其是市场开拓、风险防控政策的支持。③

三、国有草原资源有偿使用制度改革的实践探索

（一）国有草原资源有偿使用制度改革概况

草原是极其重要的自然资源，经济价值和生态价值都十分巨大，在我国经济社会发展当中占据着重要地位。党的十八大以来，以习近平同志为核心的党中央高度重视国有草原资源开发利用和保护工作。《资源有偿使用指导意见》将建立国有草原资源有偿使用制度，作为全民所有自然资源资产有偿使用制度改革的重要内容，对草原资源有偿使用制度改革作出了专门部署。《资源有偿使用指导意见》要求严格保护草原生态，健全基本草原保护制度，对草原用途进行管制，对全民所有制单位改制涉及的国有划拨草原实施有偿使用，稳定和完善国有草原承包制度。2021 年，《国务院办公厅关于加强草原保护修复的若干意见》（以下简称《草原保护修复意见》）出台，要求稳

① 霍巍、曹燕：《我国林下经济发展现状综述》，《宁夏农林科技》2017 年第 11 期。

② 张德、赵军营、赵梦炯等：《甘肃省林下经济产业发展现状及提升对策》，《甘肃林业科技》2023 年第 4 期。

③ 钟梦滢、杨众养、陆文等：《海南省林下经济发展现状分析》，《热带林业》2023 年第 1 期。

妥推进国有草原资源有偿使用制度改革，提出合理确定国有草原有偿使用范围，签订协议明确国有草原所有权代理行使主体和使用权人并落实双方权利义务，探索创新国有草原所有者权益的有效实现形式，将有偿使用情况纳入年度国有资产报告。同时《草原保护修复意见》还对《资源有偿使用指导意见》当中要求完善的草原承包制度和草原用途管制进行了更为细致的部署。

《草原保护修复意见》出台之后，各省区市相继出台本省的草原保护修复意见，与中央出台的文件相一致，各省出台的文件虽然名字中没有出现“利用”“使用”等字眼，但是其中的内容依然包括草原有偿使用的部分，比如说《广西壮族自治区林业局关于加强草原保护修复的实施意见》《内蒙古自治区人民政府办公厅关于加强草原保护修复的实施意见》《湖南省人民政府办公厅关于推进草原生态保护修复的实施意见》等。这些文件不约而同地提到了发展草原生态文化旅游产业和草产业。

国有草原有偿使用制度改革方面，内蒙古自治区走在了全国前列。内蒙古修订了《内蒙古自治区森林草原防火条例》，印发实施《内蒙古自治区草原生态保护补助奖励政策实施方案》《内蒙古自治区禁牧草畜平衡管理办法》《内蒙古自治区草原专职管护员管理办法》《关于矿产资源开发中加强草原生态保护的意见》等一批规章制度。这些政策的实施，使得内蒙古在草原保护和开发上取得了一系列成果。

（二）国有草原资源有偿使用制度改革存在的问题

1. 草原利用不合理

第一，过度放牧。据《经济参考报》2015 年的报道，祁连山保护区核心区内掠夺性放牧屡禁不止。草场退化，地表裸露已成家常便饭。[①] 根据《内蒙

① 王博等：《违规开采屡禁不绝 祁连山陷生态“黑洞”》，《经济参考报》2015 年 9 月 7 日。

古自治区“十四五”林业和草原保护发展规划》披露，随着牧区牲畜饲养量的不断增长和草原“三化”问题持续存在，加之草原畜牧业经营水平不高，草原牧区一二三产融合发展不足，草原生态补奖政策驱动力不够，“人、草、畜”统筹发展尚未真正破题，天然草原超载过牧形势尚未根本扭转，草原得不到休养生息，春季休牧范围小、时间短、难度大，特别是在草原畜牧业依赖程度高、人均草原面积小的地区，流转草原和集体草原等局部超载过牧尤为突出。①

第二，过度开垦。对于草原的大规模开垦，引起了连锁反应：由于草原土壤并不适合耕种，需要比常规耕地更多的水源进行灌溉，大量灌溉用水也使草原地下水位显著下降。② 2017 年，农业部通报的 8 起破坏草原资源犯罪典型案件，其中有 6 起是非法开垦草原的案件。③ 2024 年 2 月 26 日，中央第五生态环境保护督察组向青海省反馈督察情况，反馈指出了草原生态保护不力的问题。④

第三，草原环境污染与破坏。我国各地草原上分布着丰富的矿产资源，在经济利益的驱使下，违法开采矿产资源，造成草原污染环境和破坏的情况频发。2017 年，祁连山系列环境污染案案发，经查，保护区内违规开采矿产资源、企业偷排投放、部分水电设施违规建设运作现象十分严重，对祁连山保护区内的植被造成了巨大的破坏，保护区核心区范围内的大片草原也未能幸免。2022 年 4 月，中央第四生态环境保护督察组督察西藏自治区发现，那曲市色尼区砂石开采活动管控不力，违法违规问题突出，对高寒草原生态环境造成严

① 参见《内蒙古自治区“十四五”林业和草原保护发展规划》，内蒙古自治区林业和草原局官网，https://lcj.nmg.gov.cn/xxgkzl/fdzdgknr/ghjh/202111/t20211111_1939827.html，发布时间：2021 年 11 月 11 日，访问时间：2024 年 2 月 25 日。

② 李毓堂：《中国草原政策的变迁》，《草业科学》2008 年第 6 期。

③ 龙新：《农业部通报 8 起破坏草原资源犯罪典型案件》，《农民日报》2018 年 2 月 10 日。

④ 莫昌伟：《中央第五生态环境保护督察组向青海省反馈督察情况》，《青海法治报》2024 年 2 月 27 日。

重破坏,存在把关不严,违规审批涉草原砂石开采,监管缺失,无序野蛮开采问题突出,保护不力,严重破坏草原生态环境的问题。①

2. 草原产权不清晰

第一,草原资源所有权界定不明。根据我国法律规定,草原既可以是国家所有,也可以是集体所有。但是一块草原,到底属于国家,还是集体所有,如何区分,目前没有特别明确的标准,各地做法不尽相同。云南省是将辖区内全部草原,总计达 2.3 亿亩全部划为集体所有;四川省将甘孜、阿坝、凉山等牧区的草原划为国家所有,对成都、眉山、乐山等地的草原则认定为集体所有。② 此类划定并没有严格的法律依据,只是约定俗成。除了云南和四川之外,分布有草原的各个省级行政区域也没有明确的集体草原和国有草原的区分标准,只是重复草原法的规定。甚至在公开信息中都很难查到各个省份对于草原权属划定的具体情况。产权界定不明,就意味着权属争议不可避免,给草原资源的开发利用制造了障碍。

第二,国有草原的使用权界定不清。据统计,在 35 亿亩国有草原中,约有 14%的部分未落实使用权(约 5 亿亩),主要分布在西藏、青海、甘肃和四川等地。这类草原情况较为复杂,主要有三种情况:一是部分土地使用类型存在争议,“一地双证”“一地多证”的问题导致权属不明确;二是部分草原位于人烟稀少的生态脆弱区,或是生态移民后无人使用的草原,使用权尚未明晰;三是由于民族、文化、传统等原因,一些地区草原承包工作开展较晚、推进缓慢,使用权未能得到充分落实。③

---

① 高敬:《中央生态环保督察组曝光那曲市色尼区砂石开采活动管控不力典型案例》,《西藏日报》2022 年 4 月 15 日。

② 王卓然、李振华、郭旭:《关于建立国有草原有偿使用制度的初步研究》,《中国畜牧业》2018 年第 4 期。

③ 王卓然、李振华、郭旭:《关于建立国有草原有偿使用制度的初步研究》,《中国畜牧业》2018 年第 4 期。

3. 草原承包制度实施效果不尽如人意

第一，现行草原承包制度下，在自家承包草场过度放牧的现象突出。据专家测算，中国北方草原畜牧业较适宜的畜群规模一般为500—1000个羊单位。[①] 然而在草畜平衡的要求下，一些地方的承包户所承包的草场不足以支撑产出500—1000个羊单位，为了维持生计，加上侥幸心理的推动，出现过度放牧的现象也就不足为奇了。[②] 第二，即使不进行过度放牧，家庭承包草场的生产方式对于草原生态的破坏亦是十分严重的。在家庭承包的情况下，牲畜的活动范围被严格限制在围栏围住的草地上，草地频繁地遭遇牲畜的踩踏，草地植物的生长遭到严重困难，草地退化甚至沙漠化的状况难以避免。[③]

第二节　国有自然资源资产有偿使用制度改革的难点探析

全民所有自然资源资产有偿使用制度改革是生态文明体制机制改革的关键一环。随着国务院《关于全民所有自然资源资产有偿使用制度改革的指导意见》（国发〔2016〕82号，以下简称《有偿使用制度改革指导意见》）的正式发布，这项改革在全国范围内全面铺开。经过两年多的探索，这项关于全民所有自然资源资产有偿使用的改革在各地已经取得了初步的成效，并进入了最为关键的攻坚阶段。《有偿使用制度改革指导意见》提出了"基本建立产权明晰、权能丰富、规则完善、监管有效、权益落实的全民所有自然资源资产有偿使

① 于立、于左、徐斌：《"三牧"问题的成因与出路——兼论中国草场的资源整合》，《农业经济问题》2009年第5期。

② 代琴、杨红：《草原承包经营制度功能间的矛盾与草原"三权分置"的法权构造》，《中国农村观察》2019年第1期。

③ 段雨、胡亮：《草原家庭承包制度下的草场环境治理——基于青藏高原H县的案例研究》，《北方民族大学学报》2023年第5期。

用制度”的目标，并把实现这一改革目标的时间定位在 2020 年。[①] 2019 年 4 月，中共中央办公厅、国务院办公厅印发了《关于统筹推进自然资源资产产权制度改革的指导意见》，强调要“加快构建系统完备、科学规范、运行高效的中国特色自然资源资产产权制度体系，为完善社会主义市场经济体制、维护社会公平正义、建设美丽中国提供基础支撑”。当前，应当找准自然资源资产有偿使用制度改革进程中存在的现实困境，落实自然资源有偿使用的基本准则，并完善相关的法律规则，为顺利实现改革的各项预期目标保驾护航。

推进自然资源资产有偿使用制度改革，对于夯实生态文明体制的制度基础、保障国家的自然资源资产保值增值、优化自然资源开发利用秩序等方面都具有重大意义。[②] 但既然是改革，就会存在种种的障碍和困难。找出全民所有自然资源有偿使用制度改革的运行难点与制度困境，是顺利推进这项改革的前提和基础。结合前文梳理的有偿使用制度改革的实践，全民所有自然资源资产有偿使用制度改革面临着改革如何避免“一刀切”、如何计算自然资源的资产价值、如何确定有偿使用的范围以及如何发挥政府与市场各自作用等难题。

难点一：自然资源有偿使用制度改革如何避免“一刀切”？

自然资源类型众多，每一类自然资源的生长规律、自然储量、功能作用都各不相同，前文所述的国有森林、水资源、草原资源有偿使用改革中面对的问题不一正是这一点的典型表现。即使是同一类型的自然资源，在不同的区域其丰裕程度不同；在不同的时期其所能发挥的作用不同；在不同的技术条件下其所能创造的经济效益不同。这些因素，都会影响到开发利用自然资源的成本，进而影响自然资源资产的价格。此外，自然资源的开发利用是一个持续的

① 《关于全民所有自然资源资产有偿使用制度改革的指导意见》，中华人民共和国中央人民政府官网，http://www.gov.cn/zhengce/content/2017-01/16/content_5160287.htm，发布时间：2017 年 1 月 16 日，访问时间：2017 年 2 月 10 日。

② 谷树忠：《抓住“最大公约数”形成改革“公倍数”》，《中国国土资源报》2017 年 1 月 26 日。

过程,这个过程并不会因开展自然资源资产有偿使用改革而中断。这就要求开展自然资源资产有偿使用制度改革接地气并具有现实针对性,全面地、客观地对待自然资源开发利用中的历史传承问题、民族习惯问题或者历史遗留问题。当前的难点在于,在避免“一刀切”的同时,如何使这项改革真正做到“因时而变、因地制宜、因俗而定”。

难点二:如何计算自然资源的资产价值?

自然资源是整个生态系统的有机组成部分,自然资源功能的多样性决定了自然资源资产评估的复杂性。以矿产资源为例,矿产资源产权改革的最大困难便是资源如何定价、储量如何清晰计算。① 以林木资源为例。树木不仅仅可以用来生产家具等木制品,其还有固碳功能和观赏价值。在核算林木资源资产时,不能仅仅考虑每一棵树木所可能产生的经济效益,还应当综合考虑由树木所组成的森林所具有的生态价值和社会价值。热带森林会为300—700万种动植物提供生存环境,从全球来说热带森林生物群区拥有无与伦比的科学和教育价值。② 问题在于,如何评估某一自然资源资产的生态价值和社会价值。正如学者所言,自然资源兼具财产价值、生态价值和社会价值,但其生态价值并非如财产价值一样具有可分性。③ 但在核算自然资源资产时,又不能仅考虑其自身的经济价值。这就需要制定出一套切实可行的自然资源资产核算方法。当前的难点在于,如何将自然资源具备的生态价值与社会价值换算成可支付对价的资产价值。

难点三:如何确定有偿使用的自然资源资产范围?

开展自然资源资产有偿使用制度改革,首先应当明确开发利用哪些自然资源是需要纳入有偿使用的范围。如上文所述,《有偿使用制度改革指导意

---

① 刘灿等:《我国自然资源产权制度构建研究》,西南财经大学出版社2009年版,第165页。

② [美]丹尼尔·D.查尔斯、约翰·P.瑞纳德:《自然资源保护与生活》,黄永梅、段雷等译,电子工业出版社2016年版,第419页。

③ 焦艳鹏:《自然资源的多元价值与国家所有的法律实现——对宪法第9条的体系性解读》,《法制与社会发展》2017年第1期。

见》列明了需要实行有偿使用制度的六类自然资源，但需要进一步明确的是，在这六类自然资源中，也并非全部实行有偿使用。以国有土地资源为例，《有偿使用制度改革指导意见》明确提出要"扩大国有建设用地有偿使用范围"，但并未明确扩大到什么范围。2016 年 12 月 31 日，国土资源部等 8 个部门以国土资规〔2016〕20 号印发了《关于扩大国有土地有偿使用范围的意见》，提出将"公共服务项目用地"和"国有企事业单位改制建设用地"纳入国有建设用地有偿使用的范围。那么，除此之外的其他国有建设用地，是否应当纳入有偿使用的范围？比如，对于被符合无偿划拨条件的单位取得但又被长期闲置的国有建设用地，有关部门是否可以回收并纳入有偿使用的范围？当前的难点在于，如何将原先被不合理无偿使用的自然资源资产重新划入有偿使用的范围。

难点四：政府与市场在改革中如何发挥好各自的作用？

在国务院印发的《有偿使用制度改革指导意见》中，明确提出要把"坚持发挥市场配置资源的决定性作用和更好地发挥政府作用"作为这项改革的指导思想之一。自然资源向资产转化的最大困难在于市场不完善，市场无法界定资源产权进而无法为资源定价，导致资源资产化存在困难。① 但必须注意到，市场机制不是万能的，这项改革不能也不应完全依赖于市场的作用。这就表明，自然资源资产有偿使用制度改革既不能由政府一手操盘，而必须充分发挥市场机制的决定性作用；也不能将这项改革全部推给市场，而必须发挥好政府在其中的服务监管作用。当前的难点在于，如何从制度层面划清政府职能和市场机制在自然资源资产有偿使用改革进程中的边界，以及如何使政府作用和市场机制在这场改革中的作用有效衔接起来。在前文梳理的国有森林、草原、水资源有偿使用制度改革的推进过程中，也不难发现政府和市场的结合还有待加强。

① 朱清：《求同存异，推进自然资源有偿使用》，《中国国土资源报》2017 年 12 月 14 日。

第三节　国有自然资源资产有偿使用制度改革的基本准则

为顺利推进改革,在实践层面应当有效落实“资源有价、使用有偿”和“资源有限、使用有序”的准则;在制度保障层面应当加大自然资源资产有偿使用的立法力度,完善与自然资源资产有偿使用相关的政府管制规则、市场化规则、高效利用规则和绿色使用规则。

一、落实“资源有价、使用有偿”的准则

推行自然资源资产有偿使用制度改革,其根本目的在于提升自然资源保护和合理利用水平,切实维护国家所有者权益。受计划经济的影响,自然资源无价的观点曾经长期占据支配地位,但这对于自然资源的节约利用和有效保护极其不利。① 随着自然资源稀缺性的日益凸显和生态文明建设的不断推进,“资源有价,使用有偿”的观念逐渐得到了公众的认同,但将这一共识落实到实处并非易事,尤其是如何合理定价是一大难题。②

落实“资源有价、使用有偿”,核心环节是要建立健全资源性产品的价格体系,合理确定自然资源的使用成本。在确定自然资源的价格构成时,应当着力推行全成本定价,不仅应当包括开采自然资源的成本,还应当包括产权有偿取得、生态补偿和环境治理等成本。③ 要引导自然资源使用者从自然生态系统的整体性来认识自然资源的价值。对一种自然资源的利用,可能会损害与其相互依存的自然资源,进而影响其周边的生态环境质量。比如,开发利用矿产资源,可能会损坏与之相连的土地、树木,还可能破坏周边野生动植物的生

---

① 谷树忠、李维明:《自然资源资产价值及其评估》,《中国经济时报》2015 年 11 月 27 日。
② 赵娜:《资源有价　何以度量》,《中国环境报》2015 年 5 月 26 日。
③ 高文进、高兴佑:《自然资源价格理论与实践》,光明日报出版社 2015 年版,第 67 页。

存环境。可见,利用自然资源的行为,不仅会导致该自然资源的减损,还可能对生态环境造成损害。使用者如果不需要付出相对等的价格,那么,对于社会的其他主体而言也是不公平的。在进行自然资源资产评估与核算时,其生态价值往往被忽略了。对自然资源的认识和把握,必须摆脱实用主义的束缚,重视自然资源的生态价值与功能。① 总之,不能仅仅依据资源性产品所能产生的经济价值来核算自然资源资产,而应当从经济价值、生态价值、社会价值等多维度综合考虑自然资源资产价值,并以此来科学确定使用某一自然资源所应当支付的对价。

落实"资源有价、使用有偿",应当结合区域特点来完善自然资源资产价格的评估方法。不同的区域,其经济实力、环境特征和资源储备等各不相同,在自然资源资产价格形成的过程中,对同一种自然资源不宜一律实行"全国统一价"。比如,对于存量巨大但区域储量不平衡的水资源,应当根据区域的水资源充裕状况合理确定用水成本。当然,在赋予地方政府自然资源定价裁量权的过程中应当切实保障国家作为所有者的正当权益,不能放任各地自由定价。

落实"资源有价、使用有偿",应当根据自然资源的不同特点确定有区别的自然资源价格形成机制。对于不可再生的自然资源(比如矿产资源),由于其将随着资源的开发利用而日益减损直至耗竭,应当尽可能控制对其开发利用,或者通过提高开发利用成本以减缓耗损速度,尽可能延长其使用周期。对于可再生自然资源(比如林木资源),关键在于通过资源定价控制好开发利用的"度",以使该自然资源耗损的速度与更新的速度保持平衡。对于数量无穷大的恒定自然资源(比如太阳能资源),由于这类自然资源不存在耗尽或者灭失的风险,也不需要付出资源更新成本,目前《有偿使用制度改革指导意见》并没有明确是否将该类型自然资源纳入有偿使用的范围,但并不表明任何人

---

① 张梓太主编:《自然资源法学》,北京大学出版社 2007 年版,第 2 页。

可以无条件地无偿使用该类型自然资源。尽管该类自然资源的储量本身是无穷大的,但在特定的时期和特定的空间范围内,可以开发利用的恒定自然资源数量却是有限的。当开发利用恒定自然资源出现需求冲突时,就有必要将其纳入有偿使用的范围。此时,对此类自然资源的定价,主要取决于维持该类自然资源开发利用秩序所需要付出的成本。此外,随着科学技术的进步,人类对自然资源的利用水平的提升,自然资源的资产价值也在发生着变化,资源价格也应作出相应的变化。

落实“资源有价、使用有偿”,应当完善自然资源资产价格形成的过程性程序。一是要完善自然资源资产定价的信息公开制度,保障公众对自然资源资产价格形成过程的知情权,不仅要让公众意识到确定自然资源资产价格的必要性,也要让公众充分知晓自然资源价格的具体构成及其计算依据。二是要完善公众参与自然资源资产定价制度,对于与民生休戚相关的资源定价,应当设置必要的听证程序,广泛征求公众的意见或者建议。三是要畅通自然资源资产定价的信息反馈制度。对于已经确定的自然资源资产价格,要追踪该定价的公众认可度,允许公众对不合理定价的情形提出建议或者意见,并根据公众意见定期修改资源性产品指导价格。

落实“资源有价、使用有偿”,还应当充分尊重市场规律。尊重市场客观规律,首先应当严格控制自然资源资产的无偿划拨范围,不允许假“公共利益”之名行“无偿划拨”之实,尽可能将自然资源资产纳入有偿使用的范畴,充分保障国家自然资源权益不因自然资源资产的流转而受到损害。其次,要发挥好市场机制在自然资源资产价格形成中的作用。对于适合开展竞争性使用的自然资源,政府只需把握住最低价,在此基础上应当积极推行竞争性使用全民所有自然资源的市场机制,让市场主体通过公平竞争的方式取得开发利用自然资源的资格。当然,在自然资源竞争性使用的过程中,不能单纯依赖“价高者得”的规则来选择自然资源使用者,而应当综合考虑其技术水平、设备条件、环保信用、违法记录等因素,合理确定各个因素的权重,从中选出既能实现资源经济效益又能保护好生态环境的最优的自然资源利用者。

二、落实"资源有限、使用有序"的准则

自然资源与普通的物品不同,大部分自然资源的储量是有限的,相当一部分自然资源还将随着时间的推移而耗竭。因此,不能任凭使用者的意愿来开发利用自然资源,必须建立起既符合人类社会发展需求又符合生态环境保护要求的自然资源开发利用秩序。

落实"资源有限、使用有序",关键是要提升自然资源的利用效率。长期以来,自然资源开发利用者往往注重资源的短期回报,不愿意在技术改进、设备更新、员工培训等方面加大投入,导致自然资源的低效率利用现象普遍存在,这显然与开展自然资源有偿使用制度改革的初衷是相背离的。当前,要把资源高效利用的理念与自然资源可持续利用的理念有机结合起来,建立以提升资源利用效益为核心的考核评价体系,设置必要的自然资源产业准入门槛,对开发利用资源的技术、设备、人员等方面作出明确的要求。

落实"资源有限、使用有序",核心环节是要把握好使用的"度"。这就需要通过有效的自然资源用途管制措施,在促进自然资源"有序"开发利用和实现自然资源"永续"开发利用这二者之间找到一个最佳的平衡点。促进自然资源的可持续开发利用,不能"一禁了之",而应当"用管结合"。当前,开展自然生态空间用途管制的手段较为单一。目前的自然资源用途管制基本上都是采用划定生态红线的办法。这就容易出现以"控"代"管"的被动局面,对于"管"自然资源和"用"自然资源之间的有效衔接缺乏系统性的思考。其根本原因在于过多地依赖行政命令式的管制手段,而忽视了运用科学技术促进自然资源更为合理地开发利用。

落实"资源有限、使用有序",应当明确"不能使用"的自然资源的范围。对于非人类生存所必需的,而又具备巨大生态价值的稀有自然资源,或者关系国家经济安全、军事安全的战略性自然资源,应当纳入自然资源开发利用的负

面清单。尤其是要慎重开发利用需要付出巨大生态保护成本的自然资源,比如,对海底稀有自然资源的开发要慎之又慎。对于经济社会发展所需要的稀有自然资源,要本着谨慎开发利用的态度,权衡稀有资源开发利用的利弊,科学评估、核算开发利用稀有自然资源的成本,保护好储量有限的稀缺自然资源。

第四节　国有自然资源资产有偿使用的规则完善

尽管推进自然资源资产有偿使用制度改革的力度在不断加大,但由于相关的法律规则不完善,这项改革在实践中遇到了诸多难题。为顺利推进自然资源资产有偿使用制度改革,应当着力健全自然资源开发利用的政府管制规则、完善自然资源资产使用权有偿取得规则、健全自然资源资产的合理利用规则、完善自然资源资产的绿色使用规则。

一、健全自然资源开发利用的政府管制规则

要明确自然资源有偿使用的范围,完善自然资源开发利用的政府管制制度是基本保障。《有偿使用制度改革指导意见》明确提出了"实现对全民所有自然资源资产有偿使用全程动态有效监管"的要求。落实这一要求,一是要完善与自然资源开发利用相关的清单制度,既要制定自然资源管理部门在管理自然资源资产有偿使用中的权力清单,也要制定政府自然资源许可的负面清单。对于划入严格生态保护的自然资源、国防战略性资源、稀有自然资源等,是禁止普通民事主体开发利用的自然资源,不可以设置自然资源开发利用权利,应当在法律制度上将此种情形列入政府资源开发利用行政许可的负面清单中。比如,在国家公园里的国有林木资源资产之上,不应当设置林木采伐权。对于限制开发利用的自然资源,应当谨慎设置自然资源开发利用的权利

类型,比如,矿业权的设置要求各级自然资源部门严格依据各自的权限进行审批,不得越权审批。二是要注重与自然资源用途管制制度的动态衔接。人口增长、经济发展、文化演进等方面的因素可能带来的自然资源用途的转化。自然资源用途发生变化之后,政府对自然资源开发利用的管制措施必然也要随之改变,这些因素同样也可能给自然资源开发利用权的设置带来重要的影响。三是要加强对自然资源开发利用过程的动态监管。把定时检查与不定时抽查有机结合起来,实现自然资源开发利用的全过程监督。对于不正确行使自然资源使用权的,及时提出纠正的意见或者建议;对于滥用权利又不及时改正的,可以取消该主体的自然资源开发利用权,回收国家所有的自然资源资产。对于原先无偿划拨之后因不当利用被回收的自然资源资产,也应当将其纳入有偿使用的范围,而不宜二次划拨给其他民事主体无偿使用。

二、完善自然资源资产使用权有偿取得规则

保障各类主体公平地取得自然资源资产使用权,是设计自然资源开发利用权利市场规则的核心任务。自然资源国家所有的法律意蕴是指自然资源所具有的财产价值、生态价值、社会价值等全部价值应通过法律机制公平地惠及全民。① 自然资源国家所有的制度性保障应当使国民能够公平地获取自然资源物,并对之切实享有所有权、用益物权等权益。② 一方面,要把自然资源开发利用权利纳入公共资源交易平台。通过公平竞争的方式取得开发利用自然资源的权利,是体现自然资源开发利用权利取得规则公平性的重要途径。《有偿使用制度改革指导意见》明确提出了"推动将全民所有自然资源资产有偿使用逐步纳入统一的公共资源交易平台"的工作部署,其目的也是为了实现自然资源开发利用权利取得体现"公开、公平、公正和竞争择优"的要求。

① 焦艳鹏:《自然资源的多元价值与国家所有的法律实现——对宪法第 9 条的体系性解读》,《法制与社会发展》2017 年第 1 期。

② 刘练军:《自然资源国家所有的制度性保障功能》,《中国法学》2016 年第 6 期。

另一方面,要完善自然资源权利交易市场主体的信用体系建设,建立开发利用自然资源黑名单制度。明确自然资源权利交易市场的准入条件,对于信用等级评价不合格的市场主体,既要取消其向有关部门申请自然资源使用许可的资格,也要取消其参与自然资源开发利用权利交易的资格。三是要注重扩权赋能,充分调动市场的积极性。《有偿使用制度改革指导意见》提出要“适度扩大使用权的出让、转让、出租、担保、入股等权能”,这为制定具体的授权性规则指明了方向。在制定具体规则时,还应当结合各类自然资源的不同特征,明确各类自然资源实施有偿使用过程中所应当赋予的权利内容和行使方式。

三、健全自然资源资产的合理利用规则

一是明确自然资源开发利用权利不得滥用的法律规则。有偿使用并非表明在付出使用费之后可以随心所欲地开发利用自然资源。法律规则应禁止不当开发利用自然资源的行为,比如,应当对矿产资源的开采效率设定最低门槛,禁止低效率开发利用而导致资源的浪费。此外,对不同类型的自然资源,在对其开发利用的门槛规则上也应根据资源的特点有所区别。

二是明确自然资源开发利用权利的及时行使规则。自然资源使用者不得怠于行使自然资源开发利用权利。取得自然资源开发利用权利之后,不允许出现“圈而不用、坐等起价”等投机行为。对于怠于行使自然资源开发利用权利超过一定期限,导致自然资源被荒废的,相关的资源管理部门应当及时对其提出警示,要求权利人在合理期限内对自然资源加以开发利用,超过规定期限的,应当回收其有偿取得的自然资源开发利用权利。

三是明确开发利用自然资源的保护公益规则。自然资源是人类生存和发展的重要来源,开发利用自然资源不得损害社会公共利益和他人的合法权益。这一规则已经得到部分自然资源单行法的认可,比如《中华人民共和国水法》第 28 条明确规定:“任何单位和个人引水、截(蓄)水、排水,不得损害公共利益和他人的合法权益。”

四、完善自然资源资产的绿色使用规则

一是明确“边开发边保护”的绿色使用规则。这要求行使权利时应当坚守“在利用中保护、在保护中利用”的准则，摈弃“先开采、后治理”或者“只利用、不保护”的落后方式，以最合理的方式使用全民所有自然资源资产。这就需要明晰开发利用者取得各类自然资源开发利用权利分别应当达到的环保准入条件。在签订矿产资源开发利用协议时，应当把环境保护标准、设备节能环保要求、技术环保操作流程等作为协议的必备条款，明确约定开采矿产资源的主体所应当承担的环保义务。

二是明确尊重自然界客观规律的生态使用规则。自然资源与普通的物的区别在于，自然资源存在于自然界之中，自然资源资产可能因自然界的某些因素而发生非人为因素的变化，此时就应当尊重自然界的客观规律来判断自然资源资产是否发生了变化。例如，在制定判断水资源资产增减的法律规则时，应当尊重自然界的客观规律，以一定空间范围内河水流量的增减来加以辨别。对于因自然因素引起的自然资源资产变化，法律应当予以认可。

三是要完善开发自然资源的环境预警制度。对于开发利用可能影响或者破坏生态的自然资源，自然资源管理部门应当加大制定资源利用预警标准的力度。预警的关键环节是要完善预警标准的制定程序及其动态调整机制。[①]同时，还应当明确规定发出资源环境承载能力监测预警信息的责任单位，确保第一时间发出过度开发利用自然资源的环境超载预警信息。

① 黄锡生、张真源：《中国突发环境事件预警法律制度的困境与出路》，《甘肃政法学院学报》2017 年第 2 期。

第八章　损害救济机制保护自然资源国家所有权的行使

2019年4月14日，中共中央办公厅、国务院办公厅印发的《关于统筹推进自然资源资产产权制度改革的指导意见》指出，当前"自然资源存在底数不清、所有者不到位以及权责不清晰和监管保护制度不健全等问题，上述问题导致了自然资源保护乏力、生态退化严重等现象。"①近年来，我国经济高速发展背景下所伴随的对自然资源的危害已经严重损害国家的自然资源权益，有效且合理的自然资源损害赔偿救济机制不仅能够对已产生的自然资源损害进行救济，更有利于实现自然资源的可持续利用。为了充分保障自然资源国家所有权的行使，建立健全国家所有自然资源损害救济机制势在必行。

第一节　自然资源损害的内涵及其表现形式

一、自然资源损害的概念界定

界定自然资源损害的概念，首先需要厘清"损害"的内涵与外延。从"损

① 《关于统筹推进自然资源资产产权制度改革的指导意见》，人民出版社2019年版，第2页。

害"的角度来看。作为民法学界的重要概念之一,不同的学者对民法上的"损害"有着不同的见解,有学者认为"损害作为一种事实状态,就是指因一定的行为或者事件使某人受侵权法保护的权利和利益遭受某种不利益的影响"①;也有学者认为"所有法律保护之权利和法益遭受不利益,均属于损害"②。虽然不同的学者对损害有着不同的界定,但是归根结底损害具有不利性是民法学界学者所达成的共识。而从上文中学界的论断来看,所谓"不利性"的内涵即指损害所带来的是一种负面的影响,其对原权利所带来的不仅是损失,还包括了伤害或者是妨碍原权利的行使。

我国法律关于自然资源的保护主要散见于各单行法之中,对于何谓"自然资源损害"并没有统一清晰的界定,主要是由各单行法依据所调整的不同自然资源的类型来对自然资源损害的概念加以界定。从《中华人民共和国海洋环境保护法》的规定看,该法将海洋环境损害定义为"直接或者间接地把物质或者能量引入海洋环境,产生损害海洋生物资源、危害人体健康、妨害渔业和海上其他合法活动、损害海水适用素质和减损环境质量等有害影响"③。《中华人民共和国水污染防治法》将水污染定义为"水体因某种物质的介入,而导致其化学、物理、生物或者放射性等方面特性的改变,从而影响水的有效利用,危害人体健康或者破坏生态环境,造成水质恶化的现象"④。《中华人民共和国水法》所体现的损害水资源的行为包括非法取水、在饮用水水源区域内非法设置排污口等行为对水资源造成损害。⑤《中华人民共和国土地管理法》中所列举的损害土地资源的行为包括了"擅自在耕地上挖砂、取土等行为

① 张璐:《自然资源损害的法学内涵解读——以损害与权利的逻辑关联为视角》,《华东理工大学学报》2012 年第 4 期。

② 宁金城、田土城:《民法上之损害研究》,《中国法学》2002 年第 2 期。

③ 参见《中华人民共和国海洋环境保护法》第一百二十条第一款。

④ 参见《中华人民共和国水污染防治法》第一百零二条第一款。

⑤ 参见《中华人民共和国水法》第六十七条第一款和第六十九条第一款。

破坏种植条件,以及因过度开发土地造成土地荒漠化、盐渍化”①。《中华人民共和国土壤污染防治法》则将土壤污染定义为“是指因人为因素导致某种物质进入陆地表层土壤,引起土壤化学、物理、生物等方面特性的改变,影响土壤功能和有效利用,危害公众健康或者破坏生态环境的现象”②。可见,上述几部法律中,对不同自然资源损害的表现形式以及对于资源损害的概念都有着各自不同的界定,但从上述法律规定中也可以总结得出,不同的自然资源相关法律对于损害的界定都认为资源的损害不仅包括自然资源实体所造成的损害,而且还包括自然资源本身功能的不利改变。

此外,从学界的角度来看,国内不同学者对自然资源损害也有着不同的定义。有的学者从逻辑关联的视角入手,分析了损害与权利之间的内在逻辑,认为“自然资源损害,是指民事主体自然资源权益遭受到的不利益影响”③。另有学者通过分析环境损害、自然资源损害、生态损害三个概念彼此间的内在差异和一致性,将自然资源损害界定为是“因环境损害而给自然资源带来的不利变化,包括自然环境的改变、恶化、部分或全部的被毁坏以及包括经济、生态、社会和美学上的功能的丧失”④。还有学者指出,自然资源损害包含两个方面,一方面表现为自然资源财产利益的损失,例如自然资源的灭失或者损毁,另一方面则表现为自然资源生态功能的退化或者丧失⑤。

从国外法的角度来看,美国《石油污染法》将自然资源损害定义为自然资源的损害、毁灭以及损失或者使用上的损失。⑥ 欧盟颁行的并在其成员国之内推行适用的《关于预防和补救环境损害的环境责任指令》则将有关自然资

① 参见《中华人民共和国土地管理法》第七十五条。

② 参见《中华人民共和国土壤污染防治法》第二条第二款。

③ 张璐:《自然资源损害的法学内涵解读——以损害与权利的逻辑关联为视角》,《华东理工大学学报》2012 第 4 期。

④ 冯汝:《自然资源损害之名称辨析及其内涵界定》,《科技与法律》2013 第 2 期。

⑤ 张梓太、王岚:《我国自然资源损害司法救济的不足及对策》,《法学杂志》2012 年第 2 期。

⑥ 参见美国《石油污染法》,33 u.s.c 2702(b)(2)。

源的损害界定为是“可计量的,某一自然资源的不利变化或者是其服务功能的损害”①。

综上,自然资源损害是指主体因违法利用自然资源的行为对自然资源造成的不利影响以及导致自然资源非财产价值的损害或退化,包含了自然资源自身的异常损耗以及因利用自然资源造成的生态环境破坏。需要注意的是,合法开发利用自然资源的行为造成自然资源减损或者生态环境质量减损的,除非法律有明确的例外规定,在通常情形下不应当纳入自然资源损害救济的范畴。就行为的主体以及损害的表现形式来看,自然资源损害的主体和表现形式主要表现为下文将要提起的三种损害自然资源的行为及其所对应的主体。就主体而言,其分别是开发利用过程中对自然生态环境造成损害的自然资源开发利用者,环境污染对自然资源造成损害情形中的污染环境者以及故意毁坏自然资源的肇事者。就损害结果而言,在自然资源损害的案件中,自然资源损害的结果表现为对自然资源权益造成的不利影响以及导致自然资源生态环境功能等非财产功能的退化和损害。

二、自然资源损害的表现形式

自然资源损害的表现形式纷繁多样,但从实务中有关自然资源损害相关案例的表现形式来看,可以将其归类为三种主要的情形:第一种情况即开发利用自然资源过程中对相关自然资源造成的损害,比如,开采矿产资源的过程中因过度开发导致采空区塌陷或因开发利用过程中的意外事件而导致的矿区事故而对相关自然资源所造成的损害;第二种情况则主要表现为环境污染导致自然资源损害,该种情形的损害行为相较于其他二种行为而言,其突出的特征在于环境污染者的肇事行为并非直接作用于自然资源,对自然资源造成的损害是肇事者污染生态环境而所导致的结果;第三种情况则表现为肇事者对自

① 参见《欧盟关于预防和补救环境损害的环境责任指令》,王轩等译,法律出版社 2008 年版,第 403 页。

然资源的直接破坏，这种情形之下做出损害行为的主体一般具有主观上的直接故意。下文将结合典型案例对三种不同的自然资源损害行为分别进行分析。

（一）开发利用自然资源过程中对自然资源造成损害

开发利用自然资源过程中造成的自然资源损害即在开发利用的过程中由于种种原因综合所导致的所开发利用的自然资源或者相关自然资源受损的行为。该种损害行为常常发生于埋藏性的矿产资源在开发利用的过程中由于违反操作规程或者由于意外而导致资源受损害。例如，下表中所涉及的由于采空区塌陷而对矿产、土地以及其他相关资源造成的损害以及由于矿产资源开采过程中发生的资源泄漏或者爆炸事故而对当地生态和资源所造成的损害。开发利用自然资源导致自然资源损害典型案例如表 8-1。

表 8-1　开发利用自然资源导致自然资源损害典型案例一览表

案例名称	案情简介	案件来源
长庆油田原油泄漏事故	2015 年 3 月 26 日凌晨，中国石油长庆油田第九采油厂由于管道自然腐蚀导致破裂而引发原油泄漏事故，该起泄漏事故造成当地土壤、以及水源等遭受巨大损失。	人民网：http://pic. people. com. cn/n/2015/0327/c1016 – 26757810. html
新兴煤矿爆炸事故	2009 年 11 月 21 日，位于黑龙江省鹤岗市的新兴煤矿发生瓦斯爆炸事故，据悉该事故是由于井下施工的探煤巷发生煤与瓦斯突出，大量瓦斯遇火导致爆炸事故的发生，该事故不仅造成 108 名矿工遇难，对当地生态及资源也造成极大损害。	人民网：安监总局调查还原新兴煤矿瓦斯爆炸事发过程 http://society. people. com. cn/GB/10431866.html
山西寺家庄煤矿瓦斯爆炸事故	2013 年 1 月 7 日，山西省阳泉煤业集团有限公司发生一起较大的瓦斯爆炸事故，导致 7 人死亡，煤矿资源和瓦斯资源遭受损害。据查明，事故的成因是施工过程中产生火花而引起瓦斯爆炸事故。	国家矿山安全监察局：http://www. chinacoal – safety. gov. cn/jgzz/dcs/ssxx/201302/t20130206_178484.shtml

续表

案例名称	案情简介	案件来源
山东省平邑县石膏矿区坍塌事故	2015 年 12 月 25 日,位于山东省平邑县的石膏矿区发生采空区坍塌事故。该事故对矿产资源及其他相关资源造成严重损害,直接经济损失达 4133.9 万元。后经调查,事故发生的主要原因是采空区石灰岩层断裂触发矿震继而引发相邻矿区坍塌。	中央政法委员会官网:《山东公布平邑"12.25"矿难调查结果 19 人受处分》http://www.chinapeace.gov.cn/2016-11/23/content_11381861.htm
重庆武隆鸡尾山山体滑坡事故	2009 年 6 月 5 日,位于重庆市武隆区的鸡尾山发生山体滑坡事故,事故的成因除了自然原因之外,另有重要因素即当地铁矿开采过程中对山体结构产生影响,该事故对当地森林、土地、矿产等资源造成巨大损害。	许强、黄润秋等:"2009 年 6 月 5 日重庆武隆鸡尾山崩滑灾害基本特征与成因机理初步研究"《工程地质学报》2009 年第 4 期

从违法性分析来看,自然资源开发利用过程所导致的资源受损的行为之中,其开发利用的行为大都具备表象上的合法性之特征,而之所以会造成相关事故往往是因为开发过程中相关操作不符合规范的要求,因而在该种情境之下,该种损害自然资源的行为最终所带来的法律责任主要为生产安全类事故责任。

所谓正当开发利用即当事人对相关资源的开发和利用是符合相关的法律规定,并且取得开采相关自然资源的开采资质和许可证书且无违法开采等情形的存在。因此在正当开发利用的情形之下,当由于意外事件或者生产事故而导致自然资源受损的情形发生之时,如瓦斯突出所导致的矿井爆炸或者由于岩层断裂而产生的矿井坍塌等事故导致自然资源受损之时,相关涉事企业的合法开采行为对自然资源造成的损害是否应当承担损害赔偿责任便成为了争议的焦点。对于该种损害行为之下所产生的争议,理清采矿权与矿产资源所有权之间的关系是该争议解题之本。

首先，从矿产资源所有权的角度来看，我国法律明确规定“矿产资源属于国家所有”①。因此从所有权出发，矿产资源的所有权属在法律上有着明确的界定，其权属问题并没有太多的争议。其次，就采矿权而言，《矿产资源法实施细则》第6条规定了采矿权是“指在依法取得的勘查许可证规定的范围内，开采矿产资源和获得所开采的矿产品的权利”②。就采矿权这一权利的性质而言在《中华人民共和国物权法》出台之前学界存在较大的争议，而在2007年《中华人民共和国物权法》明确了采矿权“用益物权”的属性之后，学者普遍认为：立法者将探矿权、采矿权等置于物权法第三编用益物权之中，对采矿权的权利之争起着定分止争之作用，实则是从法律的层面确定了采矿权之用益物权属性，从而进一步明确了采矿权人对于国家所有的自然资源享有占有、使用和收益的权利。再者，就矿产资源所有权与采矿权的关系而言，取得采矿权并不意味着取得相应矿产资源的所有权，就二者的关系而言，一般认为采矿权是依附于矿产资源所有权的一项用益物权，是矿产资源国家所有权的实现方式之一。矿产资源国家所有权的实现方式包括国家作为所有权主体直接行使矿产资源的所有权以及国家将矿产资源所有权中的部分权能出让给非所有权人，而采矿权便是国家对于自然资源所享有的部分权能的转让，因而其不能等同于所有权。从采矿权这一权利本身来看，由于采矿人并非矿产资源的事实所有者，因而采矿权人对所采得矿产资源的处分仅为法律上的处分而非事实上的处分，采矿权人的处分行为，是矿产资源国家所有权处分的表现形式之一。③ 综合上述分析，既然取得采矿权并不等同于取得相应矿产资源的所有权，故而作为用益物权人的开发利用人即使是取得合法手续的开发利用行为，在开发利用过程中对自然资源所造成的损害也应当对所有权人承担损害赔偿责任。因此在该种情形之下，当国家所有权遭受损害之时，国家作为所有权人

① 参见《中华人民共和国宪法》第九条、《中华人民共和国矿产资源法》第三条。

② 参见《中华人民共和国矿产资源法实施细则》第六条。

③ 李建华、李靖：《采矿权法律性质再认识》，《国家检察官学院学报》2017年第6期。

应当有相应的救济手段来对采矿权行使限度之外的受损资源进行追偿。也就是说，过度开采的情形之下，政府作为行使自然资源国家所有权的主体，有权提起自然资源损害赔偿之诉。

此外，还存在对其他资源造成损害的可能性。例如，开发利用过程因采空区塌方事故而对矿区附近的植被和土地资源造成损害的情形。对于该种情形，相关司法解释实则已有明晰的规定，根据最高人民法院2017年发布的《最高人民法院关于审理矿业权纠纷案件适用法律若干问题的解释》第21条：勘采矿产资源造成环境或地质以及植被等遭受损坏的，有关机关和组织可以向人民法院提起诉讼。① 此种情形下，国家作为自然资源之所有权人，完全有正当的法律依据向损害行为人主张损害赔偿，而作为行使自然资源国家所有权的政府，则有权提起自然资源损害赔偿之诉。

（二）污染环境导致的自然资源损害

对于污染环境导致的自然资源损害，首先应当理清何为污染环境？根据学界的观点，所谓污染环境即“被人们利用的物质或者能量直接或者间接地进入环境，导致对自然的有害影响，以致危及人体健康、危害生命资源和生态系统，以及损害或者妨碍舒适和环境的其他合法用途的现象”。② 综上，污染环境导致自然资源损害的行为即上述污染环境的行为对自然资源的财产价值或者生态环境功能等多元价值所造成的损害。例如非法排污的行为对水资源造成的损害，使其丧失原有的能够提供饮用、观赏以及净化环境等价值，以及如排污行为污染土地导致土地丧失其原本之利用功能的情形。相较于上述因正常开发利用过程中导致的自然资源损害的行为，污染环境所导致的自然资源损害的本质特征在于相关自然资源的损害是环境污染行为的最终表现形式之一。

① 参见《最高人民法院关于审理矿业权纠纷案件适用法律若干问题的解释》第二十一条。

② 汪劲：《环境法学》，北京大学出版社2011年版，第155页。

（三）直接损害自然资源的行为

直接损害自然资源的行为即行为主体（包括自然人和肇事企业等）的故意或者过失行为直接作用于自然资源从而导致相关自然资源的损害。而该种行为又常常表现为行为主体本身因具有损害自然资源的故意而直接侵犯国家所有的自然资源，从而对自然资源造成损害的情形。例如非法采矿以及非法砍伐和捕杀国家所有的动植物等情形。相较于前述两种损害行为而言，直接损害自然资源行为的最大的突出特点在于行为主体主观上常常存在损害自然资源的故意，希望通过相关行为来谋取自身的非法利益。对于直接损害自然资源的行为，从当前法律规定和实际案例情形来看，该类案件最终所承担的法律责任主要是以刑事责任的承担为主、以行政责任的承担为辅。其主要是依据《中华人民共和国刑法》第 6 章第 6 节第 340 条至第 345 条规定的有关资源犯罪类的案件，[①]以及各自然资源保护法中所规定的行政责任，例如《中华人民共和国野生动物保护法》第 4 章中所规定的非法捕杀野生动物所要承担的各种行政责任。

对于该种故意损害国家所有的自然资源的行为对自然资源国家所有权所造成的损害，当前的民事救济渠道仍未完全打通。而该种法律责任模式的弊端在于一旦当刑事责任与行政责任之间无法有效衔接之时即当肇事者损害自然资源的行为尚未达到入刑门槛而行政责任的处罚力度又远低于侵害国家所有自然资源所带来的收益之时，法律将失去其原应有的效力。

第二节　自然资源损害法律责任的制度考察

从我国当前的法律现状来看，没有就自然资源损害进行专门立法，相关法

① 参见《中华人民共和国刑法》第三百四十条至第三百四十五条。

律散见于自然资源利用与保护相关的法律法规之中。从中央层面的角度来看，自然资源损害的相关法律规定主要见于《中华人民共和国民法典》《中华人民共和国刑法》《中华人民共和国环境保护法》以及环境资源领域的单行立法之中。从地方层面来看，地方层面有关自然资源损害的相关法律责任的规定则主要散见于各省市根据自身情况所制定的相关自然资源法律规范的配套实施条例或实施办法之中。从具体法律责任形式来看，当前我国有关侵害资源的法律责任主要表现为三大责任形式即刑事责任、民事责任以及行政责任。

一、我国自然资源损害法律责任制度的现状及问题分析

从我国当前的法律体系来看，当前我国有关自然资源损害的法律责任制度体系呈现出行政责任的规定较多、刑事责任及民事责任较少的态势。该法律责任体系使得我国当前自然资源法律责任体系在震慑侵害行为、保护国家所有自然资源权益方面略显乏力。其主要问题表现为以下几方面：

（一）行政处罚力度与损害结果配比失衡

从现行的法律规定来看，罚款是我国当前有关自然资源损害行政责任的主要责任方式。从中央层面来看，中央有关自然资源损害的行政处罚的罚款额度从几万到几十万不等。以《中华人民共和国水污染防治法》为例，《中华人民共和国水污染防治法》对于非法排污造成水资源损害的行政处罚的最高额度是100万元。① 从横向对比来看，该处罚额度在自然资源相关法律责任的行政罚款之中已属于较为严厉的处罚。但即使是100万的罚款额，相较于部分侵害人对自然资源所带来的损害而言仍是九牛一毛。行政处罚力度偏低

① 参见《中华人民共和国水污染防治法》第八十三条。

使得我国当前以行政责任为主要责任方式的自然资源法律责任体系不仅未能起到其应有的震慑之作用，反而在一定程度产生了国家作为受害人却要为致害人的行为买单的怪象。

（二）自然资源损害刑事责任适用范围较为狭窄

从自然资源损害的刑事责任规定的角度来看，《中华人民共和国环境保护法》以及各自然资源单行法对于侵害环境和资源行为的刑事责任的规定都以引至条款的形式将有关刑事责任引至《中华人民共和国刑法》的有关规定之中，《中华人民共和国刑法》规定了对造成后果较为严重或者特别严重的破坏资源和环境的行为应当承担刑事责任。从《中华人民共和国刑法》的角度来看，正如上文所述，我国刑法对于侵害环境和资源的刑事责任主要规定于第338条—第346条之中。从刑法的现有规定以及当前纷繁多样的自然资源侵害行为来看，仅有的9个条文显然不足以涵盖当前侵害自然资源权益的所有犯罪类型和行为，刑事责任规定的局限也使得其对保护自然资源权益的力度和效果都较为有限。

（三）自然资源损害民事责任不足

当前我国有关自然资源损害的民事责任规定之中，《中华人民共和国民法典》侵权责任编规定了“环境污染和生态破坏责任”一章，但这一章的规定主要是针对污染环境、破坏生态的情形。① 也就是说，这一章的所有规定都没有提及“自然资源损害”，那么，需要探讨的是，这里的“环境”或者“生态”是否包含了“自然资源”？《中华人民共和国环境保护法》第二条规定：“本法所称环境，是指影响人类生存和发展的各种天然的和经过人工改造的自然

① 《中华人民共和国民法典》第一千二百三十四条规定的是违反国家规定造成生态环境损害的责任情形，第一千二百三十五条规定的是违反国家规定造成生态环境损害损失和费用的计算规则。

因素的总体，包括大气、水、海洋、土地、矿藏、森林、草原、湿地、野生生物、自然遗迹、人文遗迹、自然保护区、风景名胜区、城市和乡村等”。从这条规定可以看出，“环境”一词可以囊括“自然资源”的范畴。从法律的体系解释来看，“损害自然资源”也属于“造成生态环境损害”的情形。在单行立法中，有明确规定国家可以作为自然资源权利主体向致害人请求损害赔偿责任的法律规定并不多见，主要体现在《中华人民共和国海洋环境保护法》的相关规定之中。而地方层面也多为关于《中华人民共和国海洋环境保护法》的实施办法或者实施条例，而就其他的自然资源法律而言，或是未规定损害赔偿的民事责任，或是未明确规定国家是否可以向致害人主张损害赔偿的请求。

综上所述，我国当前自然资源损害责任制度之中，行政处罚力度偏低，刑事责任适用范围较为狭窄且民事责任的不足，共同造成了当前我国自然资源损害法律责任制度在保障自然资源权益，尤其是在保障国家自然资源权益中略显乏力的局面。

为进一步理清当前我国有关自然资源损害的相关法律责任规定，下文将分别从中央和地方两个不同的维度出发，收集分析中央和地方两级有关自然资源损害的相关法律责任规定。就中央层面而言，主要从《中华人民共和国刑法》《中华人民共和国环境保护法》以及《中华人民共和国水法》等 17 部法律及相关司法解释出发，分析有关自然资源损害的相关法律规定，地方层面则以《中华人民共和国环境保护法》《中华人民共和国水污染防治法》等上位法为依据，以“自然资源”“损害”“法律责任”等为关键词，在国家法律法规库中，检索并选取了 2015 年 1 月 1 日至 2023 年 12 月 31 日之间华东、华中、华南、华北、西南、西北及东北地区的省市有关自然资源法律的地方实施条例或者实施办法共 50 部，以期从中把握当前我国有关侵害自然资源造成损害的法律责任规定现状。

二、法律法规关于自然资源损害责任的规定

从中央层面的法律规范出发，侵害自然资源所带来的刑事责任的有关规定主要见于《中华人民共和国刑法》之中，而行政责任与民事责任的规定则多见于其他有关的自然资源单行法或者相关自然资源保护法。如表 8-2 所示，《中华人民共和国刑法》对于损害自然资源行为的刑事责任规定集中于第六章“破坏环境资源保护罪”一节中，其主要规定了包括破坏矿产、野生动物等自然资源在内的刑事责任。除刑事责任之外，中央层面有关自然资源损害的民事责任和行政责任的相关规定主要体现在各自然资源单行法中。

表 8-2　法律、行政法规关于自然资源损害法律责任的相关规定例举表

序号	法律法规名称	日期	法律责任	相关法律规定（列举说明）
1	《中华人民共和国刑法》（2023 年修正）	2023 年 12 月 29 日修正	刑事责任	第 6 章第 6 节： 破坏环境资源保护罪 338 条：污染环境罪 340 条：非法捕捞水产品罪 341 条：非法捕猎、杀害珍贵、濒危野生动物罪（新增了第三款） 342 条：非法占用农地罪、破坏自然保护地罪 343 条：非法采矿罪 344 条：非法采伐、毁坏国家重点保护植物罪 345 条：盗伐林木罪
2	《中华人民共和国环境保护法》（2014 年修订）	2014 年 4 月 24 日修订	刑事责任	第 69 条：违反本法相关规定，构成犯罪的，依法追究刑事责任
			行政责任	第 59 条：企业事业单位或者其他生产经营者违法排放污染物，受到行政处罚，被责令改正而拒不整改，可按照原处罚数额按日计罚
			民事责任	第 64 条：因污染环境和生态破坏行为造成损害的，依《侵权责任法》有关规定承担侵权责任

续表

序号	法律法规名称	日期	法律责任	相关法律规定（列举说明）
3	《中华人民共和国海洋环境保护法》（2023年修订）	2023年10月24日修订	刑事责任	第119条：构成犯罪的，依法追究刑事责任。
			行政责任	第97条：违反本法规定，有下列行为之一，由依照本法规定行使海洋环境监督管理权的部门或者机构责令改正，处以罚款： （一）占用、损害自然岸线的； （二）在严格保护岸线范围内开采海砂的； （三）违反本法其他关于海砂、矿产资源规定的。 有前款第一项行为的，处每米五百元以上一万元以下的罚款；有前款第二项行为的，处货值金额二倍以上二十倍以下的罚款，货值金额不足十万元的，处二十万元以上二百万元以下的罚款；有前款第三项行为的，处五万元以上五十万元以下的罚款。
			民事责任	第114条：对污染海洋环境、破坏海洋生态，造成他人损害的，依照《中华人民共和国民法典》等法律的规定承担民事责任。 对污染海洋环境、破坏海洋生态，给国家造成重大损失的，由依照本法规定行使海洋环境监督管理权的部门代表国家对责任者提出损害赔偿要求。 前款规定的部门不提起诉讼的，人民检察院可以向人民法院提起诉讼。前款规定的部门提起诉讼的，人民检察院可以支持起诉。
4	《中华人民共和国水法》（2016年修正）	2016年7月2日修正	刑事责任	
			行政责任	第67条：在饮用水水源保护区设置排污口的，由相关部门责令拆除，逾期不拆除的，强行拆除以及恢复原状，并处以罚款5—10万元。 第69条：未经批准擅自取水的，由县级以上政府水行政主管部门责令停止违法行为并处以罚款。
			民事责任	

续表

序号	法律法规名称	日期	法律责任	相关法律规定(列举说明)
5	《中华人民共和国水污染防治法》(2017 修正)	2017 年 6 月 27 日修正	刑事责任	第 101 条:违反本法规定构成犯罪者,依法追究刑事责任
			行政责任	第 83 条:未依法取得排污许可证排放污染物或超过污染排放标准排放污染物由相关部门处以罚款,情节严重者,责令停业、关闭。 第 85 条:有向水体排放油类、酸碱液以及剧毒物质,或者其他废水废物者,由相关部门处以罚款等等…
			民事责任	第 96 条:因水污染受到损害的当事人,有权要求排污方排除危害和赔偿损失。
6	《中华人民共和国土壤污染防治法》	2018 年 8 月 31 日颁布	刑事责任	第 98 条:违反本法规定,构成犯罪的,依法追究刑事责任
			行政责任	第 87 条:违反本法规定,向农用地排放重金属或者其他有毒物质,以及可能造成土壤污染的矿渣等,由地方人民政府处以罚款。等等
			民事责任	第 96 条:污染土壤造成他人人身或者财产损害的,应当依法承担侵权责任
7	《中华人民共和国矿产资源法》(2009 年修订)	2009 年 8 月 27 日修订	刑事责任	第 39 条:违反本法规定,擅自采矿者,责令停止开采、赔偿损失,并可处以罚款,造成矿产资源破坏的,依照刑法的有关规定对直接责任人处以刑事责任。
			行政责任	
			民事责任	
8	《中华人民共和国森林法》(2019 年修订)	2019 年 12 月 28 日修订	刑事责任	第八章的规定
			行政责任	
			民事责任	
9	《中华人民共和国草原法》(2021 年修正)	2021 年 4 月 29 日修正	刑事责任	第 63—73 条
			行政责任	
			民事责任	

续表

<table>
<tr><th>序号</th><th>法律法规名称</th><th>日期</th><th>法律责任</th><th>相关法律规定(列举说明)</th></tr>
<tr><td rowspan="3">10</td><td rowspan="3">《中华人民共和国湿地保护法》</td><td rowspan="3">2021年12月24日颁布</td><td>刑事责任</td><td>第62条:违反本法规定,构成违反治安管理行为的,由公安机关依法给予治安管理处罚;构成犯罪的,依法追究刑事责任</td></tr>
<tr><td>行政责任</td><td rowspan="2">第52—59条</td></tr>
<tr><td>民事责任</td></tr>
<tr><td rowspan="3">11</td><td rowspan="3">《中华人民共和国黑土地保护法》</td><td rowspan="3">2022年6月24日颁布</td><td>刑事责任</td><td>第36条:违反本法规定,构成犯罪的,依法追究刑事责任</td></tr>
<tr><td>行政责任</td><td>第30—33条、第35、37条</td></tr>
<tr><td>民事责任</td><td>第31条第2款:违反法律法规规定,造成黑土地面积减少、质量下降、功能退化或者生态环境损害的,应当依法治理修复、赔偿损失</td></tr>
<tr><td rowspan="3">12</td><td rowspan="3">《中华人民共和国长江保护法》</td><td rowspan="3">2020年12月26日颁布</td><td>刑事责任</td><td>第94条:违反本法规定,构成犯罪的,依法追究刑事责任。</td></tr>
<tr><td>行政责任</td><td>第85—87条、第91条</td></tr>
<tr><td>民事责任</td><td>第93条:因污染长江流域环境、破坏长江流域生态造成他人损害的,侵权人应当承担侵权责任。违反国家规定造成长江流域生态环境损害的,国家规定的机关或者法律规定的组织有权请求侵权人承担修复责任、赔偿损失和有关费用。</td></tr>
<tr><td rowspan="3">13</td><td rowspan="3">《中华人民共和国黄河保护法》</td><td rowspan="3">2022年10月30日颁布</td><td>刑事责任</td><td>第120条:违反本法规定,构成犯罪的,依法追究刑事责任</td></tr>
<tr><td>行政责任</td><td>第110—116条</td></tr>
<tr><td>民事责任</td><td>第119条:违反本法规定,在黄河流域破坏自然资源和生态、污染环境、妨碍防洪安全、破坏文化遗产等造成他人损害的,侵权人应当依法承担侵权责任。违反本法规定,造成黄河流域生态环境损害的,国家规定的机关或者法律规定的组织有权请求侵权人承担修复责任、赔偿损失和相关费用。</td></tr>
</table>

续表

序号	法律法规名称	日期	法律责任	相关法律规定(列举说明)
14	《中华人民共和国青藏高原生态保护法》	2023年4月26日颁布	刑事责任	第60条:违反本法规定,构成违反治安管理行为的,依法给予治安管理处罚;构成犯罪的,依法追究刑事责任。
			行政责任	第54—57条
			民事责任	第59条:污染青藏高原环境、破坏青藏高原生态造成他人损害的,侵权人应当承担侵权责任。 违反国家规定造成青藏高原生态环境损害的,国家规定的机关或者法律规定的组织有权请求侵权人承担修复责任、赔偿损失和相关费用。
15	《中华人民共和国种子法》(2021年修正)	2021年12月24日修正	刑事责任	第89条:违反本法规定,构成犯罪的,依法追究刑事责任。
			行政责任	第80条:违反本法第八条规定,侵占、破坏种质资源,私自采集或者采伐国家重点保护的天然种质资源的,由县级以上人民政府农业农村、林业草原主管部门责令停止违法行为,没收种质资源和违法所得,并处五千元以上五万元以下罚款
			民事责任	见第80条"造成损失的,依法承担赔偿责任。"
16	《中华人民共和国自然保护区条例》(2017年修改)	2017年10月7日修改	刑事责任	第40条:违反本条例规定,造成自然保护区重大污染或者破坏事故,导致公私财产重大损失或者人身伤亡的严重后果,构成犯罪的,对直接负责的主管人员和其他直接责任人员依法追究刑事责任。
			民事责任	第38条:违反本法相关规定给自然保护区造成损失的,由相关部门责令赔偿损失
			行政责任	第35条:违反本条例规定在自然保护区内进行砍伐、放牧、狩猎以及捕捞和开荒等行为,对自然保护区造成破坏的,可视情形处以相应的罚款

首先,从涉及刑事责任规定的法律来看。就数量而言,在表8-2中,除去《中华人民共和国刑法》之外的法律法规中大部分都规定了对自然资源造成重大损失者,应当承担刑事责任。就刑事责任的具体规定形式来看,各部自然资源单行法大都以引至条款的形式将具体的刑事责任的规定和适用引至《中

华人民共和国刑法》的相关规定之中，即侵害自然资源构成犯罪应当追究刑事责任之时，主要依照《中华人民共和国刑法》的相关规定来追究行为人的刑事责任。

其次，就涉及行政责任的有关法律规定来看。除去《中华人民共和国刑法》之外的法律法规都涉及了有关自然资源损害的行政责任的规定，并且从具体的规定来看，以罚款形式出现的财产罚仍是侵害自然资源之时行政责任的主要表现方式。并且在行政责任的具体规定之中，大部分自然资源单行法都针对不同的情节规定了不同层次的行政责任。

再次，就有关民事责任的规定来看。对于侵害环境和自然资源的行为，在除去《中华人民共和国刑法》之外的法律法规大部分都规定了损害自然资源之时应当承担损害赔偿责任，但从法条之中也可以看出，除了《中华人民共和国海洋环境保护法》明确规定了海洋管理部门可以代表国家向污染海洋环境者主张损害赔偿请求之外，其余的自然资源单行法对于有关民事责任的规定仍较为简略，其大都以单一条文或条款的形式简单规定了"侵害自然资源应当承担损害赔偿等民事责任"。

三、司法解释及两高相关政策关于自然资源损害的规定

就"两高"出台的司法解释及相关政策所涉及的有关自然资源损害的规定而言，从司法部法律法规库的检索情况来看，如表 8-3 所示，两高目前出台有涉及自然资源损害的相关司法解释或者政策规定主要体现在有关生态环境损害的规定之中或者有关资源犯罪类的相关司法解释上，部分规定虽然未明确体现自然资源损害的具体内容，但由于环境侵权损害类的案件往往伴随着对自然资源的损害，故将有关生态环境损害的相关规定一并纳入考量之中，如最高人民法院于 2019 年发布的《关于审理生态环境损害赔偿案件的若干规定》规定发生重大环境事件的，相关政府部门可以作为原告提起生态环境损害赔偿诉讼。此外，如最高人民法院 2020 年发布的《关于审理矿业权纠纷案

件适用法律若干问题的解释》则明确规定勘察开采矿产资源造成地质灾害及植被毁坏等生态破坏的，有关机关可以提起环境公益诉讼。

表 8-3　司法解释及两高政策关于自然资源损害的规定

序号	名称	发布主体	发布日期	相关条款
1	最高人民法院关于审理破坏森林资源刑事案件适用法律若干问题的解释	最高人民法院	2023.8.13	全文
2	最高人民法院、最高人民检察院关于办理海洋自然资源与生态环境公益诉讼案件若干问题的规定	最高人民法院、最高人民检察院	2022.5.10	全文
3	最高人民法院、最高人民检察院关于办理破坏野生动物资源刑事案件适用法律若干问题的解释	最高人民法院、最高人民检察院	2022.4.6	全文
4	最高人民法院关于审理生态环境损害赔偿案件的若干规定	最高人民法院	2019.6.5	第一条
5	最高人民法院、最高人民检察院关于检察公益诉讼案件适用法律若干问题的解释	最高人民法院、最高人民检察院	2018.3.1	第二十二条
6	最高人民法院关于审理海洋自然资源与生态环境损害赔偿纠纷案件若干问题的规定	最高人民法院	2017.12.29	第六条
7	最高人民法院关于审理矿业权纠纷案件适用法律若干问题的解释	最高人民法院	2020.12.29	第二十一条
8	最高人民法院、最高人民检察院关于办理环境污染刑事案件适用法律若干问题的解释（2016）	最高人民法院、最高人民检察院	2016.12.23	第一条
9	最高人民法院、最高人民检察院关于办理非法采矿、破坏性采矿刑事案件适用法律若干问题的解释	最高人民法院、最高人民检察院	2016.11.28	第三条
10	最高人民法院关于审理发生在我国管辖海域相关案件若干问题的规定（二）	最高人民法院	2016.8.1	第四条

续表

序号	名称	发布主体	发布日期	相关条款
11	最高人民法院关于审理环境侵权责任纠纷案件适用法律若干问题的解释	最高人民法院	2015.6.1	第一条
12	最高人民法院关于审理环境民事公益诉讼案件适用法律若干问题的解释	最高人民法院	2015.1.6	第十八条
13	最高人民法院、最高人民检察院关于办理环境污染刑事案件适用法律若干问题的解释	最高人民法院、最高人民检察院	2013.6.17	第一条
14	最高人民法院关于审理破坏草原资源刑事案件应用法律若干问题的解释	最高人民法院	2012.11.22	第六条
15	最高人民法院、最高人民检察院关于办理盗窃油气、破坏油气设备等刑事案件具体应用法律若干问题的解释	最高人民法院、最高人民检察院	2007.1.19	第六条
16	最高人民法院关于审理破坏林地资源刑事案件具体应用法律若干问题的解释	最高人民法院	2005.12.26	第一条
17	最高人民法院关于审理破坏野生动物资源刑事案件具体应用法律若干问题的解释	最高人民法院	2000.11.27	第七条
18	最高人民法院关于审理破坏森林资源刑事案件具体应用法律若干问题的解释	最高人民法院	2000.11.22	第三条
19	最高人民法院关于审理破坏土地资源刑事案件具体应用法律若干问题的解释	最高人民法院	2000.6.19	第三条

四、地方性法规的相关规定

从自然资源损害的地方法律规定来看，无论是从数量的角度来看或者是从法条的具体规定的详细与否来看，地方所出台的有关自然资源法律的实施条例或者实施办法之中涉及侵害自然资源的法律责任的规定都表现出以行政责任为主要责任承担方式，刑事责任和民事责任为补充的情形。笔者所搜集的2015年到2023年间的50部相关自然资源法律的地方实施条例或办法之中，有48部地方实施条例或者实施办法在法律责任一章中明确规定了侵害自然资源之时的行政责任。此外，就刑事责任的规定而言，涉及刑事责任规定的数量为18部，但其中大多数的规定形式同样也是以引至条款的形式规定了应当按《中华人民共和国刑法》的有关规定承担刑事责任。民事责任的规定则只有15部，并且如同中央层面对于自然资源损害的民事法律责任规定一般，地方有关自然资源损害的民事法律规定也同样大都以单一条文或条款的形式规定了“造成自然资源损害者，行为人应当承担损害赔偿责任”，对于自然资源权益受损的情形中，国家能否作为民事权利主体向致害人主张损害赔偿请求的这一问题，地方大致跟随中央的脚步，即也主要是在相关的《中华人民共和国海洋环境保护法》的实施条例和实施办法之中明确规定海洋环境主管部门可以代表国家向侵权行为人主张损害赔偿责任，而其余的实施条例或办法之中同样也未涉及有关国家追偿的相关规定。

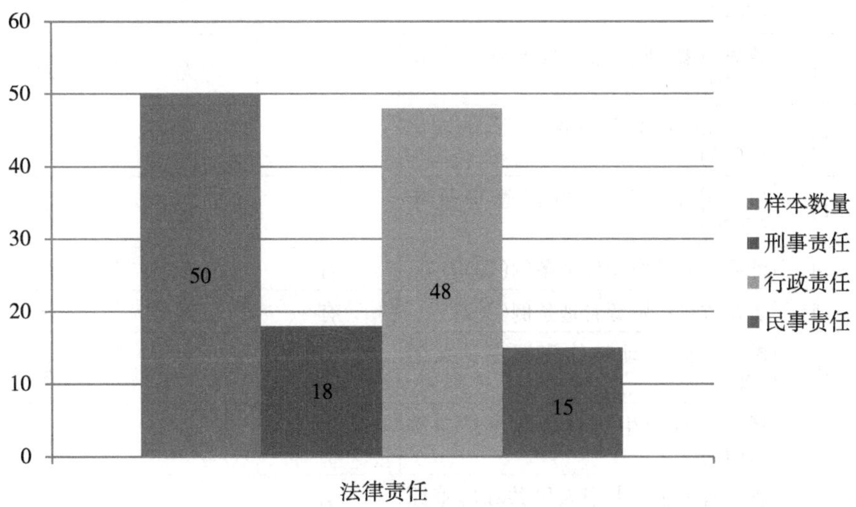

图 8-1　地方法律责任数量对比示意图

表 8-4 2015—2023 年 50 部地方性法规自然资源损害法律责任规定情况表

编号	法规名称	行政责任	刑事责任	民事责任
1	湖北省神农架自然资源保护条例(2017)	有	有	无
2	吉林省饮用天然矿泉水资源开发保护条例(2015)	有	无	有
3	湖南省武陵源世界自然遗产保护条例(2020)	有	无	无
4	海南自由贸易港土地管理条例(2023)	有	有	无
5	西藏自治区气候资源条例(2019)	有	有	无
6	宁夏回族自治区水资源管理条例(2016)	有	无	无
7	广西壮族自治区红树林资源保护条例(2018)	有	有	有
8	新疆维吾尔自治区地下水资源管理条例(2017)	有	无	无
9	厦门经济特区水资源条例(2019)	有	无	无
10	深圳经济特区水资源管理条例(2018)	有	无	无
11	青海省盐湖资源开发与保护条例(2020)	有	无	无
12	北京市森林资源保护管理条例(2018)	有	有	有
13	厦门市砂、石、土资源管理规定(2020)	有	有	无
14	汕尾市海砂资源保护条例(2020)	有	有	有
15	贵州省矿产资源管理条例(2023)	有	无	有
16	湖南省野生动植物资源保护条例(2020)	有	有	无
17	黑龙江省野生药材资源保护条例(2018)	有	无	有
18	青海省实施《中华人民共和国草原法》办法(2020)	有	无	无
19	甘肃省草原条例(2023)	有	无	无
20	吉林省草原条例(2022)	有	有	有

续表

编号	法规名称	行政责任	刑事责任	民事责任
21	福建省湿地保护条例(2022)	有	无	有
22	海西蒙古族藏族自治州卤虫资源保护管理条例(2021)	有	有	无
23	天津市湿地保护条例(2023)	有	有	无
24	桓仁满族自治县中华蜜蜂品种资源保护条例(2022)	有	无	无
25	关岭布依族苗族自治县古生物化石资源保护条例(2021)	有	无	无
26	伊犁哈萨克自治州野生果林资源保护条例(2023)	无	无	无
27	恩施土家族苗族自治州硒资源保护与利用条例(2018)	有	无	无
28	黔西南布依族苗族自治州古茶树资源保护条例(2017)	有	无	无
29	丹东市地热水资源保护管理条例(2018)	有	无	无
30	青岛市无居民海岛管理条例(2018)	有	有	无
31	广西壮族自治区无居民海岛保护条例(2016)	有	无	无
32	吉林省黑土地保护条例(2022)	有	有	无
33	内蒙古自治区额济纳胡杨林保护条例(2020)	有	有	无
34	广东省渔业管理条例(2019)	有	有	有
35	浙江省渔业管理条例(2020)	有	无	有
36	上海市野生动物保护条例(2023)	有	无	有
37	江苏省土壤污染防治条例(2022)	有	有	有
38	四川省泸沽湖保护条例(2023)	有	无	有
39	四川省土壤污染防治条例(2023)	有	无	有
40	云南省古茶树保护条例(2023)	有	有	无
41	安徽省湖泊管理保护条例(2022)	有	无	无
42	河北省节约用水条例(2021)	有	无	无
43	辽宁省实施《中华人民共和国土地管理法》办法(2021)	无	无	无

续表

编号	法规名称	行政责任	刑事责任	民事责任
44	陕西省渭河保护条例(2023)	有	无	无
45	陕西省矿产资源管理条例(2020)	有	有	无
46	重庆市实施《中华人民共和国水土保持法》办法(2018)	有	无	无
47	山东省节约用水条例(2021)	有	无	无
48	江西省河道采砂管理条例(2019)	有	无	无
49	江西省矿山生态修复与利用条例(2022)	有	无	有
50	福建省生态公益林条例(2021)	有	无	无

综上所述,我国当前有关自然资源损害的法律责任体系的现状呈现出如下三个明显的特点。

第一,行政责任是我国当前侵害自然资源行为的主要责任承担方式。从上文图表内容之中可以看出,在自然资源损害的法律责任规定之中,行政责任的规定无论是从数量上或者是从具体的规定细则上相较于刑事责任与民事责任而言都明显占优。从数量上看,中央层面的 20 部相关法律法规之中,有 19 部明确规定了侵害自然资源的相关行政责任,地方层面的 50 部相关法律之中则有超过 95%的相关法律法规明确规定了有关的行政责任,地方层面上这一数据反映在刑事责任和民事责任上则仅为 36%和 30%。从具体的条文规定来看,中央以及地方层面的有关自然资源保护法律或者实施条例根据情节轻重规定了不同等级的行政责任,相较于民事责任和刑事责任而言,当前有关自然资源损害的行政责任的相关规定则更为细致和明确,其不仅规定了责任的承担方式,并针对行为的情节严重规定了责任的梯度,同时还明确规定由相关的自然资源管理机构对于损害自然资源的行为处以行政处罚,从而使得整个行政责任体系显得较为完善且明确。

第二,刑事责任与民事责任在法律责任体系之中起着补充的作用。相较于各自然资源法对于自然资源侵害行为的行政责任的规定而言,当前刑事责任与民事责任的相关规定在我国有关自然资源损害法律责任体系之中则起着补充规定的作用，而并非主要的责任形式。就刑事责任而言，如上文所述，有关自然资源损害的刑事责任的相关规定主要体现于《中华人民共和国刑法》第338—346条这9个条文之中，而其他非刑事法律对于侵害自然资源的刑事责任的规定又大多仅以单条条文的形式将有关的刑事责任的适用引向《中华人民共和国刑法》的相关规定。显然，对比起各自然资源单行法单独对于不同类型的自然资源损害行为的行政责任的规定，当前有关自然资源损害的刑事责任的相关规定则必须从上述9个条文之中寻找相关的刑事法律规定依据，这在一定程度之上也限制了刑事责任在自然资源损害行为之中的适用。

第三，就民事责任而言，从上表所列举的条文中可以看出，我国当前自然资源损害法律责任体系之中的绝大多数法律对于侵害自然资源的民事责任规定也大都只是在条文中规定"造成自然资源损害者，应当承担损害赔偿等责任"，同样也未对民事责任有更进一步的明确规定。而对于国家自然资源权益受损之时的损害赔偿问题，从中央层面的法律来看，当前只有《中华人民共和国海洋环境保护法》中明确规定了造成海洋环境资源损失的，海洋环境管理部门可以代表国家向致害人请求损害赔偿。① 而其他法律或是未涉及侵害行为对自然资源本身造成损害的民事责任的规定，如《中华人民共和国水法》以及《中华人民共和国野生动物保护法》或是在法律规定中，并未明确国家可以作为权利人向致害人主张损害赔偿责任。例如《中华人民共和国水污染防治法》之中对于污染水资源的相关民事责任规定为"因水污染受到损害的当事人，有权要求排污方排除危害和赔偿损失"②，《中华人民共和国土壤污染防治法》则规定"污染土壤造成他人人身或者财产损害的，应当依法承担侵权责任"③相较于《中华人民共和国海洋环境保护法》的明确规定，在《中华人民共

① 参见《中华人民共和国海洋环境保护法》第一百一十四条。

② 参见《中华人民共和国水污染防治法》第九十六条。

③ 参见《中华人民共和国土壤污染防治法》第九十六条。

和国水污染防治法》和《中华人民共和国土壤污染防治法》的法律条文的规定之下，当国家所有的水资源和土地资源遭受损害之时，国家是否能够作为民事权利主体向致害人主张损害赔偿则存在一定的争议。从地方层面来看，地方对于自然资源损害的民事责任的相关规定同中央存在相同的情形。可见，就当前我国有关国家自然资源权益受损之时的民事救济渠道仍有待进一步疏通。

第三节　自然资源损害赔偿规则之完善

完善自然资源损害赔偿规则，是健全损害国家所有自然资源法律救济机制的重中之重。国家作为自然资源权利主体，当自然资源受损之时理应得到相应的损害赔偿，科学完善的损害评估机制是建立健全自然资源损害赔偿制度、完善自然资源损害救济途径的前提和保障。为建立完善的自然资源损害赔偿机制，进一步完善自然资源损害救济途径，应当先从损害评估机制及损害救济途径等方面先行入手，建立健全相应的顶层设计，为自然资源损害赔偿制度的构建奠定基础。

一、明确自然资源损害与生态环境损害的边界

随着我国生态文明建设的不断发展以及自然资源产权制度建设的不断深入完善，自然资源所具备的多元化价值属性亦逐渐为公众所认可并加以重视，对于自然资源的保护达到前所未企及的高度。自然资源损害的救济作为一项事后救济机制，对于国家自然资源权益的保护具有重要意义。如前文所提及，当前我国自然资源损害的法律责任呈现出以行政责任为主、刑事责任以及民事责任为辅的情形，然而经过多年的实践经验表明，在我国当前自然资源损害法律责任模式之下，民事责任的缺位使得当前的救济模式存在其固有的弊端。从我国目前来看，除了《中华人民共和国海洋环境保护法》中明确规定了行使

海洋环境监督管理职权的部门可以就破坏海洋生态环境以及损害海洋资源的行为代表国家向致害人提起损害赔偿请求之外，①当前我国对于自然资源损害的民事救济大都一并归于环境损害的相关案件中，由相关的环境损害救济方式即环境公益诉讼和生态环境损害赔偿诉讼来对受损自然资源一并进行损害的救济。但正如前文所提及，自然资源损害与环境损害以及生态环境损害三者之间虽然存在部分概念上的重合，但从本质上而言，三者之间实则上存在本质的不同，因此在我国现有的环境损害赔偿的救济方式渠道之下，当自然资源受损之时，仅仅通过生态环境损害赔偿诉讼的救济方式来对环境侵害案件中的自然资源一并进行救济，实际上并无法实现对受损自然资源的有效及全面的救济。自 2018 年 1 月 1 日起施行的《生态环境损害赔偿制度改革方案》提出在全国范围内实行生态环境损害赔偿制度以来，我国有关损害国有自然资源权益的救济正式进入公益诉讼与生态环境损害赔偿诉讼双轨并存的模式。关于自然资源领域的公益诉讼问题，将在后文专章阐述，本节重点探讨生态环境损害赔偿诉讼保护国有自然资源权益的实现机制。

就生态环境损害赔偿诉讼而言，2018 年《生态环境损害赔偿制度改革方案》的初衷在于通过损害赔偿的方式来实现对受损生态环境本身的救济以及实现对受损生态环境的修复。方案将“生态环境损害”这一核心术语界定为“因污染环境、破坏生态造成大气、地表水、地下水、土壤等环境要素和植物、动物、微生物等生物要素的不利改变，及上述要素构成的生态系统功能的退化。”可见，该《方案》主要着眼于对构成生态环境的包括自然资源在内的各种要素所具有的生态环境功能损害赔偿。此外，从其所规定的损害赔偿的范围可以明确地看出该制度设计的初衷，根据方案规定，生态环境损害赔偿的范围包括了“清除污染的费用、生态环境修复费用、生态环境修复期间服务功能的损失、生态环境功能永久性损害造成的损失以及生态环境损害赔偿调查、鉴定

① 参见《中华人民共和国海洋环境保护法》第一百一十四条。

评估等合理费用”。2020 年 5 月 28 日通过的《中华人民共和国民法典》进一步对生态环境损害赔偿的范围加以明确规定。《民法典》将生态环境损害赔偿的范围界定为包括“生态环境受损至完成修复期间服务功能的损失;生态环境功能永久性损失;损害调查以及评估鉴定等费用;清除污染、修复生态环境费用以及防止损害的发生和扩大所支出的合理费用”。① 相较于《方案》而言,《中华人民共和国民法典》对于生态环境损害赔偿的范围新增了“防止损害发生和扩大所支出的合理费用”一项。无论是《方案》还是《民法典》,从损害赔偿的范围可见,生态环境损害赔偿制度主要着眼于对受损生态环境的救济,其赔偿范围体现了该项制度的核心理念与环境公益诉讼的本质理念存在相同之处。

环境损害案件往往伴随着大量自然资源受损的情形,例如因排污而导致的水资源以及河道和野生动植物资源受损等情况。而作为生态环境损害的客体之一,受损的自然资源本身除了具备生态环境价值之外更具备财产以及其他多元化的价值,生态价值的损害或许可以通过生态环境功能来予以修复,但自然资源本身所遭受的财产等其他多元化价值的损害是现阶段有关环境资源损害相关案件的损害赔偿范围所未涵盖的。然而在我国现行的损害救济模式之下,生态环境损害的相关案件实际上并未充分考虑到自然资源的价值,忽略了国家作为自然资源权利主体在环境损害相关案件之中所遭受的利益损失。当发生生态环境损害案件而导致自然资源受损之时,国家的自然资源权益实则常常被忽略。因此,建立健全自然资源损害救济制度是保障国家自然资源权益的解题之根本。

自然资源所具备的多元性属性即财产属性和生态环境属性等使得自然资源损害既不同于传统侵权责任法所规定的财产损害又异于环境侵权类损害。从当前的研究现状来看,学界对有关自然资源损害的研究往往都是将其置于

① 参见《中华人民共和国民法典》第一千二百三十五条。

环境与资源保护法的大学科背景之下，即主要是在有关生态环境侵权的案件中才会涉及对自然资源损害的讨论。但从当前理论界和裁判案例的现状来看，自然资源损害的概念在我国当前有关环境侵权损害的案件中仍较少见，相关案件和研究中主要使用的是“环境损害”或者“生态环境损害”指代行为对生态环境系统所造成的损害。环境损害、生态环境损害、自然资源损害三者在某些方面存在共通之处，例如上述概念都可以指代在环境侵权行为之中对生态环境构成要素所造成的损害。但从本质上看，环境损害、生态环境损害与自然资源损害所指向的三种不同的损害类型，其所指向的对象和损害的范围也各有差异。

首先，从环境损害与生态环境损害之间的关系来看。2014 年环境保护部颁布的《环境损害鉴定评估推荐方法（第 II 版）》（以下简称评估推荐方法）对环境损害与生态环境损害分别给出了定义。根据评估推荐方法第 4. 1 条和第 4. 5 条的规定可以看出，该方法将环境损害界定为“因污染环境或破坏生态行为导致人体健康、财产价值或生态环境及其生态系统服务的可观察或可测量的不利改变。”而生态环境损害则是指“由于污染环境或破坏生态行为直接或间接地导致生态环境的物理、化学或生物特性的可观察的或可测量的不利改变，以及提供生态系统服务能力的破坏或损伤”①。根据上述规定，学者指出，环境损害包含了人身损害、财产损害以及生态环境损害，生态环境损害则应当是环境损害的下位概念。②

其次，从自然资源损害与环境损害以及生态环境损害之间的关系来看，自然资源损害是对自然资源所带来的不利影响，并且由于自然资源的价值具备多元化属性，因此这种损害行为所带来的不利影响既可以表现为对民事主体所享有的自然资源权益的影响又可以表现为对于自然资源的非经济价值所产

① 参见《环境损害鉴定评估推荐方法（第 II 版）》第 4. 1 条、第 4. 5 条。

② 吕忠梅：《生态环境损害赔偿的法律辨析》，《法学论坛》2017 年第 3 期。

生的损害,如生态、教育和美学等方面的损害。① 而生态环境损害则是专指因环境污染或生态破坏的行为而导致的对大气、地表水、土壤以及森林和其他动植物以及微生物等的不利改变和上述要素所构成的生态系统的功能的退化。② 从上述定义中可见生态环境损害专注于环境污染行为和生态破坏行为对生态系统组成要素(包括本文所讨论的自然资源以及不纳入自然资源范畴内的组成要素)的生态环境功能带来的负面影响。而本书所讨论的自然资源损害除了关注自然资源遭受损害之时的生态环境功能退化之外,还注重对于自然资源所有者权利损害的补偿和救济,并且正如上文所述损害自然资源的行为也不仅仅表现为环境污染或生态破坏的行为,还包括了故意损害自然资源以及开发利用过程中导致自然资源损害的情形。可见从本质上来看,自然资源损害与生态环境损害之间存在交集的关系而非并集关系。

此外,从环境损害与自然资源损害的关系来看,环境损害往往表现为作为生态环境组成要素的自然资源遭受损害以及生态系统的平衡性遭受破坏,相对而言,自然资源损害并不必然导致环境损害,例如非法猎杀一只野生保护动物的行为必然导致了自然资源的损害,但该行为对于环境平衡的损害可能微乎其微,换言之该行为有可能并不会对环境造成不良的影响又或者其所造成的影响可能轻微至可忽略不计。综上,自然资源损害与上述生态环境损害和环境损害三者之间存在共同之处但又存在本质上的不同。以一个简单的砍伐林木的例子为例,当侵权人在国家有关自然保护区非法砍伐了一片数量不菲、足以对当地生态环境造成不良影响的国有林木之时,侵权行为人显然造成了自然资源损害,从而对国有林木的权利主体的权利带来了不利影响,此时被侵权的主体是对自然资源享有所有权的国家;从林木所具备的在当地区域的生态环境体系中的地位和所起的作用来看,该行为显然也对当地生态环境带来

① 冯汝:《自然资源损害之名称辨析及其内涵界定》,《科技与法律》2013 年第 2 期。

② 参见《生态环境损害赔偿制度改革方案》的相关规定。

了不利影响，且由于生态环境损害与环境损害之间的上下位概念关系，该行为必然也造成了环境损害；然而，倘若行为人并非砍伐了一片林木资源而只砍伐了一棵幼小树木之时，上述结论又将大为不同，在环境侵权行为中，当侵权的对象仅指向自然保护区内的一棵林木之时，很难衡量出对一小棵树木的损害会对当地生态环境系统会造成何种伤害，或者换句话说，损害一小棵林木的行为，对于自然保护区内的大的生态环境系统所带来的影响几乎可以忽略不计。然而，对于财产损害则不局限于损害数量的多寡，即使损害的是一棵林木仍然构成对自然资源资产的损害，而不能因为数量少就不认定为自然资源所有权人的权利未遭受到损害。从上述简单的案例中可以看出自然资源损害与环境损害和生态环境损害之间存在本质上的不同。

二、健全自然资源损害的构成认定规则

损害自然资源的行为作为一种法律事实，表现为对自然资源国家所有权和自然资源所具备的生态环境价值所造成的一种不利状态。其囊括了两个方面：一是损害自然资源的行为；二是自然资源国家所有权和生态环境价值受损的状态。侵权责任法主要从私法的角度出发，规定了一系列可以由其调整的人身损害和财产损害。在自然资源国家所有权的讨论背景之下，国家作为自然资源所有权人之时，国家的角色是民法上的民事权利主体。因此，在该种情形之下，侵害国家所有权的行为由侵权责任法律制度来调整有其内在的合理性。

根据我国法律对于侵权行为认定的有关规定，损害国家所有自然资源行为如果需要承担侵权责任应当同时满足 4 个构成要件，即存在损害国家所有自然资源的行为；造成国家所有自然资源损害的结果；损害与结果之间应当具备因果关系以及侵权人的主观构成要件。需要注意的是，自然资源损害侵害主体复杂多样，在某些情况下侵害主体难以识别和认定。① 从行为要件上看，

① 张璐：《自然资源损害救济机制类型化研究——以权利与损害的逻辑关系为基础》，法律出版社 2015 年版，第 19 页。

侵害自然资源的行为具备多元化的特征，其不仅可以表现为直接对自然资源进行侵害（例如滥砍滥伐国家所有林木），同时，还可能表现为环境侵权行为中对自然资源所造成的损害（例如污染环境的行为所导致的自然资源受损）。因此，进一步明晰侵害主体的识别规则显得尤为重要。从损害的结果来看，自然资源同时具备财产价值和生态环境价值，因此损害行为所带来的不利影响既可以表现为对自然资源本体的损害，又可以表现为对自然资源生态环境功能的损害。此外，因环境侵权行为所导致的自然资源损害案件中，受损的自然资源往往具备多样性，即受损的不仅是单一的自然资源。例如在河流污染事件中，对河床、河岸以及河流中的生物资源所造成的损害都应当被列入考量的范围之内，因此在认定损害结果之时，应当将受损的自然资源都纳入考察的范围之内，以期实现对受损自然资源的全面赔偿。最后，从主观要件来看，对于侵害财产权的规定主要是过错责任原则，而对环境侵权行为则采用更为严格的无过错责任原则。自然资源作为兼具财产属性与生态环境属性的特殊资源，在对自然资源损害构成要件进行认定之时，沿用规定较为严格的环境侵权的无过错责任原则较为适当。

三、明确自然资源损害的责任豁免规则

显然，在自然资源损害的相关情形之中亦会存在有关责任豁免的情形。故对于以下几种情形，即使构成损害自然资源的行为，也不应当追究侵权行为人的责任。

第一，基于基本生存需要而对自然资源所造成的损害不应当承担损害赔偿责任。例如，迷失在深山老林中的游客需要采摘果实充饥否则便无法生存，而其所采摘的果实恰属珍贵保护植物之时，或者当游客的生命安全正面临珍贵野生动物威胁，因自我防卫而造成相关动物死亡的情形等都不应当让行为人承担损害赔偿之责任。当然，基于生存之需要对自然资源造成损害同样也应当有一定的限定，因生存之需要而产生责任之豁免还要求行为人应当尽到一般注意义

务，将损害行为的结果最小化，例如同样是迷失于深山老林的游客，出于御寒之需要而在山林中生火取暖，但因未尽到应有的一般注意义务而导致森林火灾发生之时，就应当要求损害行为人承担相应的损害赔偿责任。因为对于一般人而言，森林中生火容易诱发森林火灾是一般常识，而当一个正常的行为人在知悉该种常识的情形下仍未尽到应有的注意义务之时，则不能有相关责任的豁免。

第二，为保护更为珍贵的自然资源而导致自然资源损害之时，行为人不应当承担损害赔偿责任。当行为人并无法定之义务，而是出于保护自然资源免受损害之目的，自发为了保护更为珍贵的自然资源免受损害而不得已导致另一自然资源受损之时，便不应当对此承担损害赔偿责任。从行为人的行为来看，其保护行为虽然对部分自然资源造成了损害，使得国家的权利因此受损，但造成损害的同时也保护了另一更为珍贵的自然资源。此时国家作为受损和受助自然资源背后的权利主体，从最终的损益情况衡量来看，其终究仍是既得利益一方，倘若此时要求行为人对其行为承担损害赔偿之责任，不仅有悖于民法之公平原则，同时更打击了公众对于受损自然资源救济之热情和意愿，不利于资源的保护。

第三，因不可抗力造成自然资源损害，正常开发利用者应当享受责任之豁免。如上文所述，在正常开发利用的过程之中，开发利用者的行为也存在对自然资源造成损害的情形，但正如上文所论及，上文正常开发利用行为之所以要对开发利用造成资源损害承担责任，是因为损害的发生往往是由于行为人违反安全生产之规范而导致相关安全生产事故，在该种情形之下，行为人对自然资源损害的发生从主观上存在一定的过失情形，因而应当对此承担损害赔偿之责任。然而当损害的发生并非是由于开发利用者之故意或过失，而是因为不可抗力的因素所导致，如地震等自然灾害导致矿井坍塌继而引发资源受损的情形，行为人对此便不应当承担损害赔偿之责任。但此时，行为人的责任也并非是完全豁免，作为正常开发利用者，因受让了国家对自然资源所享有的部分权利，因而对所掌控范围内的自然资源享有占有、使用、收益以及处分的权利。同时,由于开发利用者相对于自然资源所有者而言,其并非自然资源的最终所有者,因此,作为自然资源实际占有者的相关开发利用人,当发生不可抗力导致资源损害之时,开发者同样有义务避免损害的扩大,倘若开发者对之视若无睹,放任损害的结果进一步扩大,便需对扩大的部分承担不作为的侵权责任。

四、健全自然资源损害的评估规则

统一且合理的评估标准和程序有利于对自然资源受损程度做出清晰的评估认定,为后续的追偿工作奠定相关的基础,保障国家的自然资源权益。

首先,从评估的主体上来看,最高院于2019年6月颁布的《最高人民法院关于审理生态环境损害赔偿案件的若干规定(试行)》规定了负有环境资源保护监督管理职责的部门或者其委托的机构出具的环境污染事件调查报告、检验评估报告等经当事人质证,可以作为认定案件事实的根据。① 该条规定在一定程度上赋予了负有环境保护监督管理职责的部门对环境损害进行鉴定评估的主体地位。受该规定启发,国务院自然资源主管部门作为国务院授权的主体,代行自然资源资产所有者职责,②因此,在对自然资源的损害评估上,可以借鉴上述规定,由不同的自然资源相应的管理部门对自然资源损害进行评估,并且管理部门也可以视具体损害的情形决定是由自身进行评估或者委托相应的具备资质的评估机构对自然资源的受损状况进行评估。

其次,从评估的具体内容来看。环境保护部2014年颁布的《环境损害鉴定评估推荐方法(第二版)》规定了环境损害鉴定评估的主要内容包括了污染物属性鉴别、损害确认、因果关系判定和损害数额量化。③ 生态环境部于2018年颁布的《生态环境损害鉴定评估技术指南——土壤与地下水》中规定了损害评估的程序包括了鉴定评估准备、损害调查的确认、因果关系的分析、损害

① 参见《最高人民法院关于审理生态环境损害赔偿案件的若干规定(试行)》第9条。
② 参见2019年印发的《关于统筹推进自然资源资产产权制度改革的指导意见》。
③ 参见2014年印发的《环境损害鉴定评估推荐方法(第II版)》。

实物量化、损害恢复或价值量化、鉴定评估报告的编制以及恢复效果的评估。① 上述两份文件所规定的损害评估程序为自然资源损害的评估程序提供了良好的范本。综合上述评估推荐方法和评估技术指南的相关规定，可以将自然资源损害评估分为以下三个阶段。

第一阶段为评估计划阶段。评估计划阶段的主要工作任务是为后续评估工作的开展做准备工作，主要包括了对自然资源损害进行识别、初步判断自然资源的受损范围、确定评估机关以及明确自然资源损害鉴定评估的内容并且制定相应的评估工作方案。以突发环境污染事件中的土壤损害评估为例，当出现土壤污染损害情形之时，为了对受损的土壤进行损害评估，应当由当地相关的土地管理部门或者由当地生态环境部门牵头，明确损害类型即该种损害是由上文所提及的何种损害行为造成的。其次应当是确定损害的范围，再者是确定损害评估的主体，决定是由相关环境资源管理部门自行进行有关的评估抑或是委托相关环境损害鉴定评估机构开展相应的评估工作，并根据具体的损害和相关的实际情况确定鉴定评估的方法。近年来，为了贯彻国家生态文明建设理念，落实生态环境治理与制度改革的成果，全面加快环境损害鉴定评估机构的建设以及加强对鉴定机构和鉴定人员的管理成为了我国有关生态环境工作的重点内容，对此，司法部明确发文要进一步做好环境损害司法鉴定管理的有关工作。针对环境损害鉴定费用高的问题，司法部提出要推出一批在检察公益诉讼中不预收鉴定费的鉴定机构，做到每个省至少有一家不预收费的环境损害鉴定机构。对于环境损害鉴定评估机构水平良莠不齐的情形，司法部提出未来的工作重点是要加强环境损害评估机构的分类管理，确保各机构的执业范围与水平。② 从司法部的公文可以看出，委托独立的机构

---

① 参见2018年实施的《生态环境损害鉴定评估技术指南——土壤与地下水》。

② 《司法部办公厅关于进一步做好环境损害司法鉴定管理有关工作的通知》，中华人民共和国司法部官网，http://www.moj.gov.cn/government_public/content/2019-06/04/tzwj_236454.html，发布时间：2019年6月4日，访问时间：2019年12月26日。

进行损害评估将会是未来自然资源损害评估之主流。

第二阶段是评估实施阶段。在该阶段中的工作内容主要是根据第一阶段所确认的损害评估的鉴定方法来确定损害的程度以及对损害结果做出量化和确定赔偿数额。自然资源的损害不仅损害了自然资源的财产价值更损害了自然资源作为生态环境组成要素所具备的生态环境方面的价值,因此在对自然资源损害价值进行量化确定之时应当对上述两方面的价值均加以考量。而对上述价值损失的评估,可以参考《环境损害鉴定评估推荐方法(第二版)》中有关财产损害的评估方法和有关生态环境损害的评估方法,并据此将自然资源损害量化为具体的赔偿数额。例如,对于土壤污染中土地资源财产价值的损害可以依据《环境损害鉴定评估推荐方法(第二版)》所规定的固定资产损失项下的修复费用法即实际发生的固定资产的修复费用来进行计算。对于生态环境损害,《环境损害鉴定评估推荐方法(第二版)》则规定了替代等值分析法和环境价值评估法两种,规定当受损的环境功能不同之时,其所选择的评估方法也各不相同。因此,在土地资源损害评估之时应当根据具体的土地类型和用途来确定所选择的方法。

第三阶段是评估后阶段,即对自然资源损害修复状况的评估。自然资源作为生态环境的组成要素,对受损自然资源进行救济除了救济国家所有权之外还应当恢复自然资源受损前的生态环境功能。因此,评估后阶段的主要工作内容就是对评估阶段中所制定的有关自然资源修复方案实施效果的评估认定。例如,对于土壤污染损害修复后的评估,本书认为可以采用现场勘探的方式,通过现场采样检测的方法,对修复后的土壤所含污染物进行分析对比,来明确是否达到最初的修复目标,同时也要加强对周边自然资源的检测,保证相关污染源未波及周边的环境和资源。

五、完善自然资源损害行政磋商法律规则

根据《生态环境损害赔偿制度改革方案》的规定,在发生生态环境损害事

故之后，需要致害人对受损生态环境进行修复或者赔偿相关损失的，权利人可以根据相关的损害鉴定评估报告，就损害的事实以及相关的修复工作、赔偿的承担方式和修复的期限等事项与赔偿义务人进行磋商，再综合考虑各方面因素之后达成相关的赔偿协议。这一规则开创了有关生态环境损害案件的全新救济途径，对于自然资源损害赔偿磋商具有指导性的意义。在自然资源损害的相关案件之中，国家作为自然资源所有者，对受损自然资源应享有损害求偿的权利，而各自然资源相关管理部门作为代表国家行使自然资源权利的主体，理应作为权利主体代表国家参与相关的损害赔偿磋商。自然资源损害赔偿的行政磋商制度不仅能够实现自然资源损害救济的初衷，即通过磋商，双方共同寻求一条可行的救济方案，同时实现对自然资源财产价值损害的救济以及生态价值损害的救济，并且能够让致害人参与到相关的救济工作当中去，更好地实现对受损自然资源的救济。诚然行政磋商制度具有其独特的优越性，但不可否认，该项制度在实施的过程之中也会面临许多争议，例如行政磋商的正当性问题以及如何防止腐败磋商的问题，都是在制度的构建过程之中所应当予以考量的问题。

（一）行政磋商对保护国家所有自然资源权益之利弊分析

在传统的行政法律关系之中，行政机关以及其他由行政机关授权的承担行政任务的机关在行政法律关系之中主要处于“权威”的地位，而行政相对人的权利则处于公权力的对峙视角之下。① 生态环境损害赔偿磋商制度的出台将私法领域中的平等协商理念注入传统的行政法律关系之中，被视为是对传统行政法律关系的颠覆。

从生态环境损害赔偿之行政磋商的性质来看，当前学界和实务界对其持有两种不同的观点。其一，从学界和实务界的主流观点来看，通常将损害赔偿

① 郑春燕：《现代行政过程中的行政法律关系》，《法学研究》2008 年第 2 期。

中的行政磋商行为认定为遵循民事私法机制运行的行为，即在赔偿磋商中，原本的公权力机关与磋商相对人处于平等的民事主体地位，在该种平等的民事磋商行为中，赔偿义务人有权利拒绝作为赔偿权利人的行政机关所提出的磋商提议。其二，批驳者则认为单纯将自然资源损害磋商认定为单一的私法上的协商行为是仅仅停留在了制度的表面而不足以表现出该制度深层次的内涵。对"单一私法行为论"持反对观点的学者认为生态环境损害赔偿磋商制度是在公共行政过程中注入私法性的新型协商机制，其相较于传统行政行为而言具备平等性，但又不因为引入私法调整手段而丧失其公权行政的属性。① 对于上述论断，本文认为在自然资源损害赔偿磋商之中，私法性主要体现在磋商行为之中，但磋商仅是该项制度中的一环而并非制度的全部，在整个自然资源损害赔偿磋商制度之中，还包含了前期的损害评估调查、磋商与诉讼的抉择以及磋商启动的条件与程序和磋商方案的提出。而从《生态环境损害赔偿制度改革方案》的规定来看，方案赋权相关行政机关作为赔偿权利人根据损害评估报告就相关的损害事实与致害人进行磋商，而上述评估报告的认定以及相关种种磋商的辅助程序均体现了行政机关浓厚的公权力属性。据此作为糅合了传统公法与私法法律关系的二元化新型行政手段，行政磋商行为为传统公权至上的行政行为输入私法平等协商的血液，让致害人参与相关自然资源修复之中，而不同于传统的交完罚款便足矣，使得该项制度能够更好地实现对受损自然资源进行修复的初衷，因此具有其内在的合理性。

（二）自然资源损害赔偿中行政磋商之制度完善

在现代国家体制下，政府部门行政权力的行使几乎不可避免地要面对行政裁量的问题，而自由裁量权背后的本质属性又决定其必须是在一定的裁量空间中行使。换言之，即在行政磋商的过程中对自由裁量权必须加以有效的

① 黄锡生、韩英夫：《生态损害赔偿磋商制度的解释论分析》，《政法丛论》2017 年第 1 期。

控制而不能完全放任自由。[①] 在我国，自然资源国家所有即全民所有，也即自然资源具备公共所有的属性，因此在对自然资源损害赔偿方案进行行政磋商之时，对于行政磋商过程之中的自由裁量权的把握不仅是规范行政的要求，更是保障公众权利的要求。然而，我国并未建立完善的行政磋商程序。因此，如何完善自然资源损害赔偿中的行政磋商制度，对行政磋商中的行政机关的自由裁量权进行权衡把握，是行政磋商制度所要面临的一大问题。结合当前理论与实务界的做法，关于如何完善行政磋商制度、如何权衡把握自由裁量权以及如何避免腐败磋商问题的出现，可以从扩大公众参与等方面对自然资源损害的行政磋商制度进行完善。

六、完善自然资源损害赔偿金管理规则

2020 年 4 月，由财政部、自然资源部、最高人民法院、最高人民检察院等相关部门联合印发的《生态环境损害赔偿资金管理办法（试行）》（以下简称赔偿资金管理办法）正式发布。根据损害赔偿资金管理办法，我国关于生态环境损害赔偿金的管理采取将损害赔偿金作为地方政府的非税收项目收入、实行国库集中收缴纳入一般公共预算之中统一管理的方式。[②] 赔偿资金管理办法出台前，虽然全国各地并没有统一的管理模式，但从实践中的做法来看，将损害赔偿金归入财政专项账户纳入一般公共预算进行管理亦是较为普遍的做法。

损害赔偿资金进入政府财政部门的做法存在一定的优势，但是其也存在管理模式较为单一的弊病。损害赔偿金一旦纳入财政专户后则必须经由国家财政预算统一规划，行政化的预算管理模式恐难以适应日渐多样化的资金管

① 黄学贤：《完善行政裁量基准若干问题探讨》，《江海学刊》2009 年第 6 期。

② 参见 2020 年 4 月财政部、自然资源部、生态环境部、住房城乡建设部、水利部、农业农村部、国家林业和草原局、最高人民法院、最高人民检察院联合印发的《生态环境损害赔偿资金管理办法（试行）》第六条。

理需求，并且在实践中各地未设立专门的营运机构来运营资金，而只是将资金笼统地上交地方财政难以保证将资金真正落到实处。

相较于国内做法而言，美国和巴西等国家均采用的是设立基金的模式来对有关环境损害赔偿的专项资金予以管理。以美国为例，美国在具体的自然资源损害的案件中，对于赔偿金的管理是采用设立专门基金的方式，该种模式的优越之处表现在，当尚未确认赔偿义务人之时，可以率先从基金账户中提取部分款项用于生态环境损害的紧急处置。

从学界来看，国内学者也主张各省市探索建立损害赔偿金的基金管理模式，有学者指出基金管理模式相较于传统财政专项账户管理模式存在资金管理利用效率高、能够避免行政干预以及可以化解权力寻租三方面的优势。[①] 并且，从当前来看，管理主体与运营主体分离是管理类似大额资金的通行做法，例如我国当前的养老金管理制度和住房公积金管理制度其本质都是经由信托管理的模式委托专业机构对资金进行运营以期最大化盘活资金。

因此，对于自然资源损害赔偿资金的管理，建立自然资源损害赔偿资金信托亦是自然资源损害赔偿金管理的发展方向。在信托中，政府作为委托人将自然资源损害赔偿资金托付给作为受托人的专业机构。有学者指出，环境损害赔偿资金信托具备公益信托和慈善信托的性质，因此根据《慈善信托管理办法》的规定，绿发会、自然之友等环保组织完全可以作为该项信托的受托人。在信托管理方式上，受托人应当按照不同的诉讼所赔付的自然资源损害赔偿金设置不同的专项账户，专款专用，如若不足则由政府财政补偿，如有盈余则作为其他经费不足案件使用。[②] 可见，建立专项基金模式将会成为未来自然资源损害赔偿金管理的主流模式。

---

① 陈爱武、姚震宇：《环境公益诉讼若干问题研究——以生态环境损害赔偿制度为对象的分析》，《法律适用》2018 年第 1 期。

② 竺效、蒙禹诺：《论生态损害赔偿资金的信托管理模式——以环境公益维护为视角》，《暨南学报》2018 年第 5 期。

第九章　生态综合执法保护自然资源国家所有权的行使

生态综合执法改革，是生态环境保护综合行政执法改革的简称，改革的基本路径是将原先分散在各个环境保护管理部门和自然资源管理部门的执法权归拢起来，统一由一个执法部门来行使环境资源与生态保护领域的执法权。将自然资源领域的执法事项纳入生态综合执法改革，可以有效整合环境保护和国土、农业、水利、海洋等部门的执法力量，实现土地、森林、水、湿地、草原、海域海岛等各种自然资源的整体性保护，对于加强自然资源国家所有权行使的法律保护意义重大。

第一节　自然资源领域生态综合执法概述

长期以来，针对自然资源领域的行政违法行为，法律一般赋予管理该自然资源的政府职能部门行使行政执法权。例如，对超越批准的矿区范围采矿的行政处罚，执法主体是各级自然资源主管部门；①对于滥伐林木的，执法主体是各级林业主管部门；②对于擅自修建水工程的，执法主体是县级以上人民政

① 参见《中华人民共和国矿产资源法》第三十九条。

② 参见《中华人民共和国森林法》第七十六条。

府水行政主管部门或者流域管理机构①等等。由不同的自然资源管理部门分别行使自然资源执法权,有利于自然资源执法的专业化,然而,这种由不同的政府职能部门分别负责某一类型自然资源的执法模式,其弊端也日益凸显。当某一违法行为在破坏森林资源的同时,还破坏了土地资源、水资源、野生动植物资源等其他自然资源时,原先的部门分割执法遇到了难以逾越的障碍,执法过程中的部门利益倾向和推诿责任现象在所难免,而最终受损的则是国家的自然资源权益。不仅如此,自然资源的保护与生态环境的保护在执法过程中也是需要统筹考虑的,自然资源执法不能仅考虑对自然资源的保护,还应当充分保护自然资源所处的生态环境,而资源与环境的一体保护,则是有效行使自然资源国家所有权的关键要素。因此,保障自然资源国家所有权的有效行使,仅仅依靠传统的自然资源类型分割的执法模式是不够的,逐步将自然资源执法事项纳入生态综合执法事项是大势所趋。简言之,加强自然资源领域的生态综合执法改革,既是实现自然资源整体性保护的内在要求,也是促进自然资源国家所有权有效行使的客观要求。

2018 年 12 月,中共中央办公厅、国务院办公厅印发了《关于深化生态环境保护综合行政执法改革的指导意见》(以下简称《生态综合执法指导意见》),标志着生态综合执法改革从试点探索阶段转入了全面铺开的新阶段。随着改革的纵深推进,生态综合执法在保障国有自然资源权益方面的优势逐渐显现出来。2020 年 3 月,生态环境部颁布的《生态环境保护综合行政执法事项指导目录(2020 年版)》(以下简称《生态综合执法指导目录》)将部分自然资源执法事项正式纳入生态综合执法事项,标志着自然资源领域的生态综合执法改革迈出了实质性的一步。《生态综合执法指导目录》共收录了 248 项生态综合执法事项,其中,与自然资源执法相关的事项有 22 项。可见,自然资源领域的执法事项已经成为生态综合执法事项的重要组成部分,表明了生

① 参见《中华人民共和国水法》第六十五条。

态综合执法在保护自然资源国家所有权行使中将发挥日益重要的作用。

第一,将自然资源领域的执法事项统筹到生态综合执法事项之中,有利于执法者统筹兼顾自然资源权益与生态环境利益,避免在执法中出现“自然资源财产权益”与“自然资源生态环境利益”顾此失彼、厚此薄彼的现象,而这是单纯的自然资源执法所无法实现的功能。例如,根据《中华人民共和国土地管理法》第七十五条的规定,对因开发土地造成土地荒漠化、盐渍化的,由自然资源主管部门、农村农业主管部门作为执法主体,这一执法模式无法顾及违法开发土地造成的环境破坏问题。《生态综合执法指导目录》将该事项纳入生态综合执法事项之后,此类违法行为由生态综合执法部门行使行政处罚权,能够有效实现自然资源权益与生态环境利益的统筹兼顾。国家作为自然资源所有者的合法权益,既包括了自然资源所具备的财产权益,也包括了自然资源所具备的生态环境效益和相关的社会公共利益。因此,通过生态综合执法来保护自然资源国家所有权的行使,可以有效避免执法过程中只注重保护被破坏的自然资源而忽视了可能存在的生态环境破坏。

第二,通过生态综合执法保护自然资源国家所有权的行使,有助于把握自然资源国家所有权行使限制的“度”。自然资源国家所有权的行使应当促进自然资源的可持续开发利用、不破坏生态环境、不损害社会公共利益,实现这些目标都需要对自然资源国家所有权的行使进行必要的限制,但这种对自然资源开发利用的限制应当把握好方寸,而生态综合执法通过对违法开发利用资源行为的约束,恰恰有助于控制好自然资源国家所有权行使限制的“度”。正如学者所言,公共利益概念应作为对社会主导利益集团权力的制衡力量而存在。①

第三,有利于规范自然资源开发利用的行为。允许一般的民事主体开发利用国家所有的自然资源,这是发挥自然资源价值、保障公众自然资源需求的

---

① [英]迈克·费恩塔克:《规制中的公共利益》,戴昕译,中国人民大学出版社 2014 年版,第 35 页。

内在要求。但不可否认的是,并非所有的自然资源开发利用主体都具有自觉保障国家自然资源权益的意识,破坏性开发利用自然资源、掠夺性开发利用自然资源、低效率开发利用自然资源、高污染开发利用自然资源等行为屡见不鲜。尽管不少的现行自然资源法律法规试图通过强化自然资源执法来规范开发利用自然资源的行为,但由于我国自然资源法律法规相对分散,自然资源执法的震慑力并没有得到充分的展现。例如,对在自然保护地内进行非法开矿、修路、筑坝、建设造成生态破坏的行政处罚,处罚依据分散在《中华人民共和国野生动物保护法》《中华人民共和国自然保护区条例》《风景名胜区条例》《在国家级自然保护区修筑设施审批管理暂行办法》等法律法规规章之中,规定的执法主体也不尽相同,自然保护区行政主管部门或者其授权的自然保护区管理机构、风景名胜区管理机构、林业主管部门作为执法主体分别规定在不同的法律条款之中,这种现象极易导致执法主体之间的权责不清与推诿扯皮,重复执法或者执法真空的问题也会随之出现。克服这一执法困境的良方,便是将此类执法事项纳入生态综合执法事项,统一由生态综合执法部门进行执法。由此可见,通过生态综合执法规范自然资源开发利用行为,有利于克服执法依据多样、执法主体多头而导致的自然资源执法困境,这对于保障国家的自然资源权益无疑具有十分重大的意义。

第四,有利于明确违法开发利用自然资源的执法主体。在现有的法律规定中,对同一开发利用自然资源的违法行为,存在多个执法主体的情形并不鲜见。比如,根据《煤矸石综合利用管理办法》第二十三条的规定,违法新建(改扩建)煤矿或煤炭洗选企业建设永久性煤矸石堆场的,由国土资源等部门监督其限期整改;造成环境污染的,由环境保护部门进行处罚;不符合产品和工程项目相关国家或者行业标准的,由质量技术监督部门进行处罚;造成安全事故的,由安监部门进行处罚。但如果同一违法行为既是违法改建,又造成了环境污染,同时还不符合相关标准并造成了安全事故,那应当由哪个部门进行处罚呢?生态综合执法可以有效解决这一执法困境,解决因存在多个执法主体带来的执法主体不明晰的问题。

第五，有利于提升保护特定领域自然资源执法的有效性。例如，对于湿地自然保护地的各种各样破坏行为，《中华人民共和国固体废物污染环境防治法》《中华人民共和国自然保护区条例》《湿地保护管理规定》等分别规定了有权进行行政处罚的执法部门，这种针对不同的破坏行为由不同的执法部门进行执法可以实现执法的专业化与精细化，但却忽视了一个基本问题：无论在一块湿地上实施何种破坏性行为，最终受到破坏的都是该湿地资源，都需要先评估该湿地资源受到的破坏程度，再以此为依据作出相应的处罚决定。如果将不同的湿地违法行为分散在不同的执法主体，那么就很难对湿地资源的状态有一个连贯的把握。当多个违法行为出现在同一片湿地之上时，不同的执法主体会出现对湿地破坏状态的不同认识，无法有效识别湿地破坏的后果究竟是由哪一个违法行为导致的。这就可能出现轻犯重罚或者重犯轻罚的现象。为克服这一重视破坏原因、忽视破坏结果评估的尴尬执法困局，更是为了克服自然资源执法中的不公正现象，将这类自然资源执法纳入生态综合执法是非常必要的。

第二节　自然资源领域生态综合执法的实践探索

在实践中，由于对生态综合执法之“综合”的理解和把握各不相同，自然资源保护的生态综合执法在各地展开了不尽相同的实践探索，出现了不同类型的生态综合执法模式。这些不同的生态综合执法模式在保护国家自然资源权益中发挥着各自的作用。

一、“污染防治+资源保护+生态保护”的生态综合执法模式

这是一种高度整合、全面集中的综合执法模式，在这一模式下，所有的自

然资源执法事项都归入生态综合执法事项，自然资源管理部门不再从事自然资源执法事宜。福建省大田县的生态综合执法改革就是这一模式的典型代表。2017 年，大田县成立了福建省第一个生态综合执法局，该局全面履行该县环境生态监督检查职能，依法查处未经批准进行采石、取土、捞沙、采矿、排污、弃土、弃渣、水洗沙、水洗矿、占用河道、水土流失等破坏环境生态的行为。① 可见，大田县的生态综合执法集中了污染防治、资源保护和生态保护的行政处罚权，是一种全覆盖的生态综合执法模式。在这一综合执法模式下，一个县只有一支环境资源领域的执法队伍，其最大优势在于可以避免环境资源管理部门之间的推诿扯皮。就保护国家自然资源权益的作用而言，这种大综合的生态执法模式对国家所有自然资源的保护是立体的、全面的，既能从污染防治执法层面打击污染国家所有自然资源的行为，又能通过自然资源执法层面打击直接破坏国家所有自然资源的行为，还能从生态执法层面打击破坏国家所有自然资源所处生态环境的行为。在该生态综合执法模式之下，自然资源保护执法是生态综合执法的重要组成部分，对于保护国家自然资源权益意义重大。以河砂保护为例，河道非法洗砂的行为严重损害国家自然资源权益，打击非法洗砂行为已经在实践中成为生态综合执法的一个重点领域。当然，这一模式要有效运行起来，必须解决好三个关键性问题。一是如何将原先分散在各职能部门的执法权有效整合起来，并明晰生态综合执法的职权边界；二是如何让原先专门负责某一领域执法的人员具备综合执法的素质和能力，并有效履行生态综合执法的任务；三是执法权从原先的环境资源管理部门剥离出来之后，在执法过程中如何有效获得环境资源管理部门的信息支持和技术支持。

① 《福建省大田县生态综合执法局生态综合执法》，中国政法大学法治政府研究院网站，http://fzzfyjy.cupl.edu.cn/info/1053/7113.htm，发布时间：2017 年 8 月 28 日，访问时间：2019 年 8 月 25 日。

二、"污染防治+生态保护"的生态综合执法模式

在这一模式中,与污染防治、生态保护紧密相关的自然资源执法事项归入生态综合执法事项,其他的自然资源执法事项仍然由相关的自然资源管理部门执法。在 2018 年 12 月印发的《生态综合执法指导意见》之中,明确将"整合相关部门污染防治和生态保护执法职责、队伍,相对集中行政执法权"作为生态综合执法基本原则之一。根据生态环境部公布的数据,2019 年上半年全国已经有十六个省份根据《生态综合执法指导意见》印发了具体的落实方案,①这表明"污染防治+生态保护"的生态综合执法模式将在全国范围内陆续铺开。不少的地级市也结合环境保护垂直管理体制改革启动了生态综合执法改革。例如,2019 年 11 月保定市启动生态环境综合行政执法改革,整合原属生态环境、自然资源和规划、农业农村、水利等部门相关污染防治执法和生态保护执法职责,由生态环境保护综合执法队伍统一行使生态环境保护执法职能。② "污染防治+生态保护"的生态执法模式,对国家所有自然资源的保护主要体现在保护与自然资源相关的国家环境权益与国家生态利益,一是打击污染国家所有自然资源的行为,二是打击破坏国家所有自然资源所处生态环境的行为。而对于盗伐林木、盗采矿产资源等直接破坏自然资源的违法行为,则不属于该综合执法模式下的职能。

三、"污染防治+陆地生态保护"的陆地生态综合执法模式

在这一综合执法模式之下,仍然存在着两支环境资源领域的执法队伍,一

① 《生态环境部:16 省份已印发生态环境综合行政执法改革意见》,中国新闻网,http://www.chinanews.com/gn/2019/04-29/8823753.shtml,发布时间:2019 年 4 月 29 日,访问时间:2019 年 8 月 25 日。

② 寇国莹:《保定启动生态环境综合行政执法改革》,《河北日报》2019 年 11 月 11 日。

支是陆地生态综合执法队伍，一支是海洋生态执法队伍。存在陆地、海洋二分的生态执法格局，其理由主要有两个方面。从法律依据层面而言，目前《环境保护法》与《海洋环境保护法》并存的法律架构决定了陆地环境执法与海洋环境执法存在差异性，在我国制定一部统一的《环境法典》之前，陆地、海洋二分的环境执法格局有其法律正当性。当然，更重要的原因在于海洋环境资源执法与陆地环境资源执法存在着巨大的差异性。以海砂执法为例，没有专门的船只、专业的人员和专业的技术支撑，根本无法完成打击海上非法采砂行为的执法任务。让长期在陆地开展环境资源执法的人员从事海洋环境资源执法任务，既不合理也不现实，保护国家海砂资源权益的目标就会落空。两支执法队伍各司其职，分别负责保护陆地自然资源和海洋自然资源，具有一定的合理性。这一综合模式主要适用于位于内陆远离海洋、无须考虑海洋生态执法的地区。但在沿海地区，普遍存在着陆地生态执法和海洋生态执法二分的格局。尽管如此，也应当看到陆海生态执法分割存在的弊端。一方面，陆地生态环境和海洋生态环境共同构成了一个有机联系的地球生态环境，陆地生态环境遭到破坏的同时会对海洋生态环境造成负面影响，海洋生态环境的变化也会影响到陆地生态环境的质量，将陆地生态环境与海洋生态环境分割执法的一大弊端就是忽视了二者之间这种相互影响、相互作用、不可分割的联系，最终将直接影响到整个生态环境治理的改善。另一方面，陆地生态执法和海洋生态执法二分的情形下容易形成执法的真空地带，特别是在陆地和海洋的交界处，有些破坏环境资源的行为是在陆地上实施的，最终污染物流入大海，受到污染的却是海洋资源；反之亦然，有些破坏生态的行为是在海上实施的，但其影响的范围却波及陆地自然资源。因此，陆海统筹是生态综合执法的努力方向和改革趋势，关键在于如何根据现实的条件有序地推进生态执法的陆海统筹。

第三节　自然资源领域生态综合执法的难点探析

目前,生态综合执法改革已经在全国铺开。但必须清晰地认识到这项改革的复杂性和艰巨性,在改革过程中仍然存在执法职权范围的边界界定不清、综合执法与专业执法的分合把握不准、陆海生态执法的统筹推进不力、法律责任承担的衔接机制不畅等诸多现实难题。

难点一:如何确定生态综合执法的职权范围?

按照 2018 年 12 月印发的《生态综合执法指导意见》,自然资源领域的生态综合执法的职权范围主要包括两大类,即与自然资源保护相关的污染防治执法与生态保护执法。"污染防治"的执法范围确定起来相对容易,可以根据被污染的环境要素确定具体的执法事权,具体包括了土壤污染执法、水污染执法、大气污染执法、噪声污染执法、固体废物污染执法等领域的污染防治执法。总体而言,环境污染类执法的执法依据相对明确、执法边界相对清晰,例如,土壤污染执法主要依据《中华人民共和国土壤污染防治法》,大气污染执法主要依据《中华人民共和国大气污染防治法》,固体废物污染主要依据《中华人民共和国固体废物污染环境防治法》。当然,也有部分环境污染类执法依据存在于多个部门法之中,执法职权边界不清的问题就凸显出来。以环境噪声污染执法为例。根据《中华人民共和国环境噪声污染防治法》,生态环境主管部门是主要噪声污染执法部门。然而,根据《城市管理执法办法》,城市管理行政执法部门具有城市噪声污染执法权。从法律效力上讲,《中华人民共和国环境噪声污染防治法》是全国人大常委会制定的法律,《城市管理执法办法》是住房和城乡建设部制定的部门规章,《中华人民共和国环境噪声污染防治法》的法律位阶明显高于《城市管理执法办法》,环境噪声污染执法应当是生态综合执法部门唱主角,但具体的执法实践却并非如此。

以“噪声污染执法”为关键词、以“2019 年 1 月 1 日——2020 年 1 月 1 日”为时间条件在百度中搜索网页新闻，可以发现噪声污染的执法部门基本上都是城市管理执法部门，并非生态环境执法部门。可见，如何厘清生态综合执法部门与城市管理综合执法部门的职权边界，是明确生态综合执法事权的一个重要任务。

厘清“生态保护”的内涵与外延，是确定生态综合执法职权范围的又一难点问题。在环境科学领域，生态保护是指人类对生态环境有意识地保护；①生态保护是人类遵循生态规律有意识地对生态环境采取一定对策及措施进行保护的活动，生态保护工作的对象包括自然生态系统的保护、自然资源的保护、生物多样性的保护、自然保护区的建设与管理、城乡生态保护等等。② 尽管学者对生态保护的概念表述上各不相同，但都强调了自然资源的保护是生态保护不可或缺的组成部分。

由于生态保护并没有作为一个法律术语出现在我国的法律条文之中，关于生态保护的概念界定存在诸多争议，导致了实践中对生态保护执法的范围认识不统一。由于《中华人民共和国宪法》第二十六条使用了“国家保护和改善生活环境和生态环境”的表述，使得“生态保护”与“生态环境保护”常常被混同使用，这种混同使用在一般情形之下不会产生争端，但在确定生态综合执法事项时却会因概念边界不清而导致执法事项不明。《生态综合执法指导意见》将污染防治执法与生态保护执法作为两项并列的职权，这表明了生态保护执法不可扩张解释为生态环境保护执法。可见，厘清“生态保护”的内涵和外延对于明确生态保护执法的范围至关重要。学术界对生态保护的界定也不尽相同。有学者认为，生态保护是指国家和社会为使特定区域生态环境免遭人类活动的不利影响，避免区域内生物有机体之间及其与外界环境之间的有

① 孔繁德等编著：《生态保护》，中国环境科学出版社 2003 年版，第 18 页。

② 李旭东等编著：《生态保护》，中国环境科学出版社 2005 年版，第 4—5 页。

机联系遭受破坏而采取的保护措施。① 该界定强调了生态保护的对象主要是一定区域内的“生物有机体之间及其与外界环境之间的有机联系”。从这一界定出发，只有破坏这种“有机联系”的才属于生态保护执法的范围，破坏个体生物的则不属于生态保护执法的范围。这种解释在学理上完全可行，但在实践中却会遭遇不小的难题。以水生态执法为例。企业将污染物违法排入河流，不仅污染了水资源、水中动植物资源，也污染了河岸、河床，并导致了一定区域的生态破坏。一个行为既导致环境污染，也导致了自然资源损害，还导致了生态受损，而这三种破坏之间存在着密不可分的联系，在确定执法事项时将其分割开来既不科学也不合理。可见，就生态综合执法的范围而言，不能仅仅将“生态保护”限定在保护“生物有机体之间及其与外界环境之间的有机联系”这个范围之内，而应当是包含了保护被破坏的自然资源本身。尽管《生态综合执法指导目录》已经收录了 22 项与自然资源执法相关的事项，但这些事项在所有的生态综合执法事项的占比不到十分之一，自然资源领域的生态综合执法事项仍然具有进一步增补和改进的空间。

难点二：如何促进自然资源领域生态综合执法的有效实施？

将自然资源领域的执法事项逐步纳入生态综合执法事项，有利于统筹保护与自然资源相关的财产利益、环境利益和生态利益，避免自然资源执法中的顾此失彼或者挂一漏万。但生态综合执法要真正实现统筹保护自然资源利益的目标，并不是通过将自然资源执法事项归入生态综合执法事项指导目录就一步完成的。事实上，完善生态综合执法事项指导目录只是迈出了第一步。实现自然资源领域生态综合执法的有效实施，还需要攻克四大难题。

第一，自然资源领域生态综合执法的专业化问题。将自然资源领域的

① 黄锡生、史玉成主编：《环境与资源保护法学（第四版）》，重庆大学出版社 2015 年版，第 238 页。

执法事项纳入生态综合执法事项，不仅仅是一个执法事项重新组合的问题，更重要的是执法主体发生了变化。生态综合执法部门与执法事项整合之前的自然资源执法部门相比，执法的综合性是其一大优势，但执法的专业性却是其不得不面对的一个现实问题。具体而言，负责自然资源执法事项的生态综合执法人员是否熟悉自然资源相关领域的法律规定、技术标准和违法事实认定规程，是其能否有效应对新移转执法事项的关键。将原先自然资源执法人员直接整合到生态综合执法队伍之中是攻克这一难题的有效路径。然而，在仅仅一小部分自然资源执法事项整合到生态综合执法事项的大前提下，要实现自然资源执法人员与自然资源执法事项的同步移转，是不容易实现的，尤其是在自然资源执法队伍本身就不充裕的情形下，抽调自然资源执法人员更是难上加难。即使抽调部分原先自然资源执法人员充实到生态综合执法队伍之中，也无法完全解决自然资源执法专业化的问题。例如，林业执法人员不一定熟悉矿产资源领域的执法，水资源执法人员不一定熟悉林业执法。由此可见，拆东墙补西墙的方法是无法从根本上解决生态综合执法中的自然资源执法专业化问题。在自然资源执法事项纳入生态综合执法之后，生态综合执法队伍的专业化建设必须作为一个系统工程加以统筹推进。

第二，自然资源领域生态综合执法的信息共享问题。自然资源单独执法事项移转到生态综合执法事项之中，生态综合执法部门如何与原先的自然资源管理部门实现信息共享，是生态综合执法能否有效保护国有自然资源权益的一个关键环节。建立生态综合执法部门与自然资源管理部门之间的案件信息共享机制，既有利于发现破坏自然资源的案件线索，又有利于借助自然资源管理部门的技术优势认定违法事实，还有利于实现自然资源管理与自然资源执法的无缝衔接。建立健全这一信息共享机制的难点在于，相关的自然资源管理信息在实现生态综合执法部门与自然资源部门之间跨政府部门的信息共享时，如何保证信息共享的及时性、安全性和有效性。自然资源案件信息共享的及时性，要求生态综合执法部门的相关信息需求能够在第一时间得到自然资源管理部门的响应；自然资源案件信息共享的安全性，要求在信息共享的同时要注重不宜公开信息的管理，杜绝自然资源案件信息因共享而出现案情泄露；自然资源案件信息共享的有效性，要求共享的信息能够为生态综合执法部门发现破坏自然资源违法线索、处置自然资源案件提供全面、客观且充足的信息，避免因提供片面的或者局部的信息而误导执法人员作出非客观的判断。为实现自然资源案件信息共享的及时性，需要在生态综合执法部门与自然资源管理部门之间建立一个有效的沟通协调机制和引导督促机制；为实现自然资源案件信息共享的安全性，需要加强信息共享人员的保密管理与信息共享平台的软硬件建设；为实现自然资源案件信息共享的有效性，需要完善自然资源案件信息共享的技术导则，从程序和内容两个方面明确自然资源案件信息共享的规范要求。

第三，自然资源领域生态综合执法的陆海统筹问题。自然资源包括了陆地自然资源和海洋自然资源，自然资源领域的生态综合执法应当将陆海统筹作为一个基本指导思想加以贯彻。在前文提及的《生态综合执法指导目录》收录的22项自然资源领域执法事项中，陆地自然资源执法事项有16项，海洋自然资源执法事项有6项。从数量上看，海洋自然资源执法事项偏少，且与陆地自然资源执法事项的衔接不够，陆海统筹的理念还没有得到充分的体现。作为各类自然资源的载体，陆地和海洋同样是不可分割的生命共同体。① 在自然资源执法过程中必须破除"重陆轻海"的传统观念，把实现自然资源领域生态综合执法的陆海统筹作为保护国有自然资源权益的一个基本要求加以贯彻落实，尤其是应当不断强化通过行政执法保护海岛海域的意识。当前，尤其是要注重加强对无居民海岛的执法保护，统筹考虑无居民海岛的岛上自然资

① 《自然资源部组建成立　坚持陆海统筹，形成建设海洋强国的合力》，搜狐网，https://www.sohu.com/a/279439551_726570，发布时间：2018年12月3日，访问时间：2019年11月20日。

源保护与岛屿周边海域保护。当然，在推进自然资源执法陆海统筹的过程中，还应当充分重视海岛、海域以及其他海洋自然资源行政执法的特殊性，避免生搬硬套陆地自然资源执法的方式方法。在陆海统筹自然资源执法的过程中，要重视研究复杂多样、变化频繁的海洋生态环境给自然资源执法带来的挑战，敬畏未知的海洋自然资源开发利用领域，不断提升海洋自然资源执法的科学化、专业化，避免将陆地自然资源执法的做法简单粗暴地移植到海洋自然资源执法之中。

第四节　自然资源领域生态综合执法的制度完善

生态综合执法事项的确定是一个错综复杂的系统工程，有效落实自然资源领域的生态综合执法，仍然需要在厘清权责边界、加强执法队伍建设、推进各部门协同推进等方面不断探索。

一、厘清执法权责边界

科学界定综合执法改革的权责边界，关键是要明晰自然资源管理部门与生态综合执法部门在自然资源领域执法的分工。生态综合执法改革之后，如果自然资源管理部门与生态综合执法部门之间的权责不清，简单应付、推诿扯皮等环境资源执法的顽疾仍然难以得到有效解决。在《生态环境保护综合行政执法事项目录（2020年版）》中，已经有22项自然资源领域的执法事项纳入生态综合执法事项，但仍然需要进一步细化自然资源管理部门与生态综合执法部门之间的权责与分工。2020年4月10日，国家林业和草原局办公室印发了《关于做好林业行政执法与生态环境保护综合行政执法衔接的通知》，就"对在自然保护地内进行非法开矿、修路、筑坝、建设造成生态破坏的行政处罚"这一执法事项提出了按照时间节点移交执法事项的要求，并强调要在移交完成后进一步明晰执法权限与执法责任。① 这是自然资源管理部门在指导目录发布之后对移交执法事项作出的积极响应，为厘清自然资源管理部门与生态综合执法部门之间的权责边界提供了可供复制的模式。

在明晰职权的过程中，还应当因地制宜确定生态综合执法的职权范围。由于各地的区域特点不同、执法力量不均、经济社会发展水平不平衡，各省在确定生态综合执法的职权范围时，不应当采取“一刀切”的标准。因此，各地的生态综合执法部门应当主动探索，因地制宜确定生态综合执法的职权范围，为将来进一步完善生态综合执法事项目录提供丰富的实践基础。如前文所述，生态综合执法的最理想模式应当是“污染防治+生态保护+自然资源保护”的整体综合执法模式，这对于保护国家自然资源权益是最为有利的一种模式。《生态综合执法指导目录》明确提出，地方需要对部分事项的实施主体作出调整的，可结合部门“三定方案”作出具体规定，依法按程序报相关部门批准后实施。因此，推进自然资源领域的生态综合执法改革，应当充分考虑地域特点，根据不同的区域特征选择相应的综合执法模式。以福建省为例，在南平、三明等资源为主型的城市，其特点在于林业资源、水资源执法占据了环境资源执法的绝大多数，在这类地区实行“污染防治执法+资源保护执法+生态保护执法”的生态大综合执法模式有利于环境与自然资源的一体保护；而在福州、泉州等企业数量众多的经济发达城市，企业污染防治执法是环境资源执法的重头戏，需要生态综合执法重点抓好污染防治和生态保护的执法工作，此时，采取“污染防治+生态保护”的生态综合执法模式则较为稳妥，而自然资源保护的执法权则可以保留在相应的自然资源管理部门，或者通过委托授权的方式，由生态综合执法部门授权给自然资源管理部门行使执法权。

---

① 《国家林业和草原局办公室关于做好林草行政执法与生态环境保护综合行政执法衔接的通知》（办发字〔2020〕26 号），国家林业和草原局官网，http://www.forestry.gov.cn/main/5113/20200416/085339075868107.html，发布时间：2020 年 4 月 16 日，访问时间：2020 年 4 月 17 日。

二、规范组建执法队伍

组建能够胜任自然资源领域执法的生态综合执法队伍,是履行好自然资源领域各项执法任务的根本保证。《生态综合执法指导意见》已经在“规范机构设置”一节中明确提出了执法队伍建设的要求。当前,应当在执法机构设置、执法队伍专业化水平建设、执法人员综合素质养成等方面不断加强执法队伍的规范化建设。一是要不断完善生态综合执法机构设置;二是要加强综合执法队伍的专业化水平建设;三是要加强对执法人员的综合素质养成。

三、形成各部门协同推进自然资源领域执法改革的工作格局

自然资源领域生态综合执法的有效推进,有赖于自然资源管理部门、生态综合执法部门、公安机关、司法机关等各部门的通力协作。有条件的省份建议设置生态环境保护综合执法改革领导小组,负责协调推进各相关部门的协作,确保改革各项任务要求在相关部门得到有效落实,形成生态环境保护综合行政执法改革的合力。一是加强自然资源管理部门与生态综合执法部门的协作。改革涉及环境保护和国土、农业、水利、海洋等部门的职责整合和人员调整,需要各相关部门迅速领会改革的精神要旨,有效落实改革的各项任务要求。二是要加强各类综合执法队伍执法的协同。生态综合执法改革的推进需要市场监管、文化市场、交通运输、农业、城市管理等其他综合执法队伍的通力协作。三是加强司法部门与生态综合执法部门的协作。健全行政执法与司法衔接机制是实现全方位保护国家自然资源权益格局的内在要求。生态综合执法的深入推进,需要健全行政执法与司法衔接机制,形成生态综合执法部门与公安部门、检察机关和人民法院在保障国家自然资源权益中的有机联动。四是加强自然资源领域的执法信息共享,尤其是要通过加强自然资源执法信息共享平台建设,加强自然资源管理部门与生态综合执法部门的信息共享。

四、加强自然资源领域生态综合执法的陆海统筹

在保障国家自然资源权益上，应当着力构建陆海统筹的生态综合执法模式。陆海统筹所“统筹”的主要内容包括陆海空间布局、陆海资源开发利用、陆海生态环境治理、陆海管理体制机制等。① 一方面，要把准陆海统筹的自然资源执法要点。尽管陆海统筹是基于生态整体性保护的内在要求，但并非所有环境资源执法领域的执法都需要考虑到陆海统筹。例如，在远离海洋的山区盗伐少量林木的行为，其主要是对特定区域的森林资源造成了破坏，对海洋的生态破坏基本上可以忽略不计，在这一情形之下强调生态执法的陆海统筹既无必要也不科学。但对于在陆地上污染河流，且该污染最终将流入大海的生态破坏行为，就应当注重生态综合执法的陆海统筹。另一方面，加强陆海自然资源联结点的执法衔接，尤其要加大海洋、海域、无居民海岛的执法力度。要强化敬畏未知的自然资源开发利用领域的理念，对于擅自开发利用海洋资源的违法行为要通过执法予以坚决地制止。

五、加强自然资源领域生态综合执法的立法保障

《生态综合执法指导意见》明确提出了“运用法治思维和法治方式推进改革，坚持重大改革于法有据”的要求，这意味着立法应当对自然资源领域相关执法事项的移转提供充足的依据。就中央层面的立法而言，立法机关首先要结合执法事项的主体变化及时修改相关的法律条款，并赋予生态综合执法部门在自然资源领域的执法权和行政处罚权。以“对在湿地自然保护地内采矿，倾倒有毒有害物质、废弃物、垃圾的行政处罚”这一执法事项为例，与之相关的规定分散在《中华人民共和国固体废物污染环境防治法》《中华人民共和国自然保护区条例》《湿地保护管理规定》等相关法律法规规章中，执法主体

① 王琪等：《基于陆海统筹的蓝色海湾整治管理创新研究》，人民出版社 2019 年版，第 52 页。

包括了环境保护行政主管部门、自然保护区行政主管部门或者其授权的自然保护区管理机构等，在这一执法事项并入生态综合执法事项目录之后，统一由生态综合执法部门作为执法主体。这就需要尽快修改与这一改革举措不相一致的法律条款，以确保生态综合执法部门履行这一执法事项时于法有据。就生态综合执法的地方立法而言，需要全面清理现行地方性法规、政府规章或者相关的政策性文件，及时修改与自然资源领域生态综合执法改革不相适应的内容。目前，全国范围内关于综合执法的地方性法规共计21部，但基本集中在城市管理和文化市场这两个综合执法领域，尚无省市就生态综合执法进行地方立法。相关省份若能在生态综合执法的地方立法方面先行一步，将成为全国生态综合执法地方立法的典范。

六、加大自然资源领域生态综合执法的舆论引导

生态环境保护综合执法改革的力度大、涉及面广，应当做好宣传和舆论工作。《生态综合执法指导意见》明确提出了“高度重视宣传和舆论引导，将改革实施与宣传工作协同推进，正确引导社会预期”的要求。建议从以下两个方面落实这一要求。一是要注重宣传工作与改革工作的同频共振。随着改革进入深水区，每一个关键节点都可能是矛盾的聚集区，宣传工作应当主动跟进，抓住核心问题进行准确解读，及时化解各种误解，消除改革推进中可能存在的不利因素。二是要根据受众的不同有针对性地开展政策解读工作。一方面，要让改革的执行者读懂弄通政策要求和目标任务，增强他们的内心认同感和历史使命感，引导他们积极主动地参与到改革的进程中。另一方面，要加大对社会公众尤其是执法对象的宣传力度，通过广泛宣传自然资源领域生态综合执法的战略部署、执法标准、运行流程、监督途径和问责机制等方面的内容，提升生态环境保护执法队伍的权威性和威慑力。

第十章　公益诉讼保护自然资源国家所有权的行使

完善自然资源领域的公益诉讼制度，对于完善自然资源国家所有权行使的救济制度至关重要。党的十八大以后，公益诉讼立法和实践发展迅速，自然资源领域公益诉讼的作用日益凸显。自然资源领域公益诉讼既有利于充分保障自然资源的经济价值、社会价值和生态价值，也有利于充分保障国家作为自然资源所有者的权益。要使公益诉讼在保护自然资源国家所有权行使方面发挥更大作用，应当完善公益诉讼和生态损害赔偿诉讼的衔接，完善调查取证制度、证据保全和鉴定制度，健全公益诉讼赔偿金管理制度，并完善支持社会组织参与自然资源公益诉讼的制度。

第一节　自然资源领域公益诉讼基础理论

在公益诉讼保护自然资源的实践中，检察机关成为了中坚力量。我国检察公益诉讼起诉案件占全部公益诉讼起诉案件总数的95%以上，行政公益诉讼案件又占检察公益诉讼案件总数的90%左右，已形成以检察公益诉讼为主的公益诉讼基本格局。① 全国各级检察机关在各类公益诉讼中保护着各类自然资源,相继形成了耕地保护检察公益诉讼典型案例、督促整治非法采矿检察公益诉讼典型案例、湿地保护公益诉讼典型案例、海洋自然资源与生态环境检察公益诉讼典型案例。2022 年最高检工作报告披露,仅 2021 年,全国各级检察机关办理生态环境和资源保护领域公益诉讼 8.8 万件,同比上升 4.7%;督促修复被损毁耕地、林地、草原 43 万亩,督促修复被污染土壤 47.8 万亩,追索环境损害赔偿金 5.9 亿元,同比分别上升 92.7%、4.6 倍和 55.9%。② 2023 年最高检工作报告披露,2018—2022 年,全国各级检察机关办理国有财产保护、国有土地使用权出让领域公益诉讼 5.9 万件,促请追偿受损国有财产、追缴土地出让金 533.7 亿元。③ 以检察公益诉讼为主体的公益诉讼制度已然成为守护金山银山,推动自然资源可持续利用,促进人与自然和谐共生的重要保障。

一、自然资源领域公益诉讼的概念与特征

自然资源领域公益诉讼是任何组织和个人根据法律授权就自然资源领域侵犯国家利益、社会公益的行为提起诉讼,由法院依法处理的司法活动。④ 自然资源领域公益诉讼特征如下:第一,自然资源领域公益诉讼根本目的在于保护社会公共利益。以维护一般民事主体的自然资源用益物权(如探矿权、采矿权)为出发点的民事诉讼,一般情况下与公共利益无显著关联性,不属于自然资源领域公益诉讼。第二,起诉主体的特殊性。普通诉讼,不论是民事诉讼

① 杜洋:《开展检察公益诉讼立法正当其时　专家学者共话检察公益诉讼立法要点》,《法治日报》2023 年 10 月 12 日。

② 《〈最高人民检察院工作报告〉(第十三届全国人民代表大会第五次会议　张军　2022 年 3 月 8 日)》,中华人民共和国最高人民检察院官网,https://www.spp.gov.cn/spp/gzbg/202203/t20220315_549267.shtml,发布时间:2022 年 3 月 15 日,访问时间:2024 年 2 月 28 日。

③ 《〈最高人民检察院工作报告〉(第十四届全国人民代表大会第一次会议　张军　2023 年 3 月 7 日)》,中华人民共和国最高人民检察院官网,https://www.spp.gov.cn/spp/gzbg/202303/t20230317_608767.shtml,发布时间:2023 年 3 月 17 日,访问时间:2024 年 2 月 28 日。

④ 颜运秋:《公益诉讼理念研究》,中国检察出版社 2002 年版,第 52 页。

还是行政诉讼，法律都要求起诉主体应当与本案有直接利害关系，然而在公益诉讼中，起诉主体并不必然与案件有直接利害关系，只要是法律授权的社会组织和国家机关，都是自然资源民事公益诉讼适格的起诉主体。① 第三，诉讼请求的内容复杂，尤其是在自然资源领域民事公益诉讼案件中，原告对被告的实质性请求内容有时不仅是要求损害赔偿，还包括排除妨害、消除危险、履行义务等一般民事责任，还包括生态修复等特殊民事责任。第四，调解与和解的适用因为涉及社会公共利益，因此较私益诉讼而言程序和标准更加严格。一般案件中，如果双方达成调解或者和解协议，法院一般情况下都会直接准许，不需要经过其他程序。但是在民事公益诉讼中，由于诉讼涉及公共利益保护，当事人之间的调解和解应当经由更为严格的程序方可生效，一般情况下调解和解过后产生的协议应当公示无异议方可执行。②

二、自然资源领域公益诉讼学界研究动态

（一）关于自然资源领域公益诉讼的实践经验探讨

随着自然资源领域公益诉讼实践的纵深推进，公益诉讼在保护自然资源当中发挥的作用越发重要，部分地区已经形成了较为成熟的自然资源公益诉讼实践经验，这些经验成为了学界研究自然资源公益诉讼的实践基础。例如，浙江省自然资源行政公益诉讼课题组在梳理了浙江省自然资源行政公益诉讼实践的基础上，总结了以下经验："1. 自然资源主管部门应当正确对待诉前程序，充分重视检察建议，要认真应对诉讼，争取撤诉机会；2. 自然资源主管部门应当积极探索，以生态损害赔偿诉讼推动自然资源与生态环境的保护修复；3. 民事公益诉讼与行政公益诉讼交叉重合时，应当以民事公益诉讼为优先"③。再

① 李娜：《论矿业环境行政公益诉讼制度的构建》，《矿冶工程》2016 年第 3 期。

② 阮崇翔：《民事公益诉讼职权主义诉讼模式研究》，《河北法学》2023 年第 11 期。

③ 浙江省自然资源行政公益诉讼课题组：《浙江省自然资源行政公益诉讼调研报告》，《浙江国土资源》2019 年第 10 期。

如,有学者将贵州以公益诉讼推动自然资源保护修复的主要经验总结为:“环境资源公益诉讼原告资格从宽把握;运用非诉方式处理公益诉讼案件;探索建立环境公益诉讼费用激励机制;创新环境资源公益诉讼司法裁判执行方式”①。有学者梳理了资源领域公益诉讼的相关实践,认为资源领域公益诉讼在现实和长远两个维度都具有重要意义,分析了资源领域公益诉讼存在监督线索发现难,监督实效有待增强、证据灭失,鉴定缺位现象突出、被监督对象对于公益诉讼有抵触情绪的问题,提出了利用大数据、建立办案联动机制等完善资源领域公益诉讼的建议。② 学界对自然资源公益诉讼的实践探索和经验大体持肯定态度,但是学者们在总结经验时不约而同提到了自然资源公益诉讼制度尚不健全,配套措施尚不完善等问题。

(二)关于自然资源领域公益诉讼与相关制度关系的讨论

学界对于自然资源领域公益诉讼的价值与正当性已有相当共识,有学者认为国有财产的公共利益属性十分典型,在国有财产的救济上应当适用与其公共利益属性相契合的公益诉讼,如矿藏、水流、海域、森林、山岭、草原、荒地等自然资源之保护应当适用公益诉讼。③ 然而学界对于自然资源公益诉讼与生态损害赔偿诉讼的关系与衔接上分歧较大,由此也引发了有无必要单独设置国有自然资源损害赔偿诉讼的讨论。关于自然资源公益诉讼与生态损害赔偿诉讼的关系与衔接。部分学者主张生态损害赔偿诉讼实为特殊的公益诉讼,主张生态损害赔偿诉讼应当与自然资源公益诉讼合并审理。④ 有部分学者虽然同意生态损害赔偿诉讼本质上属于公益诉讼,但是认为应当根据最高

① 杨武松、尹训洋:《国家生态文明试验区环境司法专门化的贵州样态与优化研究》,《贵州社会科学》2022 年第 12 期。

② 赵辉:《资源领域公益诉讼相关问题研究》,《中国国土资源经济》2018 年第 12 期。

③ 颜运秋:《公益诉讼:国家所有权保护和救济的新途径》,《环球法律评论》2008 年第 3 期。

④ 冯汝:《生态环境损害赔偿制度与环境公益诉讼制度的关系》,《大连理工大学学报(社会科学版)》2021 年第 5 期。

人民法院关于《关于审理生态环境损害赔偿案件的若干规定(试行)》第16、17、18条规定的三种情况分类讨论,不宜一刀切地规定何者为优先。① 另有学者基于公益诉讼在保障公众参与和风险预防方面的优越性,主张应当以公益诉讼为救济国有自然资源的主要方式,改变实践当中生态损害赔偿诉讼优先审理的规则,确立民事公益诉讼优先的顺位规则。② 虽然说学界对自然资源公益诉讼与生态损害赔偿诉讼的关系与衔接观点不一,但是学界已经达成一定共识:实践中生态损害赔偿诉讼绝对优先不可取,应当强化公益诉讼在救济国有自然资源损害中的作用。

关于有无必要单独设置国有自然资源损害赔偿诉讼的讨论,有学者认为自然资源与生态环境其实难分彼此,只需要修改生态损害赔偿诉讼制度,将自然资源损害在生态损害赔偿诉讼中一并处理,以公益诉讼作为补充即可,不必单独设置自然资源损害赔偿诉讼。③ 学界在有无必要单独设置国有自然资源损害赔偿诉讼并无一致意见,但是在自然资源国家所有权委托代理行使改革全面铺开的背景下,细化自然资源国家所有权的救济规则,通过诉讼强化对所有者职责履行情况的监督,已经成为学界普遍同意的观点。

(三)关于某一类型自然资源领域公益诉讼构建的探讨

学者们对各种类型自然资源的公益诉讼皆有涉猎,然我国自然资源种类众多,篇幅所限以下试举几例。关于野生动物保护公益诉讼,有学者主张野生动物作为公共资源,其保护具备公益性质,野生动物属于《中华人民共和国民

① 孙洪坤、范雅莉:《生态环境损害赔偿诉讼与环境民事公益诉讼衔接困境及其破解》,《南京工业大学学报(社会科学版)》2023年第5期;傅贤国:《〈民法典〉背景下生态环境损害赔偿诉讼的定位研究——兼论与环境民事公益诉讼的关系》,《广西社会科学》2021年第10期。

② 朱谦、谌杨:《"生态环境损害赔偿诉讼优先论"之思辨——兼论与环境民事公益诉讼的顺位问题》,《学术论坛》2020年第5期。

③ 石佳友、康令煊:《自然资源资产国家所有权救济机制研究》,《西南政法大学学报》2023年第4期。

事诉讼法》《中华人民共和国行政诉讼法》规定之“生态环境和资源保护”的范围，主张应当在《中华人民共和国野生动物保护法》修订时增加野生动物保护公益诉讼的条款。① 关于耕地保护公益诉讼，有学者主张《耕地保护法（草案）》（征求意见稿）关于耕地保护公益诉讼的规定存在以下问题：第一，起诉主体仅限于检察院，范围过于狭窄；第二，没有设置公益诉讼与私益诉讼的衔接条款，并针对上述问题提出了修改意见。② 关于湿地资源保护公益诉讼，有学者以江苏盐城九龙口湿地为例，主张完善湿地保护公益诉讼应当采取以下措施：第一，激活社会组织在湿地资源保护中的作用，鼓励更多社会组织参与到湿地资源保护公益诉讼中；第二，检察机关尊重行政机关职权，与行政机关合力打造湿地保护多元共治体系。③ 关于旅游资源公益诉讼，有学者从学理、法律、现实三方面论证了建立旅游环境公益诉讼制度的可行性，并从立法形式和制度设计两个方面对建立旅游环境公益诉讼制度进行了探讨。④ 学界关于各类自然资源公益诉讼的研究，都已经初具规模，虽然基于各类自然资源禀赋的不同，各类自然资源公益诉讼会有其在制度设计和实践中的特殊性，然而其共性是很明显的，学者对于各类自然资源公益诉讼所指出的不足和完善意见相当程度集中在起诉主体、民事行政刑事诉讼的衔接、公益诉讼与私益诉讼的衔接、行政机关与检察机关的互动、公益诉讼中的公众参与等。

三、自然资源领域公益诉讼的价值

（一）保护自然资源所承载的社会公共利益

自然资源的损害包括两种类型：一是因破坏、污染行为引起的实物形态损

① 赵祖斌：《论野生动物保护公益诉讼的建构》，《干旱区资源与环境》2020 年第 10 期。

② 王洪平：《论破坏耕地的法律责任——以〈耕地保护法（草案）〉（征求意见稿）的修改为重点》，《江西社会科学》2023 年第 5 期。

③ 征汉年、王小刚：《湖荡湿地检察公益诉讼研究——以江苏盐城九龙口湿地为例》，《学术探索》2021 年第 2 期。

④ 胡科翔：《生态旅游资源法律规制研究》，重庆大学 2018 年博士学位论文。

害；二是因侵占行为引起的非实物形态损害。[①] 自然资源与生态系统是密不可分的，甚至于就是生态系统的一部分。自然资源损害的发生，往往意味着生态系统也受到损害，反之亦然。自然资源和生态系统对于公众生活的价值巨大，以土地和湿地资源为例，土地对公众的价值和意义包括但不限于确保生态安全与稳定，维护人体健康和促进经济发展，保障基本的生存发展要素。[②] 再如，湿地生态系统具有涵养水源、抵御洪水、补给地下水等诸多独特的水调节功能，同时具有生物多样性维持、调节气候、固碳、净化水质等诸多生态环境功能。[③] 此外，湿地丰富的动植物资源不仅具有研究价值，还能为生产生活提供大量物质支撑。[④] 鉴于公共利益主体的广泛性，各国法律设置了公益诉讼制度，授权特定的组织代表公众提起诉讼以维护社会公共利益，自然资源领域亦是如此。

（二）保护自然资源所有者的权益

根据《中华人民共和国宪法》《中华人民共和国民法典》之规定，除法律规定属于集体所有的之外，自然资源为国家所有即全民所有，国务院代表全民行使所有权，自然资源的所有者是国家，政府代表国家行使自然资源所有权。在我国当前实践中，政府在自然资源领域有两种形态，一种是作为所有权行使者，一种是作为管理者。作为自然资源所有权行使者，当自然资源损害发生时，根据《民法典》和各自然资源单行法的规定，政府作为所有者可以通过民事诉讼的方式维护自身所有权。国家作为自然资源管理者的依据在于其对自然资源之上公共秩序和利益的维护职责，行政机关在自然资源管理中行使权力维护自

---

① 曹炜：《自然资源资产损害赔偿责任的路径组合和规范构建》，《北京大学学报（哲学社会科学版）》2023 年第 2 期。

② 张牧遥：《论自然资源使用权上公共价值的制度实现》，《学术交流》2021 年第 2 期。

③ 祝惠、武海涛、邢晓旭等：《中国湿地保护修复成效及发展策略》，《中国科学院院刊》2023 年第 3 期。

④ 姜明、邹元春、章光新等：《中国湿地科学研究进展与展望——纪念中国科学院东北地理与农业生态研究所建所 60 周年》，《湿地科学》2018 年第 3 期。

然资源上的正常秩序，对受损秩序利益进行救济。① 因此，公益诉讼的制度建构，可以为保护国家作为自然资源所有者的权益提供一条有效的路径。

第二节　自然资源领域公益诉讼的立法和司法实践

自然资源领域公益诉讼的法律依据主要在《中华人民共和国环境保护法》《中华人民共和国民事诉讼法》《中华人民共和国行政诉讼法》等法律以及《最高人民法院关于审理环境民事公益诉讼案件适用法律若干问题的解释》《最高人民法院、最高人民检察院关于检察公益诉讼案件适用法律若干问题的解释》《最高人民法院、最高人民检察院关于办理海洋自然资源与生态环境公益诉讼案件若干问题的规定》等司法解释之中。近年来，自然资源领域的公益诉讼案件日益增多，涌现出了不少的自然资源保护典型案件，公益诉讼在保护自然资源国家所有权行使方面发挥出日益重要的作用。

一、自然资源领域公益诉讼相关的立法和司法解释

（一）自然资源公益诉讼相关的立法

中央层面，2012 年《中华人民共和国民事诉讼法》第 55 条对民事公益诉讼作出了规定，2014 年《中华人民共和国环境保护法》在第 58 条进一步细化了提起环境公益诉讼的社会组织需要符合的条件，明确了社会组织提起公益诉讼的条件和要求。2017 年 6 月，全国人大常委会在检察公益诉讼二年试点即将结束之际，对《中华人民共和国民事诉讼法》和《中华人民共和国行政诉讼法》中的公益诉讼制度进行了及时的修改，正式赋予了检察机关提起自然

① 冉克平、谭佐财：《〈民法典〉中的国家利益表达及其效果》，《社会科学战线》2022 年第 3 期。

资源行政与民事公益诉讼的资格，并明确了检察机关在自然资源公益诉讼中的法律定位。自此，检察机关不仅可以通过提起破坏环境资源刑事公诉的方式来保护国有自然资源，还可以通过提起自然资源公益诉讼来保护自然资源国家所有权的行使。① 2023 年，《中华人民共和国海洋环境保护法》迎来修订，将检察机关列为海洋生态损害赔偿诉讼的起诉主体，相关司法解释将检察机关提起的海洋生态损害赔偿诉讼界定为民事公益诉讼。地方层面，自检察公益诉讼制度全面实施以来，有超过四分之三的省级人大常委会作出专门规定②，专项决定明确和拓展了检察公益诉讼的案件范围；细化了检察机关行使调查核实权的具体手段方式；明确了各相关主体在检察公益诉讼工作中的职责，勾勒了检察公益诉讼制度的基本框架。

（二）相关司法解释

2015 年，《最高人民法院关于审理环境民事公益诉讼案件适用法律若干问题的解释》颁布实施。2018 年《最高人民法院关于审理海洋自然资源与生态环境损害赔偿纠纷案件若干问题的规定》颁布实施，其名称虽然是“海洋自然资源与生态环境损害赔偿纠纷”，然而根据最高人民法院相关负责人的权威解读，海洋自然资源与生态环境损害索赔诉讼的性质为民事公益诉讼。③ 2018 年，《最高人民法院、最高人民检察院关于检察公益诉讼案件适用法律若干问题的解释》颁布实施（2020 年修改）。2021 年，《人民检察院公益诉讼办案规则》颁布实施。2022 年，《最高人民法院、最高人民检察院关于办理海洋

① 胡卫列：《检察公益诉讼地方立法研究——以 25 个省级人大常委会关于检察公益诉讼专项决定为样本》，《国家检察官学院学报》2023 年第 3 期。

② 比如《江苏省人民代表大会常务委员会关于加强检察公益诉讼工作的决定》《西藏自治区人民代表大会常务委员会关于加强新时代检察公益诉讼工作的决定》《四川省人民代表大会常务委员会关于加强检察机关生态环境公益诉讼工作的决定》等。

③ 罗书臻：《充分发挥审判职能　服务保障海洋生态文明建设》，《人民法院报》2018 年 1 月 6 日。

自然资源与生态环境公益诉讼案件若干问题的规定》颁布实施，明确了有权机关未依据《中华人民共和国海洋环境保护法》规定提起海洋自然资源与生态环境损害赔偿诉讼的，检察机关可以提起民事公益诉讼。上述法律和司法解释搭建起了自然资源公益诉讼制度的框架，为社会组织、检察机关提起自然资源公益诉讼提供了法律依据。

二、自然资源领域公益诉讼的司法实践

我国自然资源公益诉讼在实践当中取得丰硕成果。2022 年最高检工作报告披露，全国各级检察机关督促修复被损毁耕地、林地、草原 43 万亩，督促修复被污染土壤 47.8 万亩，追索环境损害赔偿金 5.9 亿元，同比分别上升 92.7%、4.6 倍和 55.9%。甘肃检察机关针对祁连山自然资源领域突出问题开展公益诉讼工作，挽回被损毁林地面积 247.7 亩，收缴欠缴的水土保持费等费用 128 万余元，拆除采矿点建筑 18 处，矿道进口已全部填埋封闭，地形地貌已恢复。贵州省贞丰县检察院对省内大型煤矿远程煤矿长期大面积露天开采破坏自然资源的问题，通过行政公益诉讼督促相关政府职能部门加强执法监管，促使远程煤矿投入五千多万元资金进行整改，并对采矿裸露区完成工程性治理。[①] 2023 年 12 月 29 日，最高人民法院、最高人民检察院联合发布海洋自然资源与生态环境检察公益诉讼典型案例，9 个典型案例从案情来看包含了非法捕捞、非法采矿、非法占用海域、非法占用红树林、非法收购珍贵、濒危野生动物、沉船打捞等情形，从诉讼类型来看包含了民事公益诉讼、行政公益诉讼、刑事附带民事公益诉讼。[②]

（一）近年来自然资源领域公益诉讼的司法实践

近年来，公益诉讼在保护自然资源方面发挥出日益重要的作用，涌现出一

① 赵辉：《资源领域公益诉讼相关问题研究》，《中国国土资源经济》2018 年第 12 期。

② 最高人民法院、最高人民检察院：《海洋自然资源与生态环境检察公益诉讼典型案例》，《人民法院报》2023 年 12 月 30 日。

批典型案例。目前司法实践中主要呈现出五个方面的特点。第一,目前的自然资源公益诉讼已经覆盖到水、森林、土地、草原、矿产、无居民海岛、湿地、野生动物等自然资源类型,绝大多数国家所有的自然资源都被纳入了自然资源公益诉讼的保护范围之内。第二,自然资源公益诉讼既存在于民事公益诉讼之中,也体现在行政公益诉讼和刑事附带民事公益诉讼之中。此外,从功能上讲,诉前程序是检察机关解决公益受损问题的重要方式。[①] 第三,从起诉主体来看,公益组织和检察机关都可以提起自然资源保护公益诉讼。公益组织提起的诉讼主要是自然资源保护民事公益诉讼,检察机关则在各种诉讼类型中均有提起。在民事公益诉讼当中,只有在公益组织等法律授权的组织不提起诉讼的时候,检察机关才提起诉讼。尽管检察机关的顺位靠后,但其作用却不容忽视。无论是长白山水资源的保护,还是很多地方森林资源保护,都说明检察机关提起的公益诉讼确实有实际的效果。[②] 第四,将自然资源保护与生态环境保护紧密联系在一起。目前我国并未在法律当中明确规定自然资源公益诉讼这一形式,因为自然资源是重要的环境要素,将自然资源保护纳入环境公益诉讼的范畴符合法律规定。第五,在检察机关提起的行政公益诉讼案件当中,并非所有的案件最后都进入到法院审理,有相当一部分案件是以诉前检察建议结案的。

(二)自然资源公益诉讼的典型案例解析

1. 典型案例一:鹅掌楸林破坏案[③]

贵州黔东南苗族侗族自治州剑河县于 20 世纪 80 年代末设立鹅掌楸自然保护区。2014 年开始,华润新能源(剑河)风能有限责任公司(以下简称华润

① 最高人民检察院民事行政检察厅编:《检察机关提起公益诉讼实践与探索》,中国检察出版社 2017 年版,第 110 页。

② 田凯等:《人民检察院提起公益诉讼立法研究》,中国检察出版社 2017 年版,第 7 页。

③ 案件来源:《贵州法院环境资源审判十大典型案例》,贵州省生态环境厅官网,https://sthj.guizhou.gov.cn/zwgk/zdlyxx/fgybz/fzjs/201906/t20190621_76925588.html,发布时间:2019 年 6 月 21 日,访问时间:2024 年 1 月 11 日。

风能公司)非法占用鹅掌楸自然保护区内的林地修建公路,对自然保护区内的国家二级保护植物鹅掌楸及其生态环境造成破坏。2016 年 11 月,自然之友将华润风能公司起诉到法院,请求管辖法院判令被告停止施工,消除危险;修复保护区及周边生态;赔偿生态服务功能损失并承担诉讼费用。2017 年 1 月 3 日,贵州省黔南布依族苗族自治州中级人民法院(以下简称黔南州中院)正式受理本案并依法公告。公告期内,贵阳公众环境教育中心申请参加诉讼,黔南州中院审查后将其列为共同原告。2018 年 11 月 13 日,原被告达成调解协议,被告认可鉴定机构对本案作出的环境损害鉴定评估报告,自愿按照前述鉴定评估报告认定的工程量,履行生态修复责任,并于调解协议生效后三个月内向人民法院提交工程设计方案,经当地自然保护区主管部门审查通过后一年内开工。生态修复产生的相关费用均由被告承担,并且该公司每年应将修复情况、修复完成后的验收报告书面告知原告。调解书于 2018 年 12 月 13 日正式生效。被告如期向人民法院提交工程设计方案,经当地鹅掌楸自然保护区主管部门审核通过后开工。经检察机关和公安部门联合勘察确认,非法占用林地 1039.8 亩,滥伐林木 5220896 立方米,擅自毁坏国家二级保护植物鹅掌楸 282 株。贵州黔东南苗族侗族自治州人民检察院监督公安机关立案,追究涉案风能公司的相关项目负责人非法毁坏国家重点保护植物罪和滥伐林木罪。

本案是环保公益组织通过公益诉讼的方式保护自然资源的典型案例。本案中,环保公益组织提起公益诉讼,最后与被告达成调解协议,被告企业自愿履行生态修复义务并且实际履行。鹅掌楸是国家二级保护植物以及濒危物种,是我国独有的植物品种。这一案件还引起了检察机关的重视,促使破坏鹅掌楸保护区自然资源的案件进入刑事司法程序,相关责任人被追究刑事责任。更重要的是,引起了当地政府的重视,当地政府对于风电项目的审批更加严格。本案当中也有令人遗憾的地方。由于当时自然保护区及保护物种的生态环境损害鉴定评估的技术规范尚不成熟,无法估量生态环境功能的损失以及受保护物种的生态价值，使得要求赔偿生态服务功能损失费用的主张难以得到支持，鹅掌楸资源生态价值的损失并未得到充分填补。

2. 典型案例二：贵州省人民检察院督促保护红枫湖、百花湖饮用水水资源行政公益诉讼案①

贵州省红枫湖和百花湖（以下简称“两湖”）系长江流域乌江水系的一部分，水域面积共 68.16 平方公里，是省会贵阳市饮用水水源地。2023 年 7 月，贵州省人民检察院（以下简称贵州省院）接到“益心为公”志愿者反映该案线索，经初步调查，发现“两湖”饮用水水资源破坏严重。鉴于该案社会影响较大，涉及众多人民群众生产生活，贵州省院于同年 12 月 1 日以事立案，检察长担任主办检察官，抽调省、市、县三级院办案力量组成 5 个专案调查组。贵州省院通过召开调度会、现场督导会等形式推进专案办理，共立案行政公益诉讼案件 13 件，磋商 2 件，制发诉前检察建议 8 件，提出社会治理检察建议 1 件。

贵州省院指导安顺市院针对红枫湖饮用水源准保护区的部分工业企业存在粉尘污染、危险废物贮存不规范、污水管网建设不全维护不力导致污水溢流和直排等对红枫湖水生态环境造成破坏的环境污染问题，对市生态环境局立案并制发诉前检察建议。2023 年 12 月 12 日，贵州省院向安顺市政府、贵阳市政府、贵安新区管委会制发磋商函，于同日召开“一院三方”磋商会。会后，三方政府分别根据磋商意见，建立两湖管理机构，制定两湖领域水资源环境综合整治方案，分解细化整改措施，积极开展整改，协同加强饮用水水源地规范化建设和管理。同年 12 月 18 日，安顺市政府下文明确市生态环境局为两湖流域（安顺境内）管理机构。安顺市政府、贵阳市政府和贵安新区管委会共同出台《贵阳贵安—安顺市两湖流域水资源环境保护治理联动机制》。

2024 年 1 月，贵州省院跟进监督发现，“两湖”流域属地政府投入 2782.97

① 案件来源：《“高质效办好每一个公益诉讼案件，更高水平守护人民群众美好生活”典型案例》，最高人民检察院官网，https://www.spp.gov.cn/xwfbh/wsfbh/202402/t20240228_645279.shtml，发布时间：2024 年 2 月 28 日，访问时间：2024 年 3 月 1 日。

万元专项资金建设覆盖21个村2231户居民的农村生活污水处理设施,对9条入湖支流的122个重点点位进行治理,集中清运生活垃圾等固体废物近20吨,打捞湖面漂浮物面积40.71平方公里,回收处理废弃农用膜30余吨,治理被污染耕地500余亩,对20余家粉尘污染企业责令完善环保设施,清理整治违规取水30余户,修复和新建水源地标识和设施18处,"两湖"饮用水水资源治理成效明显。

检察机关聚焦长江流域重点河湖水资源环境和饮用水源保护中的跨区域治理"硬骨头"难题,充分发挥公益诉讼职能作用。通过诉前磋商、制发检察建议等监督方式,督促行政机关依法履行职责,打破行政区划对江河湖泊流域的分割,推动有关行政机关和相关地方政府统一监管执法,将公益受损问题解决在诉前,协同推进流域水资源生态环境治理新格局。

3. 案例三:鄱阳湖越冬候鸟捕杀案

2018年12月间,被告人浦某山等四人制作毒饵并投放于庐山姑塘湿地保护区,造成保护区内大量野生鸟类死亡。经法院审理查明,四被告人共毒杀了国家二级保护野生动物白琵鹭13只、小天鹅1只,国家保护的有重要生态、科学、社会价值的陆生野生动物鸿雁5只、翘鼻麻鸭14只、绿头鸭4只,江西省级重点保护陆生野生动物苍鹭1只、豆雁5只,共43只野生鸟类。2020年4月24日,江西省永修县人民法院一审以非法猎捕、杀害珍贵、濒危野生动物罪分别判处四名被告七年至十一年不等的有期徒刑,判处四名被告三万至五万不等的罚金,并责令四名被告承担生态修复的相关费用,在省级以上新闻媒体刊登赔礼道歉声明。①

(三)自然资源领域公益诉讼典型案例评析

从前述自然资源公益诉讼典型案例的情况可以看到,我国自然资源公益

① 黄辉等:《鄱阳湖越冬候鸟捕杀案一审宣判》,《法制日报》2020年4月29日。

诉讼案件的保护范围涉及森林、草原、水、矿产、湿地、土地、野生动物等各类自然资源，在各地都形成了典型案例。各地在自然资源公益诉讼实践探索中，形成了适合本地的做法。这些做法对于当地自然资源的保护修复，维护国家自然资源权益和社会公共利益大有裨益。自然资源领域公益诉讼在各地取得长足发展的同时，也暴露出了一些问题。

从各地公益诉讼呈现出的态势来看，自然资源公益诉讼的基础性问题尚未得到解决。首先，自然资源公益诉讼的诉讼成本如何负担。诉讼费用一般包括案件受理费、申请费，以及证人、鉴定人等相关人员的费用。① 在自然资源保护公益诉讼中还需要加上律师费、调查取证费、鉴定评估费等诸多费用，且专业鉴定成本高昂，高昂的诉讼费用已经是提起公益诉讼的拦路虎之一。② 其次，自然资源公益诉讼与生态损害赔偿制度的衔接有待加强。自然资源公益诉讼与生态损害赔偿诉讼的衔接在实践中呈现生态损害赔偿诉讼一概优先的态势，这一态势对于自然资源公益诉讼与生态损害赔偿诉讼各自的发展都存在弊端，下文将会对弊端进行分析并提出解决之法。

从公益诉讼典型案例的发布主体和典型案例起诉主体的比例来看，检察机关是自然资源公益诉讼的主要发起者，社会组织在自然资源公益诉讼中的作用有待进一步发掘。从实践情况来看，社会组织相比起检察机关在自然资源公益诉讼中显得有些“消极怠工”。社会组织在自然资源公益诉讼中“消极

---

① 《诉讼费用交纳办法》第一条规定：“当事人进行民事、经济、海事和行政诉讼，应当向人民法院交纳案件受理费。当事人依法复制本案庭审材料和法律文书的，应当向人民法院交纳所需的费用。”第二条规定：“财产案件、行政案件的当事人，除向人民法院交纳案件受理费外，还应当交纳下列费用：（一）勘验、鉴定、公告、翻译（当地通用的民族语言、文字除外）费；（二）证人、鉴定人、翻译人员在人民法院决定日期出庭的交通费、住宿费、生活费和误工补贴费；（三）采取诉讼保全措施的申请费和实际支出的费用；（四）执行判决、裁定或者调解协议所实际支出的费用。”第十九条规定：“案件受理费由败诉的当事人负担。双方都有责任的由双方分担。

② 曹明德：《检察院提起公益诉讼面临的困境和推进方向》，《法学评论》2020 年第 1 期。

怠工”的原因是多方面的:其一,社会组织提起公益诉讼的激励机制不充分;其二,社会组织提起公益诉讼的成本较高;其三,社会组织的资格认定存在障碍;其四,社会组织的诉讼空间有限;其五,社会组织提起公益诉讼的意愿不强。[①] 这些原因之间存在着一定的因果关系,因为社会组织提起公益诉讼的成本较高,同时激励机制不充分,诉讼空间有限,甚至于某些情况下社会组织会被认定为非适格原告,种种因素叠加之下,社会组织对提起公益诉讼兴致缺缺也就不足为奇了。下文将会详细阐述社会组织提起公益诉讼的困境及其解决。

第三节 自然资源领域公益诉讼的制度不足

党的十八大以后,我国自然资源领域的公益诉讼取得了显著的进展,公益诉讼在保护国家所有自然资源方面发挥了重要的作用,体现了司法保护在保障国家自然资源权益中的重要作用。但是,通过前文的案例分析可以看出,自然资源领域的公益诉讼还存在着诸多不尽如人意的地方,这与自然资源领域公益诉讼相关的法律制度不健全紧密相关。

一、公益诉讼对国有自然资源经济价值的保护有待加强

基于自然资源同时具备经济价值和生态价值,当受损自然资源的经济价值和生态价值难以明确区分时,生态价值和经济价值的损害可以在公益诉讼中一并得到救济[②],比如说水资源、湿地资源。但是当自然资源的经济价值和

① 高俊虹:《社会组织提起环境民事公益诉讼的反思与革新》,《江西社会科学》2022 年第 3 期。

② 曹炜、张舒:《自然资源资产损害赔偿责任的司法适用与理论反思》,《贵州大学学报(社会科学版)》2023 年第 4 期。

生态价值可以明确区分时，仅凭公益诉讼难以实现对自然资源国家所有权的有效救济，比如森林资源、草原资源。[①] 我国当前的法律规定和司法实践中也呈现出公益诉讼对填补国有自然资源经济价值损失力有不逮的现象。《最高人民法院关于审理环境民事公益诉讼案件适用法律若干问题的解释》规定被告人赔偿的内容不包括经济价值[②]，司法实践中的公益诉讼案件也证实了这一点。在江苏省泰州市人民检察院诉王某等 59 人生态破坏民事公益诉讼案[③]中，法院判决被告承担生态资源损失。法院裁判中认定生态资源损失的依据是《最高人民法院关于审理环境民事公益诉讼案件适用法律若干问题的解释》第 23 条，该条款的内容是生态修复费用的确定方法，可见，此处的生态资源损失很难解释为其包括自然资源经济价值的损失。

二、公益诉讼与生态损害赔偿诉讼的衔接配合有待加强

（一）自然资源经济价值保护上的衔接配合有待加强

如前文梳理，我国实践当中，发挥对自然资源国家所有权保护的是公益诉讼和生态损害赔偿诉讼，二者都是保护自然资源国家所有权的重要渠道。公益诉讼难以保护自然资源经济价值的问题前文已有交代，此处不再赘述。若生态损害赔偿诉讼可以填补自然资源经济价值的损失，那么正好弥补公益诉讼难以填补自然资源经济价值损失的问题。然而，生态损害赔偿诉讼也难以

---

① 王猛、张翰林：《全民所有自然资源资产损害赔偿诉讼的建构》，《探索与争鸣》2023 年第 4 期。

② 根据《最高人民法院关于审理环境民事公益诉讼案件适用法律若干问题的解释》第二十条至第二十二条，原告有权请求被告承担的费用包括：生态环境修复费用、生态环境受到损害至修复完成期间服务功能丧失导致的损失、生态环境功能永久性损害造成的损失、生态环境损害调查、鉴定评估等费用、清除污染以及防止损害的发生和扩大所支出的合理费用、合理的律师费以及为诉讼支出的其他合理费用。

③ 《江苏省泰州市人民检察院诉王小朋等 59 人生态破坏民事公益诉讼案》，中国法院网，https://www.chinacourt.org/article/detail/2020/05/id/5195800.shtml，发布时间：2020 年 5 月 8 日，访问时间：2024 年 2 月 11 日。

完全填补自然资源经济价值的损失。《最高人民法院关于审理生态环境损害赔偿案件的若干规定(试行)》规定,被告赔偿的是生态环境受到损害至修复完成期间服务功能损失、受损生态环境无法修复或者无法完全修复的情况下生态功能的永久性损失,这两部分赔偿并非自然资源经济价值的损失。从司法实践来看,法院的判决结果中也没有提及被告需要赔偿自然资源的损失。综上,不论是在法律依据还是司法实践层面,生态损害赔偿诉讼的赔偿范围都不包括自然资源经济价值的损失。

(二)衔接规则有待完善

《最高人民法院关于审理生态环境损害赔偿案件的若干规定(试行)》(以下简称《若干规定》)规定,生态损害赔偿诉讼和环境民事公益诉讼同时存在时,中止环境民事公益诉讼的审理,优先审理生态损害赔偿诉讼。这一规则在理论和实践上均有缺陷。理论上,在程序法法理上,民事诉讼中止审理的正当理由一般情况下是民事案件涉及刑事案件产生了交叉诉讼,①但是生态损害赔偿诉讼显然不符合这一条件。在保护的法益上,生态损害赔偿诉讼与公益诉讼难分高下,难以支撑生态损害赔偿诉讼一概优先审理的做法。根据2016年6月最高人民法院发布的《关于充分发挥审判职能作用为推进生态文明建设与绿色发展提供司法服务和保障的意见》,生态损害赔偿诉讼是基于自然资源国家所有权提起的,公益诉讼则是为了保护社会公共利益提起的,二者难分高下。社会公共利益和自然资源国家所有权何者价值更高目前并无定论,生态损害赔偿诉讼何以获得绝对优先的地位,在法理上尚不具备强有力的论证。② 在立法权限上,《中华人民共和国民事诉讼法》《中华人民共和国行政诉讼法》《中华人民共和国环境保护法》等法律均未明确生态损害赔偿诉讼的

① 张卫平:《民事诉讼中止事由的制度调整》,《北方法学》2018年第3期。

② 潘牧天:《生态环境损害赔偿诉讼与环境民事公益诉讼的诉权冲突与有效衔接》,《法学论坛》2020年第6期。

优先性,《中华人民共和国立法法》第 8 条规定,诉讼与仲裁制度必须制定法律。最高人民法院以司法解释的方式确定生态损害赔偿诉讼的优先性,实质上是“法官造法”,有越俎代庖之嫌疑。

在实践当中,生态损害赔偿诉讼一概优先审理,公益诉讼一概中止审理的做法造成以下弊病:第一,公益诉讼的起诉人的诉权受到倾轧,不利于维护社会公共利益。根据《若干规定》,生态损害赔偿诉讼和环境公益诉讼都在审理阶段时,生态损害赔偿诉讼的审理绝对优先,生态损害赔偿诉讼审理完毕后再处理生态损害赔偿诉讼未涵盖的民事公益诉讼诉讼请求,此种情况往往导致公益诉讼提前终止,社会组织的有效参与难以实现。第二,增加诉讼成本。以下分两种情况讨论:(1)生态损害赔偿诉讼审结后,法院认为公益诉讼的诉讼目的已经实现,则社会组织前期为公益诉讼投入的鉴定费、评估费、律师费等成本,要么因诉讼请求被驳回而被浪费,要么作为未被生态损害赔偿诉讼涵盖的诉讼请求处理,加重责任人的负担;(2)生态损害赔偿诉讼审结后,法院认为公益诉讼的诉讼目的尚未实现,仍然需要对公益诉讼进行审理,不论何种情况,要么加重法院负担,要么加重公益诉讼起诉人负担,要么加重责任人负担。①

三、调查取证难

(一)调查取证制度不健全

第一,调查取证具体规则不健全。《中华人民共和国人民检察院组织法》《人民检察院公益诉讼办案规则》等法律和司法解释仅规定检察机关在公益诉讼中可以行使调查权,但是在检察机关内部由哪一或者哪些内设机构行使调查权没有规定,对于调查取证的启动程序和行使程序规定较为模糊。② 在

① 冯汝:《论生态环境损害赔偿制度与环境公益诉讼制度的关系》,《大连理工大学学报(社会科学版)》2021 年第 5 期。

② 刘显鹏、詹林平:《环境民事公益诉讼中检察机关调查取证权的运行机制探析》,《南京工业大学学报(社会科学版)》2022 年第 3 期。

社会组织提起公益诉讼的情况下，相较于检察机关，社会组织在证据收集、案件调查等方面的能力是显著偏弱的，公益组织在公益诉讼期间行使调查权时也会遇到相当的阻碍。① 第二，调查取证的约束机制不健全。《中华人民共和国人民检察院组织法》和检察公益诉讼相关司法解释已经明文规定个人与单位应当配合检察机关在公益诉讼当中的调查工作，但是并未规定不配合调查工作所需要承担的法律后果，个人与单位不配合检察机关调查违法成本相当低廉甚至是没有，当事人如果不愿意配合，检察机关也办法不多。② 检察机关在公益诉讼中调查核实有关情况，遇到有关单位及行政相对人不予配合时，由于检察机关不具有强制性的救济权力，再加上环境损害等问题鉴定成本高昂、调查取证缺乏程序规范以及检察部门办案人员短缺等客观因素，检察机关调查取证的实效受到严重影响。③

（二）证据保存与获取难度大、成本高

破坏自然资源所导致的生态环境损害往往不是立刻发生，而是要随着时间推移才会慢慢显现。等到人们发现自然资源的生态价值减损甚至灭失时，往往距离违法犯罪行为的发生过去很长一段时间，风吹雨打，日晒雨淋，证据是否存在就成了未知数。④ 即便还有证据存留，是否足以证明当事人的行为和自然资源生态和经济价值的减损存在因果关系也要打上一个相当大的问号。实践当中，检察机关未能支付高额鉴定费已经成为普遍现象，甚至于最高检不得不联合相关部委出台文件，采取“不预交鉴定费，待人民法

① 高俊虹：《社会组织提起环境民事公益诉讼的反思与革新》，《江西社会科学》2022 年第 3 期。

② 天津市人民检察院第二分院课题组：《检察机关提起民事公益诉讼制度的实践与完善》，《检察调研指导》2019 年第 3 期。

③ 李亚菲：《检察机关提起环境行政公益诉讼的制度困境及其因应》，《社会科学家》2020 年第 2 期。

④ 赵辉：《资源领域公益诉讼相关问题研究》，《中国国土资源经济》2018 年第 12 期。

院判决后由败诉方承担”的办法。①

四、社会组织在自然资源领域公益诉讼中发挥的作用有待提高

（一）社会组织参与自然资源领域公益诉讼积极性不高

中华环保联合会发布的《民间环保组织在环境公益诉讼中的角色及作用调研报告》显示，环境保护公益组织对于环境公益诉讼的参与意愿并不高，只有三成左右的环保公益组织将环境公益诉讼作为维护生态环境公共利益的首要手段；约有57%的环保公益组织对环境公益诉讼持审慎态度；约有11%的环保公益组织明确表示不愿意采用环境公益诉讼这一手段，②环保公益组织提起环境公益诉讼的积极性还有待于进一步的调动。

（二）社会组织参与公益诉讼的制度保障有待加强

2014年修订的《中华人民共和国环境保护法》并未明确规定社会组织可否提起环境行政公益诉讼。2017年修改后的《中华人民共和国行政诉讼法》只授权检察机关可以提起行政公益诉讼，并未将社会组织纳入自然资源行政公益诉讼主体。故而，即便社会组织发现生态环境、自然资源等主管部门保护自然资源不力，造成自然资源的经济价值和生态价值受损，国家自然资源权益受到侵害的情况下想要为国家主张权利，法律也并未将行政公益诉讼作为社会组织可以采用的手段。

行政公益诉讼是督促行政机关正确履行职责保护自然资源与生态环境的

---

①　《最高人民检察院第八检察厅负责人就〈关于在检察公益诉讼中加强协作配合依法打好污染防治攻坚战的意见〉答记者问》，中华人民共和国最高人民检察院官网，https://www.spp.gov.cn/xwfbh/wsfbt/201901/t20190122_406098.shtml#3，发布时间：2019年1月22日，访问时间：2024年2月1日。

②　王灿发等：《新〈环境保护法〉下环境公益诉讼面临的困境及其破解》，《法律适用》2014年第8期。

重要渠道。近年来,检察机关在环境行政公益诉讼中发挥的作用日益下降,然而社会组织在环境行政公益诉讼中的作用尚未得到充分发挥。有学者统计,2017年以后,检察机关提起环境行政公益诉讼的数量就呈现下滑趋势,检察机关将中心转向环境民事公益诉讼,并且在环境行政公益诉讼中选择性起诉的趋势愈发明显。① 在检察机关的作用日趋式微的情况下,如果不能充分调动社会组织提起公益诉讼,那么通过公益诉讼对行政机关保护自然资源和生态环境进行监督制约的力量将不可避免地日益衰减。提起环境行政公益诉讼的主体越宽泛,更多的环境行政问题越有可能被发现并进入司法途径被解决,缺乏公众参与的环境行政公益诉讼是难以为继的。② 因此,要充分发挥行政公益诉讼对保护自然资源与生态环境的作用,放宽行政公益诉讼的起诉主体范围是十分必要的。

此外,社会组织诉讼主体地位未获普遍认可。同一个环保组织,一个地方的法院认定为适格主体,另外一个地方就不认定为适格主体的例子,在司法实践当中是存在的。

(三)社会组织的人力和财力不足以支持公益诉讼

公益诉讼案件的办理,需要具备环境科学知识技能的专门人才进行调查取证,才能证明案件当中的关键事实。但是目前的环保公益组织普遍存在税制不合理、筹资难、招工难的问题,人才的匮乏制约了环保公益组织的发展。③此外,高昂的成本,也成为制约社会组织提起公益诉讼的因素之一。首先,社会组织提起公益诉讼的诉讼费用高昂。现状下,民事公益诉讼的诉讼费用是与标的额直接相关的。公益诉讼所涉及的生态服务功能损失、生态修复费用

① 丁国民、贲丹丹:《环境行政公益诉讼提起主体之拓展》,《东南学术》2021年第6期。

② 林莉红:《台湾地区行政公益诉讼的立法与实践———以“美丽湾案”为切入点》,《武汉大学学报》(哲学社会科学版)2016年第2期。

③ 刘晓星:《成本高人才缺掣肘公益诉讼》,《中国环境报》2017年1月20日。

等往往金额较高,诉讼费亦水涨船高,社会组织不堪重负。其次,鉴定的费用高昂。目前我国环境司法鉴定存在周期长、费用高的问题。综合诉讼费、鉴定费用、律师费等,普通的一个公益诉讼案件社会组织需要承担的费用一般都在20万元到30万元之间。[①] 人员的匮乏和高昂的诉讼成本都成为了阻碍社会组织提起公益诉讼的绊脚石。

第四节　自然资源领域公益诉讼的制度完善

针对自然资源领域公益诉讼的制度不足,应当在调查取证制度、证据保全与鉴定制度、生态修复资金使用与管理制度和支持社会组织参与自然资源公益诉讼的制度等方面完善相应的法律规则。

一、强化对自然资源经济价值的保护

生态环境与自然资源是密不可分的。自然资源需要依托于一定的生态环境而存在,而自然资源本身也是生态系统的重要组成部分,生态系统受到损害,自然资源也会遭到池鱼之殃;同理,自然资源受到侵害,生态系统的功能也会受到波及。比如一片水域被违法行为人倾倒了污染物,水域生态环境受到破坏的同时,水生动物和植物资源也会遭受损失;反过来,如果水生动植物遭遇过度捕捞导致资源退化,水域生物多样性随之减少,水域生态系统的功能也会受到侵害。实践当中,已经出现了将生态环境与自然资源列为同一类公益诉讼的倾向,《中华人民共和国民事诉讼法》《中华人民共和国行政诉讼法》规定检察机关提起公益诉讼的范围当中采用了“生态环境与资源保护”的表述。基于生态环境与自然资源的不可分性以及实践当中已经成型的倾向,强化公

① 刘晓星:《为何环境公益诉讼叫好不叫座?》,《中国环境报》2015年3月31日。

益诉讼对自然资源保护较为简明的方法是修改《中华人民共和国环境保护法》《中华人民共和国民事诉讼法》《中华人民共和国行政诉讼法》及相关司法解释,将环境公益诉讼扩大为资源与环境公益诉讼,允许权利人要求侵权人承担自然资源损失相关费用、将自然资源恢复原状或进行替代性修复,在同一诉讼中既处理生态损害也处理自然资源损害。

二、厘清公益诉讼与生态损害赔偿诉讼的关系

学界对于如何处理公益诉讼与生态损害赔偿诉讼的起诉顺位存在几种不同的观点,即公益诉讼优先说①、生态损害赔偿诉讼优先说②、合并审理说、化二为一说。③ 公益诉讼优先说的问题,与生态损害赔偿诉讼优先说的问题类似,生态损害赔偿诉讼优先会倾轧公益诉讼起诉人的诉权,使公众参与不充分,公益诉讼优先难免倾轧生态损害赔偿诉讼起诉人的诉权,使得行政机关履行所有者职责和监管者职责不充分,同时还会增加诉讼成本,实不可取。如前所述,公益诉讼与生态损害赔偿诉讼保护的法益并不相同,而且各自独立运行了数年时间,化二为一在理论和实践上都有诸多障碍,亦不可取。合并审理既能够充分保障生态损害赔偿诉讼和公益诉讼起诉人的诉权,又能够使得公众参与和有为政府得以兼顾,较之公益诉讼或者生态损害赔偿诉讼优先的情形,即使存在某种诉讼无法涵盖的诉求,也不必分开审理,诉讼成本较低。可以说,合并审理的办法较为折中,相较于其他办法,问题是比较少的。

---

① 朱谦、谌杨:《"生态环境损害赔偿诉讼优先论"之思辨——兼论与环境民事公益诉讼的顺位问题》,《学术论坛》2020 年第 5 期;张春莉:《生态环境损害赔偿诉讼的检视与完善》,《南京社会科学》2019 年第 12 期。

② 巩固:《环境民事公益诉讼性质定位省思》,《法学研究》2019 年第 3 期。

③ 向往、秦鹏:《生态环境损害赔偿诉讼与民事公益诉讼衔接规则的检讨与完善》,《重庆大学学报(社会科学版)》2021 年第 1 期。

三、完善社会组织参与自然资源行政公益诉讼的制度

首先,通过立法明确赋予环保公益组织提起自然资源领域行政公益诉讼的资格。修改《中华人民共和国行政诉讼法》第 25 条及相关规定,规定社会组织有权对生态环境和资源保护等领域负有监督管理职责的行政机关提起行政公益诉讼,明确赋予社会组织提起此类诉讼的原告资格。相较于专门制定公益诉讼法和解释《中华人民共和国环境保护法》第 58 条赋予社会组织行政公益诉讼主体资格,修改《中华人民共和国行政诉讼法》第 25 条的方式有以下优势:第一,相较于专门制定公益诉讼法,修改《中华人民共和国行政诉讼法》立法成本较低,修改《中华人民共和国行政诉讼法》只需要全国人大常委会通过即可,然而专门制定公益诉讼法涉及"司法制度",属于《中华人民共和国立法法》规定的"法律绝对保留事项",必须由一般一年召开一次的全国人民代表大会审议通过;第二,相较于法律解释赋予社会组织行政公益诉讼主体资格,修改《中华人民共和国行政诉讼法》第 25 条及相关规定可以一步到位,解决社会组织与检察机关在行政公益诉讼中的起诉顺位问题,但是对《中华人民共和国环境保护法》第 58 条进行解释,将该条的"诉讼"解释为"民事、行政公益诉讼",仅能起到赋予社会组织行政公益诉讼诉讼主体资格的作用,难以处理社会组织与检察机关在行政公益诉讼中的起诉顺位问题。①

其次,适当放宽社会组织提起行政公益诉讼的条件。当前我国社会组织参与公益诉讼的意愿较低,②提起诉讼的社会组织数量和社会组织提起公益诉讼的数量都比较低。③ 在国外,即使是对社会组织提起行政公益诉讼态度

---

① 唐绍均、王国平:《社会组织提起环境行政公益诉讼的证成与型构》,《内蒙古社会科学》2023 年第 1 期。

② 髙俊虹:《社会组织提起环境民事公益诉讼的反思与革新》,《江西社会科学》2022 年第 3 期。

③ 江必新:《中国环境公益诉讼的实践发展及制度完善》,《中国人大》2019 年第 11 期。

极为谨慎的德国，后来也放宽了社会组织提起行政公益诉讼的资格限制。① 因此，不论是基于我国社会组织提起公益诉讼的现状还是国外经验，放宽社会组织提起行政公益诉讼的条件是十分必要的。比照《中华人民共和国环境保护法》对提起公益诉讼的社会组织的条件，社会组织提起行政公益诉讼的条件可放宽如下：第一，将社会组织的登记主管机关从设区市人民政府民政部门放宽到自治州、盟、地区、不设区的地级市、直辖市的区县人民政府民政部门；第二，将无违法记录的年限降至 3 年，将违法记录仅限于行政和刑事违法；第三，将专门从事环境保护公益活动放宽到业务范围与自然资源和生态环境保护具有一定联系即可。②

最后，应当为社会组织提起自然资源公益诉讼提供必要的保障。第一，强制败诉方承担社会组织提起公益诉讼的诉讼费用，《环境公益诉讼解释》第二十二条规定，原告请求被告承担鉴定评估等费用，合理的律师费以及为诉讼支出的其他合理费用的，人民法院可以依法予以支持。“可以”意味着公益诉讼的诉讼费用不一定由败方承担，法院依然可以判令由社会组织承担，若将“可以”改为“应当”，则诉讼费用将一概由败方承担，法官没有自由裁量空间。第二，政府可以通过购买服务的方式，向社会组织提供资金；第三，建立公益诉讼基金，在行政公益诉讼胜诉前先行垫付律师费、鉴定费等诉讼费用，实践当中云南和贵州已经建立了公益诉讼基金支持社会组织提起公益诉讼。③

四、完善调查取证制度

首先，排除社会组织在公益诉讼中调查取证的障碍。公益组织所聘请的律师进行调查取证面临的困境，司法机关应当对公益组织聘请的律师根据

① 谢伟：《德国环境团体诉讼制度的发展及其启示》，《法学评论》2013 年第 2 期。

② 唐绍均、王国平：《社会组织提起环境行政公益诉讼的证成与型构》，《内蒙古社会科学》2023 年第 1 期。

③ 崔爱鹏：《社会组织提起环境公益诉讼的困境与出路研究》，《学习论坛》2017 年第 9 期。

《中华人民共和国律师法》第 35 条所享有的调查取证权给予充分尊重，适时以指导性案例明确之。①

其次，明确检察机关调查取证权的具体规则。一方面，要明确检察机关调查取证权的启动程序，根据支持社会组织起诉还是检察机关自身起诉，根据一般案件、重大案件、紧急案件的不同，设置不同的启动程序；另外一方面，细化检察机关调查取证权的行使程序，先行调查生态环境与自然资源保护相关职能部门的执法情况，根据相关职能部门的执法情况决定继续调查还是终止调查。②

最后，加大阻碍调查取证的违法成本。第一，将妨碍检察机关调查取证的行为纳入妨碍诉讼的范畴予以处理。③ 检察机关可参照《中华人民共和国民事诉讼法》第 111 和 114 条法院对妨碍诉讼行为的处理方式，对于伪造、毁灭证据，危害检察机关工作人员人身财产安全的行为视情节轻重予以拘留罚款，严重者送交公安机关追究刑事责任。第二，善用不利证据推定制度。2020 年新修改的《最高人民法院关于审理环境民事公益诉讼案件适用法律若干问题的解释》第 13 条规定，若经原告申请，被告拒不提供不利于己方的证据材料，法院可作出有利于原告的推定。据此，法院可以将阻碍调查取证的行为与公益诉讼的裁判结果挂钩，判令被告承担阻碍调查取证的不利后果。④ 当然，适用不利证据推定制度的前提是社会组织或者检察院确实向被告发送了调取证据的有效文书且证明被告确实持有文书所列明的证据材料。⑤

---

① 高俊虹：《社会组织提起环境民事公益诉讼的反思与革新》，《江西社会科学》2022 年第 3 期。

② 刘显鹏：《环境民事公益诉讼中检察机关调查取证权的运行机制探析》，《南京工业大学学报（社会科学版）》2021 年第 3 期。

③ 曹建军：《论检察公益调查核实权的强制性》，《国家检察官学院学报》2020 年第 2 期。

④ 刘显鹏：《环境民事公益诉讼证明责任分配研究》，中国社会科学出版社 2019 年版，第 125 页。

⑤ 王慧、樊华中：《检察机关公益诉讼调查核实权强制力保障研究》，《甘肃政法大学学报》2020 年第 6 期。

五、改进证据获取方法

第一,善用新式科技手段。《人民检察院公益诉讼办案规则》第36条第2款规定,检察机关工作人员在调查收集证据的过程中,除可以依照有关规定使用执法记录仪、自动检测仪等传统办案设备外,还可以使用无人机航拍、卫星遥感等新式技术手段。当前,我国部分地区的检察机关在利用新式科技手段调查取证上已经积累了比较充分的经验。比如,江苏省江阴市检察机关借力"互联网+"技术,实现快速对生态环保类案件线索进行筛查,破解线索发现难、评估难问题,还利用无人机等现代技术装备,顺利完成取证固证及跟进监督工作,发挥生态环境和食品安全快速检测中心动态监控作用,保证检察建议落到实处,为江滩修复提供了有效司法保障。① 第二,充分发挥专家辅助人的作用。检察机关可以委托与本案无关的专业人士进行调查核实,以此弥补检察机关在专业能力上的不足,不然专家意见难免带有主观色彩,检察机关应当审慎把握。②

① 《最高检发布服务保障长江经济带发展典型案例(第三批)》,中华人民共和国最高人民检察院官网,https://www.spp.gov.cn/xwfbh/wsfbt/202012/t20201211_488711.shtml#2,发布日期:2020年12月11日,访问日期:2024年1月12日。

② 庞庆龙、韦仁伟:《赋权与规制双重视角下检察公益诉讼调查核实权问题研究》,《广西社会科学》2022年第12期。

结　语

《中华人民共和国民法典》对自然资源国家所有权的内容进行了确认和完善，表明了立法机关坚持并完善自然资源国家所有权制度的决心。尽管学界已经就自然资源国家所有权的研究形成了丰富的成果，但对国家如何行使自然资源所有权这一问题，仍缺乏在已有研究成果基础上对行使主体、行使路径、行使机制、行使限制、行使保障等问题开展务实有针对性且与时俱进的研究。基于此，本课题主要围绕宪法、民法、各种自然资源单行法以及行政法规、部门规章和地方性法规规章中关于自然资源的相关规定，对自然资源国家所有权行使的法律问题展开研究。

自然资源是一个特殊的"物"，不仅具有经济价值，而且具有不可忽视的社会价值和生态价值。天然性、有用性、拓展性和稀缺性是自然资源的基本特征。科学划分自然资源的类型，并明确哪些类型的自然资源归属于国家所有，是完善自然资源国家所有权行使制度的基础。自然科学界关于自然资源的类型划分具有重要的参考借鉴价值，但划分标准并不是一成不变的，在一定的条件下，自然资源类型还可能会发生转化。例如，可再生自然资源可能会转化为不可再生自然资源，不可再生自然资源也可能转化为可再生自然资源。同时，自然特性的形成过程、科学研究价值的大小、所处空间范围的特点、稀缺特征的变化以及其自身环境功能的演变等都是自然资源类型划分的重要考虑因素。

自然资源国家所有权的行使,是指自然资源权利行使主体为了实现自然资源国家所有权的权利内容而依法实施的一系列行为。从私法自治的角度上讲,权利之行使既包括了为实现权利内容而主张权利存在的积极行使,也包括了不去实现权利内容而抛弃权利的消极行使,主张权利或者抛弃权利都是权利人行使权利的正当表现。然而,这一行使逻辑却不能简单套用在自然资源国家所有权的行使之上。行使自然资源国家所有权与行使普通物权不同在于,其权利不得滥用规则还包括了不得怠于行使权利。行使自然资源国家所有权,应当将以人民为中心的理念贯穿始终,要明确在哪些情形之下使用国有自然资源是无偿的,并对资源利用的习惯给予尊重,在不破坏国家法律制度整体统一性的前提之下,尊重长久积累下来的习惯,以便制定出来的规则得到更好的实施。行使自然资源国家所有权,应当充分尊重自然资源利用的客观规律,例如,判断自然资源增减时应当顺应自然状况的变化,根据自然界客观规律来划定自然资源权利和责任的边界。

法律赋予政府代表国家行使自然资源所有权,但政府如何代表国家行使自然资源所有权不明确,中央政府与地方政府在行使自然资源国家所有权中的权限与分工不明确,需要建立健全自然资源国家所有权的行使主体制度,从制度上明确自然资源国家所有权统一行使与分级行使的实现路径,并强化对政府行使自然资源所有权的监管力度。代表不同于代替,政府代表国家行使自然资源所有权,所有者仍然是“国家”而非“政府”,政府只是代表所有者行使所有权。政府在管理自然资源的过程中,极易出现管理权的膨胀和扩张,这一趋势在我国推进自然资源国家所有权行使主体制度改革过程中应当引起充分的注意,不能以管理权替代所有权的行使。

建立统一行使全民所有自然资源资产所有权人职责的体制,大力推进自然资源大部制改革是必由之路。2018 年 9 月,《自然资源部职能配置、内设机构和人员编制规定》颁布,自然资源部被确定为国务院当中代表国家行使自然资源国家所有权的部门。尽管自然资源国家所有权行使主体的总体框架已经确定，但仍然存在自然资源的所有者和管理者并未完全分离、特定领域自然资源国家所有权行使的问题仍然突出等问题。为此，应当加强自然资源所有权行使主体确定后的制度建设，一是加快自然资源所有权行使主体资格法定化的立法进程，在法律层面自然资源部作为自然资源国家所有权行使主体应当得到全面的确认；二是建立健全自然资源国家所有权行使的资源清单，明晰各主体行使自然资源权利的范围和边界；三是完善自然资源统一确权登记制度，已登记在不动产登记簿中的国家所有自然资源，将行使主体统一登记为自然资源部；四是完善特定领域资源国家所有权的行使主体，以海砂资源为例，重点在于理顺政府各部门在海砂资源国家所有权行使过程中的分工。

就自然资源国家所有权的分级行使而言，可分级行使所有权的政府层级最低是到县级人民政府，即至少是由县级人民政府代表国家行使所有权。乡镇一级人民政府无权代表国家行使所有权，村委会仅为基层群众性自治组织也无权代表国家分级行使所有权。目前对政府分级行使所有权的规定基本停留在初始阶段，即在提出“分级行使”理念或确权登记阶段，内容也仅涉及原则性问题，如“明确权责，分级行使”之基本原则，并缺乏如何分级行使的具体规定。地方政府对国家自然资源行使的相关权利来自相应部门的委托或中央的授权，但这都并未上升至法律层面，这便使制定法层面与实践层面出现了“脱节”现象。完善自然资源国家所有权分级的行使规则，一是要明确自然资源资产产权界限，尤其是要明确国家和地方对自然资源的所有权行使范围；二是要完善自然资源国家所有权行使的委托代理制度，在法律层面规定国务院可将部分自然资源所有权行使之资格授予省级政府，再由省级政府根据本行政区域内自然资源分布等特点对市县级政府进行二次授予；三是要明确不同资源中央地方收益分享比例，加快央地财政事权划分的立法步伐；四是完善相关配套制度，针对不同自然资源的保护、管理、监管甚至相关标准等加快立法，尽量减少各类资源之间规范等方面的脱节现象。

落实对政府行使自然资源国家所有权的监管，对于杜绝国有自然资源资产流失、保护生态环境具有重要意义。监督的重点领域包括自然资源登记环节的监管、自然资源行政许可环节的监管和对自然资源保护环节的监管。就登记环节的监管而言,要设立自然资源登记回避制度,完善自然资源登记信息的复查审核机制,并引入终身追责制度;就行政许可环节的监管,要通过资金、技术等支持提高实质审查的比重,制定自然资源行政许可服务指南,扩展对自然资源行政许可工作的监管渠道;就保护环节的监管而言,要用合理的制度平衡资源保护和开发之间的关系,探索资源利用的可持续之路。

自然资源国家所有权的行使,应当建立健全国家所有自然资源的使用权制度,使自然资源得到最合理、充分和有效的利用,从而实现从"定分止争"到"物尽其用"的价值传递。国有自然资源使用权,是指自然资源国家所有权行使过程中所派生出来的开发利用自然资源的权利。在权利主体上,国有自然资源所有者的特殊性决定了国有自然资源使用者的特殊性。在权利行使上,自然资源使用权人的权利行使必须充分体现"自然资源"的特殊性,应当审慎、科学、合理、高效地开发利用自然资源。从权利的表现形式上看,自然资源使用权主要表现为自然资源用益物权。由于自然资源的类型纷繁复杂,需要分类别研究自然资源使用权问题,尤其是要辩证地看待消耗型自然资源的使用权性质。对于消耗类自然资源,其资源的数量将随着使用权的行使而逐渐减少,甚至消耗殆尽。比如,在对矿产资源开发利用的过程中,随着采矿权的行使,矿产资源将逐步耗竭,当这项权利行使完毕,矿产资源将不复存在,该矿产资源之上的所有权自然也就不复存在。在采矿权行使伊始,采矿的根本目的是为了获得收益,而不是为了"处分"权利。不宜将用益物权人的采矿行为视为行使处分权能,而应当将其视为行使收益权能更为恰当。当采矿权客体全部灭失,采矿权自然消灭,此时,原母权(矿产资源所有权)获得了相应的对价而转化为货币形式,尽管财产的表现形式不同,原先的所有权因开发利用而灭失,但这不等于国家作为所有者的财产发生实际的损失。也就是说,当采矿权行使完毕,采矿权人对矿产资源的用益物权此时已经转化为对矿产资源产品的所有权,而国家对矿产资源的所有权转化为取得相应对价之财产的所有权。这是由消耗物用益权行使本身的特点所决定的。《中华人民共和国民法典》继续沿用《中华人民共和国物权法》的立场,将"采矿权""渔业权""取水权"等开发利用自然资源的权利定性为自然资源用益物权,这本身就表明了立法机关的基本态度。至于建立统一的自然资源使用权制度及规则,则是未来立法机关完善自然资源法律制度时必须解决的一项重要立法任务。

由于《中华人民共和国物权法》对自然资源用益物权未作任何具体化的规定,《中华人民共和国民法典》物权编并未就《中华人民共和国物权法》的这部分内容作出实质性修改,土地以外自然资源用益物权的取得、权利行使、权利救济等相关规则主要体现在《中华人民共和国水法》《中华人民共和国矿产资源法》《中华人民共和国渔业法》等自然资源单行法,以及《取水许可和水资源费征收管理条例》《矿产资源法实施细则》《渔业法实施细则》等行政法规规章之中,这种碎片化的分散立法导致法律规则的不统一。具体表现在:自然资源开发利用权利的称谓未统一,自然资源开发利用权利的性质存在争议,自然资源开发利用权利的类型划分不明确,自然资源开发利用权利的取得灭失制度不健全。通过科学立法对此作出回应,既要处理好民法典与自然资源单行法的分工与衔接,也要在具体法律规则中清晰界定各主体的权利义务边界。就具体的规则完善而言,一是要尽快明确相关权利术语的规范表达,在统一自然资源开发利用权利的法律条文表述时,应当转换成规范的立法语言,即"自然资源使用权";二是要科学安排自然资源使用权的体系,建议将自然资源使用权分为非收益类自然资源使用权(自然资源基础权)和收益类自然资源使用权(自然资源用益权),在此基础上,自然资源基础权可进一步分为基于生存需求的自然资源使用权和基于公共利益的自然资源使用权,自然资源用益权可进一步分为自然资源用益物权和自然资源经营权;三是要明确自然资源使用权的权利义务边界,明确规定自然资源使用权人的权利行使限度以及社会义务规则,使自然资源使用权人在取得开发利用自然资源权利之后,正确、合理、有效地行使权利；四是要明确自然资源用益权的存续期限规则，既要允许区分不同类型自然资源用益物权的权利存续期间，也要确立划分自然资源用益物权存续期间的基本标准，以避免确立权利存续期间或者最高期限的随意性；五是要明确自然资源用益权的继承规则，明确在哪些情形之下可以通过法定继承的方式取得自然资源用益权，在哪些情形之下允许通过遗嘱继承的方式取得自然资源用益权。

发挥市场配置自然资源权利的决定性作用，既有利于充分实现国家作为自然资源所有者的权益，也有利于调动一般民事主体开发利用自然资源的积极性，还有利于充分发挥自然资源的功效。在市场机制的作用下，自然资源开发利用主体有了提升自然资源利用价值的主观能动性，有利于促进自然资源权利主体努力提升自然资源开发利用技术，从而实现自然资源的高效利用和可持续利用，充分发挥自然资源的“物”之价值。市场配置自然资源权利的路径，既可以通过对自然资源物权制度设计对自然资源开发利用进行权利配置，也可以通过合同自由对资源进行权利分配与安排。市场配置自然资源权利也是有限度的，对于具有科学不确定性、外部负效应不明确或者关涉国家安全的自然资源开发利用情形，市场机制也应当慎重介入。在市场配置自然资源权利的过程中，市场与政府应当有一个合理的分工。当然，政府对自然资源权利流转的干预必须把握好度，能减少政府干预的要尽量减少政府的干预，能交给市场的要通过建立市场规则来实现自然资源的权利配置。

加强自然资源权利市场流转的立法保障，是实现自然资源权利有序流转的客观需求。一方面，立法需要考虑自然资源权利市场配置法律规则的共性，完善自然资源权利市场流转的通行规则，如自然资源权利交易的主体资格制度、自然资源权利交易的诚信登记制度、完善自然资源权利交易的环境影响评价制度等，以确保自然资源权利的市场流转在法治的轨道里有效运行。另一方面，立法还应当根据不同类型自然资源的各自特点，设计有针对性的法律规则。例如，就国有林权的市场流转而言，应当结合商品林赎买、林业碳汇交易、生态公益林补偿等新型国有林权的经营模式进行与时俱进的规则设计;就水资源权利的市场流转而言,着力完善水资源权利流转的透明化机制和水资源权利市场流转纠纷的解决机制;就矿业权的市场流转而言,应当在处理好现有法律规则"打架"的基础上,明确矿业权流转的环境保护义务,完善矿业权评估制度,明晰行政权在矿业权市场流转中的界限。

建立健全自然资源国家所有权的行使限制制度,既有利于促进自然资源国家所有权的合理行使、规范行使、高效行使,也有利于控制污染、保护生态环境。从所有权行使限制本身而言,既可以从私法层面进行权利的限制,也可以从公法层面进行权利的限制。就自然资源国家所有权行使的私法限制而言,特殊性主要表现在三个方面。一是自然资源国家所有权行使主体的特殊性,决定了限制规则将对与行使自然资源所有权相关联的多个主体同时发挥作用;二是自然资源的保障基本需求之功能,赋予了"容忍义务"在自然资源国家所有权行使限制中更为丰富的蕴涵;三是对所有权处分意思自治的限制。就自然资源国家所有权行使的公法限制而言,特殊性主要表现在三个方面。一是自然资源兼具国家利益、公共利益和公众需求的多重利益面向,决定了公法限制自然资源国家所有权的多维性;二是自然资源开发利用涉及生态系统保护、自然资源保护、环境保护的多重需求叠加,决定了公法限制自然资源国家所有权行使的系统性;三是自然资源开发利用涉及自然资源国家安全、自然资源高效利用、自然资源节约利用、自然资源循环利用的多重价值考量,决定了公法限制自然资源国家所有权行使的复杂性。就自然资源国家所有权行使限制的公私法交错而言,特殊性主要表现在三个方面。一是理性地看待自然资源所蕴含的财产利益与公共利益,通过公法限制自然资源国家所有权的行使可以保障公共利益,但同时需要通过私法机制进行必要的介入,以充分保障国家自然资源权益;二是有效平衡环境权益与自然资源权益,对于公法手段的介入给原先的自然资源权利主体造成权益损失的,私法机制的及时介入就显得尤为必要;三是私法救济与公法救济的适时转换,可以有效弥补纯粹依赖公法机制或者纯粹依赖私法机制的缺憾。

实现自然资源国家所有权的行使限制，需要不断建立健全相关的法律制度。通过完善自然资源开发利用规划制度，对自然资源开发利用进行统筹的安排与分配，通过规划限制不必要的或者过度的自然资源开发利用行为；通过完善自然资源开发利用的环境标准制度，限制资源利用中的环境破坏行为；通过完善自然资源开发利用的信息公开制度，提升自然资源开发利用的透明度，让自然资源开发利用活动在阳光下运行；通过完善自然资源开发利用的生态修复制度，实现边开发利用自然资源边修复生态破坏，有效约束滥采滥伐自然资源的行为，预防自然资源的破坏性开发利用，实现自然资源开发利用与生态环境保护的同频共振。

建立健全自然资源国家所有权的行使监管制度需要通过设立回避制度，完善自然资源登记信息的复查审核机制，确立“谁登记谁负责”的原则，在自然资源登记环节加强追责等方式强化自然资源登记环节的监管。通过强化自然资源出让的全过程监管，加强自然资源全要素监管，对自然资源出让综合效益的考量等方式加强对政府出让自然资源的监管。通过完善自然资源资产清单，加强对自然资源集约高效利用方式的引导，进一步推广绿色环保生活方式以及落实和完善自然资源生态绩效评价体系等方式加强自然资源国家权益保护环节的监管。

国有自然资源资产有偿使用制度改革与推进，是政府代表国家具体行使自然资源国家所有权的重要抓手，对于确保全民所有自然资源的所有权人到位、切实落实国家的所有者权益意义重大。这项改革的落实与推进，是对自然资源国家所有权行使法律制度建设的综合运用与实践检验。改革进程中存在着“一刀切”的弊端如何克服、资产价值如何计算、有偿使用范围如何确定以及政府与市场如何分工协作等难题。为顺利推进改革，在实践层面，一方面要有效落实“资源有价、使用有偿”的准则，例如，在推进水资源有偿使用的过程中，完善水资源定价规则是重中之重的问题，要适当提高水资源定价标准，充分考量行业、地区、时节的差异，设立灵活的定价机制，努力改变目前单一的计征方式，探索将从量计征逐步改为从价计征。另一方面，要落实“资源有限、使用有序”的准则。例如，在促进森林资源有偿使用制度改革的实践探索中，不能将开发利用的视野局限在采伐树木之上，要把发展森林旅游产业作为充分发挥森林资源价值的重要途径。尽管推进自然资源资产有偿使用制度改革的力度在不断加大，但由于相关的法律规则不完善，这项改革在实践中遇到了诸多难题。为顺利推进自然资源资产有偿使用制度改革，立法应当着力完善相关的政府管制规则、市场化规则、高效利用规则和绿色使用规则。以国有草原有偿使用制度改革为例，要完善草原开发利用用途管制规则，着力杜绝政府违法违规审批和草原规划不相符的项目、政府对于草原规划和开发利用过程中的违法行为不作为和进行选择性执法；要强化对于国有草原产权以及国有草原使用权人的保护力度，明确集体草原和国有草原的划分标准；要强化对于破坏国有草原违法犯罪行为的打击力度，除了对其进行行政、刑事处罚，还应当责令其履行生态环境损害赔偿责任，赔偿国家草原利益的损失；并且要求其履行恢复原状的义务，负担进行生态修复的费用；要切实保障国有草原使用权人的合法权益，因为正当理由要从使用权人手中收回草原资源使用权时，政府应当保障使用权人能够及时拿到公道的赔偿或者能够通过置换得到条件相近的草场。

强化自然资源国家所有权行使的法律保障，是推进自然资源国家所有权行使法律制度建设的内在要求。健全损害国家所有自然资源的法律救济机制、加强自然资源领域的生态综合执法改革、完善自然资源领域的公益诉讼制度，是实现自然资源国家所有权行使法律保护的主要抓手。

为了充分保障自然资源国家所有权的行使，建立健全国家所有自然资源损害救济机制势在必行。自然资源损害的表现形式纷繁多样，主要有三种情形：一是开发利用自然资源过程中对相关自然资源造成的损害，二是环境污染导致自然资源损害，三是对自然资源直接破坏的行为。当前，我国有关自然资源损害行为的法律责任制度是以行政责任为主要责任承担方式,民事责任和刑事责任为补充的法律责任体系,而实践中又往往表现为刑事责任和行政责任主导而民事责任缺位的情形。这使得现有法律制度在保护国家所有自然资源权益上力度不足,具体表现为:行政处罚力度与损害结果配比失衡,行政处罚力度偏低使得我国当前以行政责任为主要责任方式的自然资源法律责任体系不仅未能起到其应有的震慑之作用,反而在一定程度产生了国家作为受害人却要为致害人的行为买单的怪象;自然资源损害刑事责任适用范围较为狭窄,震慑的范围有限;自然资源损害民事责任不够具体,当国家自然资源权益遭受损失之时,实施相关民事救济的法律供给明显不足。完善自然资源损害赔偿规则,是健全损害国家所有自然资源法律救济机制的重中之重。具体而言,一是要明确自然资源损害与生态环境损害的边界,二是要健全自然资源损害的构成认定规则,三是要明确自然资源损害的责任豁免规则,四是要健全自然资源损害的评估规则,五是要完善自然资源损害行政磋商法律规则,六是要完善自然资源损害赔偿金管理规则。

自然资源领域的生态综合执法改革,对于加强自然资源国家所有权行使的法律保护意义重大。将自然资源领域的执法事项纳入生态综合执法改革,可以有效整合环境保护和国土、农业、水利、海洋等部门的执法力量,实现土地、森林、水、湿地、草原、海域海岛等各种自然资源的整体性保护。长期以来,针对自然资源领域的行政违法行为,法律一般赋予管理该自然资源的政府职能部门行使行政执法权。但仅仅依靠传统的自然资源类型分割的执法模式是不够的,逐步将自然资源执法事项纳入生态综合执法事项是大势所趋。在生态环境部颁布的《生态环境保护综合行政执法事项指导目录(2020 年版)》中,与自然资源执法相关的事项有 22 项,自然资源领域的执法事项已经成为生态综合执法事项的重要组成部分。将自然资源领域的执法事项统筹到生态综合执法事项之中,有利于执法者统筹兼顾自然资源权益与生态环境利益,避免在执法中出现“自然资源财产权益”与“自然资源生态环境利益”的顾此失彼、厚此薄彼的现象,而这是单纯的自然资源执法所无法实现的功能。随着改革的纵深推进,生态综合执法在保障国有自然资源权益方面的优势逐渐显现出来。通过生态综合执法保护自然资源国家所有权的行使,有助于把握对自然资源国家所有权行使限制的“度”,有利于规范自然资源开发利用的行为,有利于明确违法开发利用自然资源的执法主体,有利于提升保护特定领域自然资源执法的有效性。在实践中,由于对生态综合执法之“综合”的理解和把握各不相同,自然资源保护的生态综合执法在各地展开了不尽相同的实践探索,出现了“污染防治+资源保护+生态保护”“污染防治+生态保护”“污染防治+陆地生态保护”等生态综合执法模式。这些不同的生态综合执法模式在保护国家自然资源权益中发挥着各自的作用。随着自然资源领域生态综合执法改革在全国范围内的逐步铺开,这项改革的复杂性和艰巨性也日益凸显,出现了执法职权范围的边界界定不清、综合执法与专业执法的分合把握不准、陆海生态执法的统筹推进不力、法律责任承担的衔接机制不畅等诸多现实难题。生态综合执法事项的确定是一个错综复杂的系统工程,为充分发挥生态综合执法在保护自然资源国家所有权行使中的作用,应当在厘清权责边界、加强执法队伍建设、推进各部门协同推进、加强执法的陆海统筹、加强立法保障、加强舆论引导等方面推进自然资源领域的生态综合执法制度建设。

完善自然资源领域的公益诉讼制度,对于加强自然资源国家所有权行使的法律保护至关重要,既有利于充分保障自然资源的经济价值、社会价值和生态价值,也有利于充分保障国家作为自然资源所有者的权益。目前,自然资源领域的公益诉讼还存在着诸多不尽如人意的地方,这与自然资源领域公益诉讼相关的法律制度不健全紧密相关。主要体现在四个方面:一是调查取证制度不健全,二是证据灭失、鉴定缺位现象突出,三是生态修复资金使用与管理制度不健全,四是社会组织在自然资源公益诉讼中发挥的作用有待提高。为此,应当完善相应的法律规则。就完善调查取证制度而言,应当加大不配合检察机关调查取证的违法成本。适时修改《中华人民共和国人民检察院组织法》与两高关于检察公益诉讼的司法解释，专门设置对于拒不配合检察机关调查取证工作的处罚规则。就完善证据保全与鉴定制度而言，自然资源主管部门应当有效利用现代信息技术，使用遥感卫星对于自然资源做到全天候、无死角的监控，同时，要督促与鉴定相关的职能部门切实履行职责，并尽可能减少因为鉴定技术规范无法达到要求导致的鉴定不能。就健全生态修复资金使用与管理制度而言，允许各地结合自身实际积极探索可行的制度方案，待时机成熟时出台能够普遍适用全国的法律规则。就完善社会组织参与自然资源行政公益诉讼的制度而言，立法机关应当通过立法明确赋予环保公益组织提起自然资源领域行政公益诉讼的资格，各地法院应当积极受理社会组织提起的自然资源保护公益诉讼，自然资源主管部门应当为社会组织提起自然资源公益诉讼提供必要的人力和财力支持。

尽管本专著已经提出了自然资源国家所有权行使的理论体系发展构想和法律制度创新路径，但应当看到，自然资源法律制度正处于不断完善之中，自然资源国家所有权行使过程中还会不断遇到新的问题。理论研究没有终点，建立健全自然资源国家所有权行使法律制度也绝非一日之功，相关的理论研究成果需要通过实践进一步检验、总结和提升，相关的立法对策建议也需要不断地推敲、细化和凝练。

参考文献

一、中文著作

1. 蔡守秋:《生态文明建设的法律和制度》,中国法制出版社 2017 年版。

2. 蔡运龙编著:《自然资源学原理》,科学出版社 2007 年版。

3. 陈德敏:《资源法原理专论》,法律出版社 2011 年版。

4. 陈海嵩:《国家环境保护义务论》,北京大学出版社 2015 年版。

5. 陈华彬:《物权法论》,中国政法大学出版社 2018 年版。

6. 陈永文主编:《自然资源学》,华东师范大学出版社 2002 年版。

7. 陈玉秋:《水资源资产产权制度探索与创新》,中国财政经济出版社 2018 年版。

8. 陈家宏等:《自然资源权益交易法律问题研究》,西安交通大学出版社 2012 年版。

9. 程萍:《财产所有权的保护与限制》,中国人民公安大学出版社 2006 年版。

10. 程淑娟:《国家所有权民法保护论》,法律出版社 2013 年版。

11. 程雪阳:《中国地权制度的反思与变革》,上海三联书店 2018 年版。

12. 崔建远主编:《自然资源物权法律制度研究》,法律出版社 2012 年版。

13. 崔建远:《准物权研究》,法律出版社 2013 年版。

14. 崔文星:《民法物权论》,中国法制出版社 2017 年版。

15. 邓海峰:《排污权:一种基于私法语境下的解读》,北京大学出版社 2008 年版。

16. 杜群:《生态保护法论:综合生态管理和生态补偿法律研究》,高等教育出版社 2012 年版。

17. 杜辉:《环境公共治理与环境法的更新》,中国社会科学出版社 2018 年版。

18. 樊杏华:《环境损害责任法律理论与实证分析研究》,人民日报出版社 2015

年版。

19. 冯如:《环境法私人实施研究》,中国社会科学出版社 2017 年版。

20. 高文进,高兴佑:《自然资源价格理论与实践》,光明日报出版社 2015 年版。

21. 高富平:《物权法原论》,中国法制出版社 2001 年版。

22. 高利红:《动物的法律地位研究》,中国政法大学出版社 2005 年版。

23. 高世辑、李佐军等著:《用制度创新促进绿色发展》,中国发展出版社 2017 年版。

24. 郭云峰:《自然资源国家所有权法权构造论》,人民法院出版社 2023 年版。

25. 何勤华、李秀清、陈颐:《新中国民法典草案总览(增订本)》上、下卷,北京大学出版社 2017 年版。

26. 何志鹏:《权利基本理论:反思与建构》,北京大学出版社 2012 年版。

27. 黄民生、何岩、方如康主编:《中国自然资源的开发、利用和保护》,科学出版社 2011 年版。

28. 黄萍:《自然资源使用权制度研究》,上海社会科学院出版社 2013 年版。

29. 黄锡生:《自然资源物权法律制度研究》,重庆大学出版社 2012 年版。

30. 黄锡生:《生态文明法律制度建设研究》,重庆大学出版社 2022 年版。

31. 黄宜亮主编:《马克思主义国家理论与当代中国》,河南人民出版社 2011 年版。

32. 贾文龙、薛亚洲、吴强等:《中国矿产地战略储备研究》,科学出版社 2013 年版。

33. 江国华:《国家监察权力运行及其监督机制研究》,中国政法大学出版社 2020 年版。

34. 金海统:《资源权论》,法律出版社 2010 年版。

35. 孔繁德等编著:《生态保护》,中国环境科学出版社 2003 年版。

36. 柯阳友:《民事公益诉讼重要疑难问题研究》,法律出版社 2017 年版。

37. 柯坚:《环境法的生态实践理性原理》,中国社会科学出版社 2012 年版。

38. 李永军主编:《海域使用权研究》,中国政法大学出版社 2006 年版。

39. 李挚萍:《环境基本法比较研究》,中国政法大学出版社 2013 年版。

40. 李连祺:《俄罗斯矿产资源法律制度研究》,法律出版社 2016 年版。

41. 李显冬、孟磊主编:《新中国自然资源法治创新 70 年》,中国法制出版社 2019 年版。

42. 李晓燕:《矿产资源法律制度的物权化构建》,中国社会科学出版社 2014 年版。

43. 李旭东等编著:《生态保护》,中国环境科学出版社 2005 年版。

44. 梁慧星:《民法总论》,法律出版社 2011 年版。

45. 刘灿等:《我国自然资源产权制度构建研究》,西南财经大学出版社 2009 年版。

46. 刘恒:《政府信息公开制度》,中国社会科学出版社 2004 年版。

47. 刘显鹏:《环境民事公益诉讼证明责任分配研究》,中国社会科学出版社 2019 年版。

48. 刘卫先:《自然资源权体系及实施机制研究——基于生态整体主义视角》,法律出版社 2016 年版。

49. 刘俊:《土地所有权国家独占研究》,法律出版社 2008 年版。

50. 刘莘:《政府管制的行政法解读》,北京大学出版社 2009 年版。

51. 吕忠梅:《环境法新视野(第三版)》,中国政法大学出版社 2019 年版。

52. 吕忠梅:《生态文明法律制度研究》,湖北人民出版社 2014 年版。

53. 吕江:《英国新能源法律与政策研究》,武汉大学出版社 2012 年版。

54. 罗文燕:《行政许可制度研究》,中国人民公安大学出版社 2003 年版。

55. 孟庆瑜、刘武朝:《自然资源法基本问题研究》,中国法制出版社 2006 年版。

56. 欧阳君君:《自然资源特许使用的理论构建与制度规范》,中国政法大学出版 2016 年版。

57. 彭诚信:《现代权利理论研究》,法律出版社 2017 年版。

58. 秦前红:《监察改革中的法治工程》,译林出版社 2020 年版。

59. 邱秋:《中国自然资源国家所有权制度研究》,科学出版社 2010 年版。

60. 屈茂辉:《用益物权制度研究》,中国方正出版社 2005 年版。

61. 申卫星:《物权法原理(第二版)》,中国人民大学出版社 2016 年版。

62. 桑东莉:《可持续发展与中国自然资源物权制度之变革》,科学出版社 2006 年版。

63. 施志源:《生态文明背景下的自然资源国家所有权研究》,法律出版社 2015 年版。

64. 施志源:《绿色发展与环境资源法律制度创新》,法律出版社 2018 年版。

65. 施志源:《保护与利用:自然资源制度完善的进路》,重庆大学出版社 2022 年版。

66. 单平基:《自然资源权利配置法律机制研究》,东南大学出版社 2020 年版。

67. 史尚宽:《物权法论》,中国政法大学出版社 2000 年版。

68. 苏利阳、王毅、马永欢:《生态文明体制改革与制度创新》,中国环境出版集团 2022 年版。

69. 孙宪忠:《中国物权法总论》,法律出版社 2003 年版。

70. 孙宪忠:《国家所有权的行使与保护研究》,中国社会科学出版社 2015 年版。

71. 唐要家:《数字经济监管概论》,清华大学出版社 2023 年版。

72. 陶蕾:《论生态制度文明建设的路径:以近 40 年中国环境法治发展的回顾与反思为基点》,南京大学出版社 2014 年版。

73. 田凯等:《人民检察院提起公益诉讼立法研究》,中国检察出版社 2017 年版。

74. 佟柔主编:《论国家所有权》,中国政法大学出版社 1987 年版。

75. 佟柔主编:《民法原理・修订本》,法律出版社 1986 年版。

76. 汪劲:《环境法学》,北京大学出版社 2011 年版。

77. 汪劲:《环境法治的中国路径:反思与探索》,中国环境科学出版社 2011 年版。

78. 王灿发主编:《新〈环境保护法〉实施情况评估报告》,中国政法大学出版社 2016 年版。

79. 王继军、赵大为、王彬:《矿产资源有偿取得法律问题研究——以山西煤炭资源有偿使用为例》,商务印书馆 2014 年版。

80. 王洪亮等:《自然资源物权法律制度研究》,清华大学出版社 2017 年版。

81. 王利明:《我国民法典重大疑难问题之研究(第二版)》,法律出版社 2016 年版。

82. 王利明:《民法典体系研究》,中国人民大学出版社 2008 年版。

83. 王灵波:《美国自然资源公共信托制度研究》,中国政法大学出版社 2016 年版。

84. 王克稳:《行政许可中特许权的物权属性与制度构建研究》,法律出版社 2015 年版。

85. 王树义等:《环境法前沿问题研究》,科学出版社 2012 年版。

86. 王树义等:《环境法基本理论研究》,科学出版社 2012 年版。

87. 王文革主编:《自然资源法——理论・实务・案例》,法律出版社 2016 年版。

88. 王泽鉴:《民法物权》,北京大学出版社 2010 年版。

89. 吴鹏:《以自然应对自然——应对气候变化视野下的生态修复法律制度研究》,中国政法大学出版社 2014 年版。

90. 夏慧琳:《自然资源资产收益分配——理论演绎、机理分析与路径选择》,东北财经大学出版社 2018 年版。

91. 肖国兴:《破解"资源诅咒"的法律回应》,法律出版社 2017 年版。

92. 谢高地:《自然资源总论》,高等教育出版社 2009 年版。

93. 信春鹰:《中华人民共和国环境保护法释义》,法律出版社 2014 年版。

94. 薛姣:《论所有权的限制》,中国政法大学出版社 2017 年版。

95. 颜运秋:《公益诉讼理念研究》,中国检察出版社 2002 年版。

96. 姚金海:《水权运营导论》,华中师范大学出版社 2011 年版。

97. 杨立新:《物权法(第四版)》,中国人民大学出版社 2013 年版。

98. 杨林、陈书全:《海域资源市场化配置的方式选择与制度推进》,经济科学出版社 2013 年版。

99. 叶知年:《生态文明构建与物权制度变革》,知识产权出版社 2010 年版。

100. 尹田:《物权法》,北京大学出版社 2013 年版。

101. 尹田:《法国物权法》,法律出版社 1998 年版。

102. 于法稳:《中国生态环保督察:实践与对策》,中国社会科学出版社 2022 年版。

103. 张建文:《转型时期的国家所有权问题研究:面向公共所有权的思考》,法律出版社 2008 年版。

104. 张梓太主编:《自然资源法学》,北京大学出版社 2007 年版。

105. 张璐:《自然资源损害救济机制类型化研究——以权利与损害的逻辑关系为基础》,法律出版社 2015 年版。

106. 张牧遥:《国有自然资源特许使用权研究》,中国社会科学出版社 2018 年版。

107. 张挺:《环境侵权中侵害排除理论研究——以中日法比较为视角》,中国社会科学出版社 2015 年版。

108. 郑永流、朱庆育等:《中国法律中的公共利益》,北京大学出版社 2014 年版。

109. 邹雄等:《环境侵权法疑难问题研究》,厦门大学出版社 2010 年版。

110. 周柯:《我国民法典制定中的环境法律问题》,知识产权出版社 2011 年版。

111. 周枏:《罗马法原论(下册)》,商务印书馆 2001 年版。

112. 周其仁:《产权与制度变迁:中国改革的经验研究(增订本)》,北京大学出版社 2004 年版。

113. 中共中央文献研究室编:《习近平关于社会主义生态文明建设论述摘编》,中央文献出版社 2017 年版。

二、中文论文

1. 蔡守秋:《公众共用物的治理模式》,《现代法学》2017 年第 3 期。

2. 蔡立东:《土地承包权、土地经营权的性质阐释》,《交大法学》2018 年第 4 期。

3. 曹建军:《论检察公益调查核实权的强制性》,《国家检察官学院学报》2020 年第 2 期。

4. 曹明德:《检察院提起公益诉讼面临的困境和推进方向》,《法学评论》2020 年第

1 期。

5. 曹炜:《自然资源资产损害赔偿责任的路径组合和规范构建》,《北京大学学报(哲学社会科学版)》2023 年第 2 期。

6. 常纪文:《从欧盟立法看动物福利法的独立性》,《环球法律评论》2006 年第 3 期。

7. 常钦:《自然资源部认定首批自然资源节约集约示范县(市)》,《人民日报》2023 年 2 月 10 日。

8. 陈爱武、姚震宇:《环境公益诉讼若干问题研究——以生态环境损害赔偿制度为对象的分析》,《法律适用》2018 年第 1 期。

9. 陈广华、黄野:《民法典编纂背景下的水权辨析》,《行政与法》2018 年第 3 期。

10. 陈海嵩:《环保督察制度法治化:定位、困境及其出路》,《法学评论》2017 年第 3 期。

11. 陈海嵩:《"生态红线"制度体系建设的路线图》,《中国人口 · 资源与环境》2015 年第 9 期。

12. 陈静、陈丽萍、赵晓宇:《自然资源保护地役权建设的立法建议》,《中国土地》2019 年第 5 期。

13. 陈静、陈丽萍、郭志京:《自然资源资产国家所有权实现方式探讨》,《中国土地》2020 年第 1 期。

14. 陈曦:《中国自然资源资产收益分配研究》,《中央财经大学学报》2019 年第 5 期。

15. 陈小君:《土地经营权的性质及其法制实现路径》,《政治与法律》2018 年第 8 期。

16. 陈晔、王静:《自然资源统一监管制度的借鉴与完善》,《中国土地》2020 年第 12 期。

17. 程伟亚、张镯漫、王涵等:《森林资源管理"一张图"与国土"三调"差异分析及整合探讨》,《林业资源管理》2021 年第 6 期。

18. 程雪阳:《国有自然资源资产产权行使机制的完善》,《法学研究》2018 年第 6 期。

19. 程雨燕:《生态环境损害赔偿制度的理念转变与发展方向——兼与美国自然资源损害制度比较》,《社会科学辑刊》2018 年第 3 期。

20. 崔爱鹏:《社会组织提起环境公益诉讼的困境与出路研究》,《学习论坛》2017 年第 9 期。

21. 崔建远:《民法分则物权编立法研究》,《中国法学》2017 年第 2 期。

22. 崔建远:《自然资源国家所有权的定位及完善》,《法学研究》2013 年第 4 期。

23. 崔建远:《水权转让的法律分析》,《清华大学学报》2002 年第 5 期。

24. 崔建远:《再论界定准物权客体的思维模式及方法》,《法学研究》2011 年第 5 期。

25. 代琴、杨红:《草原承包经营制度功能间的矛盾与草原"三权分置"的法权构造》,《中国农村观察》2019 年第 1 期。

26. 代亚婷、吴昭军、张立新等:《全民所有自然资源资产损害赔偿请求权的界定与行使》,《中国土地科学》2023 年第 12 期。

27. 丁国民、贲丹丹:《环境行政公益诉讼提起主体之拓展》,《东南学术》2021 年第 6 期。

28. 杜函芮、过勇:《土地资源的产权交易与腐败》,《经济社会体制比较》2019 年第 3 期。

29. 杜珉等:《国家自然资源督察机构集中开展约谈》,《中国自然资源报》2023 年 4 月 14 日。

30. 杜倩博:《主管部委与国家局的职责关系研究——基于中美大部制内部治理结构的比较》,《探索》2018 年第 2 期。

31. 杜群、康京涛:《自然资源国家所有权行使主体改革的设想——设立自然资源"国资委"的初步思考》,《江西社会科学》2016 年第 6 期。

32. 段雨、胡亮:《草原家庭承包制度下的草场环境治理——基于青藏高原 H 县的案例研究》,《北方民族大学学报》2023 年第 5 期。

33. 樊伟:《牢牢把握中国特色社会主义最本质的特征》,《中国高等教育》2020 年第 C3 期。

34. 樊笑英:《自然资源资产负债表中的生态价值体现》,《中国国土资源经济》2019 年第 3 期。

35. 范振林:《健全自然资源资产损害赔偿机制　维护好所有者权益》,《中国国土资源经济》2023 年第 3 期。

36. 方印、张海荣:《大数据视野下公众环境信息监督权的规范构造》,《贵州大学学报(社会科学版)》2019 第 6 期。

37. 房绍坤:《民法典物权编用益物权的立法建议》,《清华法学》2018 年第 2 期。

38. 冯汝:《自然资源损害之名称辨析及其内涵界定》,《科技与法律》2013 第 2 期。

39. 冯汝:《生态环境损害赔偿制度与环境公益诉讼制度的关系》,《大连理工大学学报(社会科学版)》2021 年第 5 期。

40. 傅贤国:《〈民法典〉背景下生态环境损害赔偿诉讼的定位研究——兼论与环境民事公益诉讼的关系》,《广西社会科学》2021 年第 10 期。

41. 高俊虹:《社会组织提起环境民事公益诉讼的反思与革新》,《江西社会科学》2022 年第 3 期。

42. 高利红:《动物福利立法的价值定位》,《山东科技大学学报(社会科学版)》2006 年第 1 期。

43. 葛云松:《物权法的扯淡与认真:评〈物权法草案〉第四、五章》,《中外法学》2006 年第 1 期。

44. 巩固:《自然资源国家所有权公权说再论》,《法学研究》2015 年第 2 期。

45. 巩固:《环境民事公益诉讼性质定位省思》,《法学研究》2019 年第 3 期。

46. 顾龙友:《关于创新完善国家自然资源督察制度若干思考》,《中国国土资源经济》2020 年第 6 期。

47. 谷树忠、李维明《自然资源资产价值及其评估》,《中国经济时报》2015 年 11 月 27 日。

48. 关涛:《民法中的水权制度》,《烟台大学学报(哲学社会科学版)》2002 年第 4 期。

49. 郭洁、郭云峰:《论我国自然资源所有权主体制度的建构》,《沈阳师范大学学报(社会科学版)》2019 年第 6 期。

50. 郭珽:《资源环境权益交易市场发展的国际经验借鉴——以水权、排污权交易为例》,《宏观经济管理》2023 年第 10 期。

51. 郭鹏飞:《中国资源环境审计的发展历程、理论表征与实践深化》,《重庆社会科学》2021 年第 3 期。

52. 郭志京:《穿越公私法分界线:自然资源国家所有权委托行使模式》,《法制与社会发展》2022 年第 1 期。

53. 郭志京、蒋仁开、陈静:《论对全民所有自然资源资产行使所有权与监管权的分离》,《中国土地科学》2022 年第 12 期。

54. 韩英夫:《全民所有自然资源资产保护和使用规划的立法难题与纾解》,《中国人口·资源与环境》2023 年第 12 期。

55. 何明智:《权利哲学的基本问题》,《经济与社会发展》2012 年第 11 期。

56. 胡田野:《准物权与用益物权的区别及其立法模式选择》,《学术论坛》2005 年第 3 期。

57. 胡荣荣:《责任政府理论及其中国实践》,《学术界》2009 年第 2 期。

58. 胡卫列:《检察公益诉讼地方立法研究——以 25 个省级人大常委会关于检察公益诉讼专项决定为样本》,《国家检察官学院学报》2023 年第 3 期。

59. 黄锡生、韩英夫:《生态损害赔偿磋商制度的解释论分析》,《政法丛论》2017 年第 1 期。

60. 黄锡生、张真源:《中国突发环境事件预警法律制度的困境与出路》,《甘肃政法学院学报》2017 年第 2 期。

61. 黄锡生、余晓龙:《社会组织提起环境公益诉讼的综合激励机制重构》,《法学论坛》2021 年第 1 期。

62. 黄小玲:《行政权的行使与民事权利的保护》,《求索》2008 年第 4 期。

63. 黄学贤:《完善行政裁量基准若干问题探讨》,《江海学刊》2009 年第 6 期。

64. 黄霞、齐冉:《矿山环境影响评价法律制度评析》,《中国国土资源经济》2011 第 1 期。

65. 贾瑜玲、廖嘉玲:《四川省"三线一单"编制与相关部门管理工作的协调性研究》,《环境保护》2019 年 19 期。

66. 冀玮:《论〈食品安全法〉"累加处罚"条款的法律适用》,《行政法学》2019 年第 5 期。

67. 姜闻远、陈海嵩:《中国自然资源督察体系完善的规范路径》,《自然资源学报》2022 年第 12 期。

68. 焦艳鹏:《自然资源的多元价值与国家所有的法律实现——对宪法第 9 条的体系性解读》,《法制与社会发展》2017 年第 1 期。

69. 江必新:《中国环境公益诉讼的实践发展及制度完善》,《中国人大》2019 年第 11 期。

70. 江平:《矿产资源与土地资源之权利辨析》,《中国国土资源经济》2018 年第 1 期。

71. 姜文来、龚良发:《国有自然资产流失探析》,《中国人口 · 资源与环境》1995 年第 4 期。

72. 蒋华剑、潘洪林:《我国水权市场中行政垄断理论探析》,《河海大学学报(哲学社会科学版)》2010 年 12 月。

73. 金海统:《自然资源使用权:一个反思性的检讨》,《法律科学(西北政法大学学报)》2009 年第 2 期。

74. 金可可:《论"狗头金"、野生植物及陨石之所有权归属——再论自然资源国家所有权及其限度》,《东方法学》2015 年第 4 期。

75. 寇江泽:《第二轮中央生态环境保护督察整改方案全部公开》,《人民日报》2023 年 2 月 10 日。

76. 雷亮亮:《"狗头金"事件与无主物先占制度》,《福建法学》2016 年第 1 期。

77. 雷俊生、王梓凝:《自然资源资产审计制度的供给侧改革》,《中国人口·资源与环境》2020 年第 1 期。

78. 李爱年、胡春冬:《财产法与环境保护—普通法的一个视角》,《重庆大学学报(社会科学版)》2007 年第 2 期。

79. 李海生:《建设绿色智慧的数字生态文明》,《人民日报》2023 年 12 月 1 日。

80. 李敏:《我国民法上的禁止权利滥用规范——兼评〈民法总则〉第 132 条》,《西北政法大学学报》2018 年第 5 期。

81. 李娜:《论矿业环境行政公益诉讼制度的构建》,《矿冶工程》2016 年第 3 期。

82. 李松龄:《自然资源高效利用的理论认识与制度安排》,《贵州社会科学》2020 年第 8 期。

83. 李艾蓉:《生态视角下环境信息公开制度研究》,《资源环境》2020 年第 1 期。

84. 李劲:《海洋环境信息公开法律问题研究》,《渤海大学学报(哲学社会科学版)》2019 第 1 期。

85. 李建华、李靖:《采矿权法律性质再认识》,《国家检察官学院学报》2017 年第 6 期。

86. 李鼐:《矿产资源开发领域腐败问题透视》,《中国纪检监察》2016 年第 10 期。

87. 李伟伟:《"三权分置"中土地经营权的性质及权能》,《中国党政干部论坛》2016 年第 5 期。

88. 李显冬、牟彤:《完善准物权理论以健全自然资源资产产权制度》,《中国国土资源经济》2014 年第 2 期。

89. 李小玉、向丽、黄金成等:《中国森林康养资源利用与产品开发》,《世界林业研究》2022 年第 6 期。

90. 李兴宇、吴昭军、张倩:《全民所有自然资源所有权委托代理的法律分析——以信托为视角》,《中国土地科学》2023 年第 8 期。

91. 李秀梅、王乃昂、赵强:《兴隆山自然保护区旅游资源总经济价值评估》,《干旱区资源与环境》2011 年第 6 期。

92. 李亚菲:《检察机关提起环境行政公益诉讼的制度困境及其因应》,《社会科学家》2020 年第 2 期。

93. 李挚萍、秦萱钰:《全民所有自然资源资产损害民事救济的实现路径》,《南京工业大学学报(社会科学版)》2024 年第 1 期。

94. 李胜兰、曹志兴:《构建有中国特色的自然资源产权制度》,《资源科学》2000 年第 3 期。

95. 李政、马泽忠、肖禾:《林权改革背景下国有森林资源国家所有权的实现形式》,《中国土地》2021 年第 8 期。

96. 廖华、潘佳宇:《美国路易斯安那州自然资源损害评估制度及其启示》,《中国环境管理》第 2019 年第 3 期。

97. 林葆才:《我国政府经济管理职能转变问题研究》,《行政与法》2013 年第 6 期。

98. 林继红、徐忠国、蒋明利:《略谈土地出让行为规则细化》,《中国土地》2015 年第 10 期。

99. 林莉红:《台湾地区行政公益诉讼的立法与实践———以"美丽湾案"为切入点》,《武汉大学学报》(哲学社会科学版)2016 年第 2 期。

100. 林旭霞:《林业碳汇权利客体研究》,《中国法学》2013 年第 2 期。

101. 林彦:《自然资源国家所有权的行使主体——以立法为中心的考察》,《交大法学》2015 年第 2 期。

102. 刘保玉、吴安青:《民法典物权编的结构安排与内容设计》,《甘肃政法学院学报》2017 年第 6 期。

103. 刘定湘、罗琳、严婷婷:《水资源国家所有权的实现路径及推进对策》,《水资源保护》2019 年第 3 期。

104. 刘练军:《自然资源国家所有的制度性保障功能》,《中国法学》2016 年第 6 期。

105. 刘那日苏、张建江:《自然资源依赖与区域发展不平衡:机制与证据》,《甘肃理论学刊》2019 年第 4 期。

106. 刘宁:《动物权利的法定化困境及其破解》,《河北大学学报(哲学社会科学版)》2012 年第 1 期。

107. 刘超:《自然资源国家所有权的制度省思与权能重构》,《中国地质大学学报(社会科学版)》2014 年第 2 期。

108. 刘超:《以国家公园为主体的自然保护地体系的法律表达》,《吉首大学学报(社会科学版)》2019 年第 5 期。

109. 刘志强、张建华:《完善自然资源法律体系的思考》,《中国国土资源经济》2019 年第 3 期。

110. 刘显鹏、詹林平:《环境民事公益诉讼中检察机关调查取证权的运行机制探析》,《南京工业大学学报(社会科学版)》2022 年第 3 期。

111. 刘兆鑫:《政策执行理论视域下的执行性腐败及其治理》,《中国行政管理》2010 年第 11 期。

112. 吕忠梅等:《环境标准的规制能力再造——以对健康的保障为中心》,《时代法学》2008 年第 4 期。

113. 吕忠梅:《生态环境损害赔偿的法律辨析》,《法学论坛》2017 年第 3 期。

114. 吕忠梅课题组:《“绿色原则”在民法典中的贯彻论纲》,《中国法学》2018 年第 1 期。

115. 吕忠梅:《以国家公园为主体的自然保护地体系立法思考》,《生物多样性》2019 年第 2 期。

116. 鹿爱莉:《保护矿产资源所有权的法律制度研究》,《中国国土资源经济》2019 年第 12 期。

117. 卢昌强:《林业行政许可监督刍议》,《南京林业大学学报(人文社会科学版)》2008 年第 4 期。

118. 马永欢、吴初国、黄宝荣等:《构建全民所有自然资源资产管理体制新格局》,《中国软科学》2018 年第 11 期。

119. 朱涛,唐志容:《国家的物权法主体地位——从国家所有权性质探析》,《南京审计学院学报》2007 年第 1 期。

120. 马俊驹:《国家所有权的基本理论和立法结构探讨》,《中国法学》2011 年第 4 期。

121. 马俊驹:《借鉴大陆法系传统法律框架构建自然资源法律制度》,《法学研究》2013 年第 4 期。

122. 马奔、付晓彤:《协商民主供给侧视角下的环境群体性事件治理》,《华南师范大学学报(社会科学版)》2019 年第 2 期。

123. 马英娟:《监管的语义辨析》,《法学杂志》2005 年第 5 期。

124. 马志娟、曾雨、梁思源:《土地资源审计探讨》,《审计研究》2020 年第 5 期。

125. 孟庆瑜、徐艺霄:《生态环境修复基金制度构建的实证分析与理论设想》,《河北学刊》2021 年第 2 期。

126. 孟庆瑜、张思茵:《论水资源用途管制与市场配置的法律调适》,《中州学刊》2021 年第 9 期。

127. 牛坤玉:《自然资源损害评估在美国:法律、程序以及评估思路》,《中国人口·

环境与资源》2014 年第 3 期。

128. 宁金城、田土城:《民法上之损害研究》,《中国法学》2002 年第 2 期。

129. 盘和林:《切实杜绝开发商“囤地”乱象》,《经济日报》2018 年 9 月 25 日。

130. 潘牧天:《生态环境损害赔偿诉讼与环境民事公益诉讼的诉权冲突与有效衔接》,《法学论坛》2020 年第 6 期。

131. 庞庆龙、韦仁伟:《赋权与规制双重视角下检察公益诉讼调查核实权问题研究》,《广西社会科学》2022 年第 12 期。

132. 彭成信:《自然资源上的权利层次》,《法学研究》2013 年第 4 期。

133. 彭涛:《行政许可监督模式的完善》,《治理研究》2019 年第 2 期。

134. 彭中遥:《论生态环境损害赔偿诉讼与环境公益诉讼之衔接》,《重庆大学学报(社会科学版)》2021 年第 3 期。

135. 裴丽萍:《水权制度初论》,《中国法学》2001 年第 2 期。

136. 乔兴旺、崔聪聪:《中国自然资源法律实施的制约因素与推进措施》,《江西社会科学》2009 年第 6 期。

137. 秦昌波、苏洁琼、容冰等:《我国水资源安全面临的挑战与应对策略研究》,《环境保护》2019 年第 10 期。

138. 秦天宝、刘彤彤:《自然保护地立法的体系化:问题识别、逻辑建构和实现路径》,《法学论坛》2020 年第 2 期。

139. 邱秋、张晓京:《当代自然资源国家所有权制度发展的新趋势》,《湖北经济学院学报》2011 年第 5 期。

140. 冉克平、谭佐财:《〈民法典〉中的国家利益表达及其效果》,《社会科学战线》2022 年第 3 期。

141. 阮崇翔:《民事公益诉讼职权主义诉讼模式研究》,《河北法学》2023 年第 11 期。

142. 单平基:《自然资源国家所有权性质界定》,《求索》2010 年第 12 期。

143. 单平基:《“三权分置”中土地经营权债权定性的证成》,《法学》2018 年第 10 期。

144. 石佳友、康令煊:《自然资源资产国家所有权救济机制研究》,《西南政法大学学报》2023 年第 4 期。

145. 施志源:《环境标准的现实困境及其制度完善》,《中国特色社会主义研究》2016 年第 1 期。

146. 施志源:《论气候资源之法律属性与权利归属》,《福建师范大学学报(哲学社会科学版)》2014 年第 4 期。

147. 施志源:《自然资源的市场配置及其制度完善——基于生态文明制度建设视角》,《中国特色社会主义研究》2015 年第 2 期。

148. 施志源:《自然资源资产有偿使用的改革难点与规则完善》,《中国特色社会主义研究》2019 年第 2 期。

149. 施志源:《互联网时代突发环境事件信息公开的主体制度创新——以环保 NGO 的参与为突破口》,《法学评论》2017 第 3 期。

150. 施志源:《民法典中的自然资源国家所有权制度设计——基于多国民法典的考察与借鉴》,《南京大学学报(哲学·人文科学·社会科学)》2018 年第 2 期。

151. 施志源:《民法典时代国有自然资源使用权的体系设计与规则完善》,《法学论坛》2022 年第 6 期。

152. 施志源、李思锐、俞虹帆:《自然资源资产所有权委托代理中的权益落实及其制度保障》,《中国人口·资源与环境》2023 第 12 期。

153. 史亚东:《公众诉求与我国地方环境法规的实施效果》,《大连理工大学学报(社会科学版)》2018 年第 2 期。

154. 税兵:《自然资源国家所有权双阶构造说》,《法学研究》2013 年第 4 期。

155. 宋猛,李文超,李克庆:《我国矿产资源监管体系改革路径探讨——基于因子评价与国际经验分析》,《矿业研究与开发》2024 年第 2 期。

156. 宋猛、刘伯恩:《全民所有自然资源资产所有权委托代理机制探析——基于监管风险管控与规避的视角》,《自然资源学报》2023 年第 11 期。

157. 苏海雨:《地方立法的冲突规范与秩序构建》,《甘肃政法学院学报》2019 年第 1 期。

158. 孙洪坤、范雅莉:《生态环境损害赔偿诉讼与环境民事公益诉讼衔接困境及其破解》,《南京工业大学学报(社会科学版)》2023 年第 5 期。

159. 孙宪忠:《“统一唯一国家所有权理论”的悖谬及改革切入点分析》,《法律科学》2013 年第 1 期。

160. 孙月、王丽艳、李赫伊:《浅谈矿业权流转制度中国家权利的合理运用》,《中国国土资源经济》2017 年第 6 期。

161. 孙佑海:《物权法与环境保护》,《环境保护》2007 年第 5 期。

162. 谭剑、胡靖国:《“官矿勾结”的破窗效应》,《瞭望》2011 年第 4 期。

163. 汤吉军、张壮:《交易成本视角下自然资源国家所有权的行使分析》,《经济体制改革》2016 年第 1 期。

164. 唐绍均、王国平:《社会组织提起环境行政公益诉讼的证成与型构》,《内蒙古社会科学》2023 年第 1 期。

165. 唐双娥:《生态文明视角下我国〈宪法〉自然资源利用条款的新阐释》,《海南大学学报(人文社会科学版)》2021 年第 6 期。

166. 汤维建、王德良:《探索野生动物保护公益诉讼》,《检察日报》2020 年 2 月 17 日。

167. 田贵良:《国家试点省(区)水权改革经验比较与推进对策》,《环境保护》2018 年第 13 期。

168. 天津市人民检察院第二分院课题组:《检察机关提起民事公益诉讼制度的实践与完善》,《检察调研指导》2019 年第 3 期。

169. 佟金萍、秦国栋、王慧敏等:《水资源价格扭曲与效率损失——基于长江经济带的实证分析》,《软科学》2022 年第 8 期。

170. 王灿发:《论生态文明建设法律保障体系的构建》,《中国法学》2014 年第 3 期。

171. 王灿发、周鹏:《环保督察问责机制困局与消弭径路》,《湘潭大学学报(哲学社会科学版)》2021 年第 6 期。

172. 王骏涛、谢·尼博格金:《俄罗斯水权制度特点及经验借鉴》,《开发研究》2023 年第 6 期。

173. 王春业:《我国节水立法的不足及完善路径》,《深圳大学学报(人文社会科学版)》2020 年第 5 期。

174. 王慧、樊华中:《检察机关公益诉讼调查核实权强制力保障研究》,《甘肃政法大学学报》2020 年第 6 期。

175. 王克稳:《论公法性质的自然资源使用权》,《行政法学研究》2018 年第 3 期。

176. 王克稳:《自然资源国家所有权的性质反思与制度重构》,《中外法学》2019 年第 3 期。

177. 王克稳:《论自然资源国家所有权权能》,《苏州大学学报(哲学社会科学版)》2018 年第 1 期。

178. 王克稳:《自然资源国家所有权的性质反思与制度重构》,《社会科学文摘》2019 第 8 期。

179. 王灵波:《公共信托理论在美国自然资源配置中的作用及启示》,《苏州大学学报(哲学社会科学版)》2018 年第 1 期。

180. 王淼、吕波:《中国海洋资源性资产流失成因与治理对策》,《资源科学》2006

年第5期。

181. 王树义、冯汝:《气候资源国家所有权问题探析》,《学习与实践》2014年第11期。

182. 王涌:《自然资源国家所有权三层结构说》,《法学研究》2013年第4期。

183. 竺效、蒙禹诺:《论生态损害赔偿资金的信托管理模式——以环境公益维护为视角》,《暨南学报》2018年第5期。

184. 王建刚:《我国矿业权法律性质研究综述》,《昆明理工大学学报(社会科学版)》2017年第3期。

185. 朱凌珂:《美国自然资源损害赔偿范围制度及其借鉴》,《学术界》2018年第3期。

186. 王猛、张翰林:《全民所有自然资源资产损害赔偿诉讼的建构》,《探索与争鸣》2023年第11期。

187. 王社坤:《自然资源利用权利的类型重构》,《中国地质大学学报(社会科学版)》2014年第2期。

188. 王浩、王干:《水权理论及实践问题浅析》,《行政与法(吉林省行政学院学报)》2004年第6期。

189. 王庆日、郎海鸥、仲济香等:《2019年土地科学研究重点进展评述及2020年展望》,《中国土地科学》2020年第1期。

190. 王恒生:《关于提高青海自然资源利用效率的思考》,《青海民族学院学报》2008年第1期。

191. 王洪平:《论破坏耕地的法律责任——以〈耕地保护法(草案)〉(征求意见稿)的修改为重点》,《江西社会科学》2023年第5期。

192. 王操:《"多规合一"视阈下我国空间规划的立法构想》,《甘肃政法学院学报》2019年第6期。

193. 王琴、尚英男、文博等:《基于"三线一单"的环境功能区划实证研究》,《四川环境》2019年第6期。

194. 王亚华:《以"三权分置"水权制度改革推进我国水权市场建设》,《中国水利》2022年第1期。

195. 吴敏:《终身追责须读懂终身要义》,《中国环境报》2014年12月10日。

196. 朱谦、谌杨:《"生态环境损害赔偿诉讼优先论"之思辨——兼论与环境民事公益诉讼的顺位问题》,《学术论坛》2020年第5期。

197. 吴涓:《关于我国污染物排放总量控制制度的若干法律探讨》,《环境保护》

1999 年第 10 期。

198. 吴良志:《论生态环境损害赔偿诉讼的诉讼标的及其识别》,《中国地质大学学报(社会科学版)》2019 年第 4 期。

199. 武培培、包庆德:《当代西方动物权利研究评述》,《自然辩证法研究》2013 年第 1 期。

200. 夏勇:《权利哲学的基本问题》,《法学研究》2004 年第 3 期。

201. 向往、秦鹏:《生态环境损害赔偿诉讼与民事公益诉讼衔接规则的检讨与完善》,《重庆大学学报(社会科学版)》2021 年第 1 期。

202. 肖鹏:《土地经营权的性质研究——基于土地经营权抵押贷款规范性文件的分析》,《中国土地科学》2016 年第 9 期。

203. 肖国兴、肖乾刚:《中国自然资源管理制度创新的几个问题》,《环境保护》1995 年第 1 期。

204. 肖国兴:《论中国自然资源产权制度的历史变迁》,《郑州大学学报(哲学社会科学版)》1997 年第 6 期。

205. 谢海燕、刘婷婷:《资源有偿使用制度和生态补偿制度现状、问题及建议》,《环境保护》2021 年第 20 期。

206. 谢敏、叶兴茂、侯一俊等:《我国征地信息公开信息平台建设回顾与展望》,《国土资源信息化》2020 年第 1 期。

207. 谢伟:《德国环境团体诉讼制度的发展及其启示》,《法学评论》2013 年第 2 期。

208. 徐祥民:《自然资源国家所有权之国家所有制说》,《法学研究》2013 年第 4 期。

209. 徐本鑫、储源:《生态修复行政追责的路径回归与功能补强》,《江西理工大学学报》2020 年第 2 期。

210. 徐军:《负外部性视野下的自然资源国家所有权》,《河海大学学报(哲学社会科学版)》2014 年第 2 期。

211. 许长新、杨李华:《中国水权交易市场中的信息不对称程度分析》,《中国人口·资源与环境》2019 年第 9 期。

212. 许瀛彪:《迈向共同富裕:自然资源国家所有权权利行使的公益性面向》,《西北民族大学学报(哲学社会科学版)》2022 年第 6 期。

213. 薛翠翠、安萍莉、周丁扬:《土地利用功能分区与用途分区的差异比较研究——以山东省泰安市为例》,《国土与自然资源研究》2008 年第 3 期。

214. 薛军:《自然资源国家所有权的中国语境与制度传统》,《法学研究》2013 年第 4 期。

215. 颜运秋:《公益诉讼:国家所有权保护和救济的新途径》,《环球法律评论》2008 年第 3 期。

216. 杨炳霖:《从"政府监管"到"监管治理"》,《中国政法大学学报》2018 年第 2 期。

217. 杨立新、朱呈义:《动物法律人格之否定——兼论动物之法律"物格"》,《法学研究》2004 年第 5 期。

218. 杨武松、尹训洋:《国家生态文明试验区环境司法专门化的贵州样态与优化研究》,《贵州社会科学》2022 年第 12 期。

219. 杨朝霞:《论环境公益诉讼的权利基础和起诉顺位——兼谈自然资源物权和环境权的理论要点》,《法学论坛》2013 年第 3 期。

220. 杨鸿泽:《宁夏全民所有自然资源资产所有者权益研究》,《宁夏大学学报(人文社会科学版)》2020 年第 6 期。

221. 叶榅平:《自然资源国家所有权的双重权能结构》,《法学研究》2016 年第 3 期。

222. 叶榅平:《完善自然资源国家所有权行使人大监督立法的法理思考》,《学术月刊》2018 年第 6 期。

223. 叶榅平:《论自然资源国家所有权行使的基本原则》,《法治研究》2019 年第 4 期。

224. 尹田:《论海域使用权与准物权的立法分界——海域使用权与准物权在〈物权法〉上并列规定的意义》,《海洋开发与管理》2008 年第 1 期。

225. 于文轩:《美国水污染损害评估法制及其借鉴》,《中国政法大学学报》2017 年第 1 期。

226. 余姝辰、余德清、彭璐等:《自然资源统一确权登记的相关问题维探》,《国土资源情报》2018 年第 2 期。

227. 翟青:《用实实在在的整改成效体现中央生态环境保护督察制度权威》,《环境保护》2022 年第 23 期。

228. 张陈果:《环境民事公益诉讼损害赔偿金去向的经验归纳与制度构建》,《暨南学报(哲学社会科学版)》2022 年第 9 期。

229. 张春莉:《生态环境损害赔偿诉讼的检视与完善》,《南京社会科学》2019 年第 12 期。

230. 张得宁、王小梅:《乡村振兴视域下青海省林下经济发展对策研究》,《林业经济》2021 年第 2 期。

231. 张维宸:《浅谈生态修复的责任主体》,《中国矿业报》2018 年 6 月 2 日。

232. 张璐:《自然资源损害的法学内涵解读——以损害与权利的逻辑关联为视角》,《华东理工大学学报》2012 年第 4 期。

233. 张璐:《自然资源损害侵权救济局限与拓展》,《华东理工大学学报》2015 年第 2 期。

234. 张梓太、王岚:《我国自然资源损害司法救济的不足及对策》,《法学杂志》2012 年第 2 期。

235. 张红振、曹方:《环境损害评估:国际制度及对中国的启示》,《环境科学》2013 年第 5 期。

236. 祝惠、武海涛、邢晓旭等:《中国湿地保护修复成效及发展策略》,《中国科学院院刊》2023 年第 3 期。

237. 周孜予:《国有林权属制度的完善》,《东北林业大学学报》2011 年第 8 期。

238. 周星汝、蔡云楠、江海燕等:《关于自然资源资产保护利用规划的若干思考》,《中国国土资源经济》2022 年第 10 期。

239. 张俊涛、倪兆睿、李金文:《加强林业自然保护地野生动物保护与管理的对策》,《中国林业产业》2019 年第 6 期。

240. 张牧遥:《论自然资源使用权上公共价值的制度实现》,《学术交流》2021 年第 2 期。

241. 张世良、刘伯恩、李青青:《关于完善省级自然资源督察制度的若干思考》,《中国国土资源经济》2023 年第 2 期。

242. 张姚:《国内外动物权利研究评述》,《社会科学论坛》2019 年第 2 期。

243. 张晏等:《我国环境标准制度存在的问题及对策》,《中国环境科学》2012 年第 1 期。

244. 张贤明、张力伟:《政府治理现代化的原则遵循、结构调适与职责优化》,《吉林大学社会科学学报》2022 年第 4 期。

245. 张翔:《国家所有权的具体内容有待立法形成》,《法学研究》2013 年第 4 期。

246. 张卫平:《民事诉讼中止事由的制度调整》,《北方法学》2018 年第 3 期。

247. 赵辉:《资源领域公益诉讼相关问题研究》,《中国国土资源经济》2018 年第 12 期。

248. 赵蕾:《论责任政府的价值理念、运行体系与体制要求》,《中州学刊》2007 年第 4 期。

249. 赵祖斌:《论野生动物保护公益诉讼的建构》,《干旱区资源与环境》2020 年第 10 期。

250. 赵晓宇、陈丽萍、陈静:《部分国家水资源所有权制度及启示》,《国土资源情报》2019 年第 6 期。

251. 郑春燕:《现代行政过程中的行政法律关系》,《法学研究》2008 年第 2 期。

252. 征汉年、王小刚:《湖荡湿地检察公益诉讼研究——以江苏盐城九龙口湿地为例》,《学术探索》2021 年第 2 期。

253. 郑维炜:《中国矿业权流转制度的反思与重构》,《当代法学》2013 年第 3 期。

三、博士学位论文

1. 王利明:《国家所有权问题研究》,中国人民大学 1990 年博士学位论文。

2. 郭云峰:《论自然资源国家所有权的制度构造》,辽宁大学 2019 年博士学位论文。

3. 颜运秋:《公益经济诉讼:经济法诉讼体系的构建》,中南大学 2006 年博士学位论文。

4. 张伟:《国有林地流转制度研究》,东北林业大学 2012 年博士学位论文。

5. 张一鸣:《中国水资源利用法律制度研究》,西南政法大学 2015 年博士学位论文。

6. 张文:《矿业权流转的环境保护制度研究》,中国地质大学 2014 年博士学位论文。

7. 王清华:《中国矿业权流转法律制度研究》,上海交通大学 2012 年博士学位论文。

8. 董斌:《自然资源资产权利分置研究》,武汉大学 2020 年博士学位论文。

9. 胡科翔:《生态旅游资源法律规制研究》,重庆大学 2018 年博士学位论文。

10. 唐克:《生物遗传资源所有权研究》,中国政法大学 2022 年博士学位论文。

11. 孙明茜:《中国碳排放权交易价格机制研究》,四川大学 2023 年博士学位论文。

12. 张文斐:《国有自然资源资产监管法律制度研究》,首都经济贸易大学 2021 年博士学位论文。

四、译著

1.［英］艾琳·麦克哈格等合著:《能源与自然资源中的财产和法律》,胡德胜编译,北京大学出版社 2014 年版。

2.［美］阿兰·兰德尔:《资源经济学:从经济角度对自然资源和环境政策的探讨》,施以正译,商务印书馆 1989 年版。

3.［澳］艾伦·查尔默斯:《科学究竟是什么?》,邱仁宗译,河北科学技术出版社 2002 年版。

4.［美］彼得·S.温茨:《环境正义论》,朱丹琼、宋玉波译,上海人民出版社 2007 年版。

5.［美］戴维·H.格奇斯:《水法精要(第 4 版)》,陈晓景、王莉译,南开大学出版社 2016 年版。

6.［美］丹尼尔 D.查尔斯、约翰 P.瑞纳德:《自然资源保护与生活》,黄永梅、段雷等译,电子工业出版社 2016 年版。

7.［美］丹尼尔·H.科尔:《污染与财产权:环境保护的所有权制度比较研究》,严厚福、王社坤译,北京大学出版社 2009 年版。

8.［日］加藤雅信:《"所有权"的诞生》,郑芙蓉译,法律出版社 2012 年版。

9.［美］罗纳德·H.科斯:《财产权利与制度变迁——产权学派与新制度学派译文集》,刘守英等译,上海人民出版社 2014 年版。

10.［美］理查德·波斯纳:《法律的经济分析》,蒋兆康译,中国大百科全书出版社 1997 年版。

11.［美］理查德·拉萨路斯:《环境法的形成》,庄汉译,中国社会科学出版社 2017 年版。

12.［英］迈克·费恩塔克:《规制中的公共利益》,戴昕译,中国人民大学出版社 2014 年版。

13.［美］马克·金泽:《自然资源与环境:经济、法律、政治和制度》,余星涤、刘丽、姜杉钰等译,商务印书馆 2023 年版。

14.［俄］M.H.马尔琴科:《国家与法的理论》,徐晓晴译,中国政法大学出版社 2010 年版。

15.［日］美浓部达吉:《宪法学原理(中国近代法学译丛)》,欧宗祐、何作霖译,中国政法大学出版社 2003 年版。

16.［日］日本律师协会:《日本环境诉讼典型案例与评析》,皇甫景山译,中国政法大学出版社 2011 年版。

17.［美］斯蒂芬·布雷耶:《规制及其改革》,李洪雷等译,北京大学出版社 2008 年版。

18.［美］汤姆·蒂坦伯格、琳恩·刘易斯:《环境与自然资源经济学》,王晓霞、杨鹏、石磊译,中国人民大学出版社 2011 年版。

19. [英]休・柯林斯:《马克思主义与法律》,邱昭继译,法律出版社 2012 年版。

20. [美]约翰・伊特韦尔等:《新帕尔格雷夫经济学大辞典　第 4 卷》,陈岱孙译,经济科学出版社 1992 年版。

21. [美]约拉姆・巴泽尔:《国家理论——经济权利、法律权利与国家范围》,钱勇、曾咏梅译,上海财经大学出版社 2006 年版。

22. [日]原田尚彦:《诉的利益》,石龙谭译,中国政法大学出版社 2014 年版。

23. [英]朱迪・丽丝:《自然资源:分配、经济学与政策》,蔡运龙等译,商务印书馆 2002 年版。

24.《意大利民法典》,陈国柱译,中国人民大学出版社 2010 年版。

25.《德国民法典》,陈卫佐译,法律出版社 2015 年版。

26.《俄罗斯联邦民法典》,黄道秀译,北京大学出版社 2007 年版。

27.《韩国民法典　朝鲜民法典》,金玉珍译,北京大学出版社 2009 年版。

28.《拿破仑法典(法国民法典)》,李浩培、吴传颐、孙鸣岗译,商务印书馆 2015 年版。

29.《路易斯安那民法典》,娄爱华译,厦门大学出版社 2010 年版。

30.《西班牙民法典》,潘灯、马琴译,中国政法大学出版社 2013 年版。

31.《巴西新民法典》,齐云译,中国法制出版社 2009 年版。

32.《魁北克民法典》,孙建江等译,中国人民大学出版社 2005 年版。

33.《葡萄牙民法典》,唐晓晴等译,北京大学出版社 2009 年版。

34.《荷兰民法典(第 3、5、6 编)》,王卫国主译,中国政法大学出版社 2006 年版。

35.《阿根廷共和国民法典》,徐涤宇译,法律出版社 2007 年版。

36.《秘鲁共和国新民法典》,徐涤宇译,北京大学出版社 2017 年版。

37.《智利共和国民法典(2000 年修订本)》,徐涤宇译,北京大学出版社 2014 年版。

38.《埃塞俄比亚民法典》,薛军译,厦门大学出版社 2013 年版。

39.《土库曼斯坦民法典》,魏磊杰、朱淼、杨秋颜译,厦门大学出版社 2016 年版。

40.《越南社会主义共和国民法典(2005 年版)》,吴远富译,厦门大学出版社 2007 年版。

41.《瑞士民法典》,于海涌、赵希璇译,法律出版社 2016 年版。

42.《泰王国民商法典》,周喜梅译,中国法制出版社 2013 年版。

43.《奥地利普通民法典(2012 年 7 月 25 日修改)》,周友军、杨垠红译,清华大学出版社 2013 年版。

44.《日本民法典修正案(Ⅰ)》,[日]加藤雅信著,朱晔、张挺译,北京大学出版社2017年版。

五、外文资料

1. Anthony Scott, *The evolution of resource property rights*, *Oxford University Press*, 2008.

2. Richard Barnes, *Property rights and natural resources*, Hart, 2009.

3. Myra Williamson, *Property rights and natural resources*, Ashgate, 2009.

4. Kaffine, *Incomplete property rights and natural resource use*, University of California, 2007.

5. Tudoraşcu Miruna, Ienciu Ioan, *Oprea*, *Luciana*, *The Institution of Property in the New Romanian Civil Code*, Proceedings of the International Multidisciplinary Scientific GeoConference SGEM, Vol.2, 2014.

6. Williams Jason, Beyond Mere Ownership: How the Confederated Salish and Kootenai Tribes Used Regulatory Control over Natural Resources in Establish a Viable Tribal Homeland, Public Land & Resources Law Review, Vol.24, 2004.

7. Zhanar Abdukarimova, Kairat Bitemirov, Nurlan Bizhan, Askat Esenaliyev, Nursultan Poshanov, Zhanna Kalkanova, Features of Compensation for Damage Caused to Natural Resources in Kazakhstan, Journal of Advanced Research in Law and Economics, Vol.9, 2018.

8. Bursian SJ, Alexander CR, Cacela D, etc., Overview of Avian Toxicity Studies for the Deepwater Horizon Natural Resource Damage Assessment, Ecotoxicology and Environmental Safety, Vol.142, 2017.

9. Duruigbo, Emeka, Permanent Sovereignty and Peoples′ Ownership of Natural Resources in International Law, George Washington International Law Review, Vol.38, 2006.

10. Etienne Bienvenu Akono, Natural Resource Use with Vague-Transferability in Property Right, Environ Model Assess, Vol.23, 2018.

11. Sokolova A.K., Problems of Legislative Security Ownership on Natural Resources and Systems, Environmental and Land Law Problems of Legality, Vol.124, 2013.

12. Ibiam Amah Emmanuel, An Examination of the Contradictions in the Ownership of Land and Natural Resources in Nigerian Federation, Journal of Law, Policy and Globalization, Vol.63, 2017.

13. Jones C.A., DiPinto L., The Role of Ecosystem Services in USA Natural Resource Li-

ability Litigation, Ecosystem Services, Vol.29, 2018.

14. Justin K.Holcombe, Protecting Ecosystems and Natural Resources by Revising Conceptions of Ownership, Rights, and Valuation, Journal of land, resources & environmental law, Vol.25, 2005.

15. Karin B. Littlejohn, Tax Ramifications of the Ownership of Natural Resources by Farmers, South Dakota Law Review, Vol.29, 1983-1984.

16. Laura E.Little, Natural Resources-Coal Ownder Holds Rights of Ownership and Development of Coalbed Gas, Temple Law Quarterly, Vol.57, 1984.

17. Popi Tuhulele, Peluang dan Tantangan Penerapan Prinsip Permanent Soverignity Over Natural Resources di Indonesia, SASI, Vol.26, 2020.

18. Russel S.Berman, Natural Resources: State Ownership and Control Based on Article 130 of the Revised Constitution, Journal of Ethiopian Law, Vol.3, 1966.

19. Sanders Brenda, Ammann Mike, Hoff Rebecca, Huston Mark, Jenkins Kenneth, Palagyi Tony, Pelto Karen, Rettig Todd, Wagne Ann, Coordinating Ecological Risk Assessment with Natural Resource Damage Assessment: A Panel Discussion, Integrated Environmental Assessment and Management, Vol.12, 2016.

20. Sergey I. Nosov, Boris E. Bondarev, Andrey A. Gladkov, Violetta Gassiy, Land Resources Evaluation for Damage Compensation to Indigenous Peoples in the Arctic, Resource, Vol.8, 2019.

21. Thompson A. R., Ownership of Natural Resources in the Northwest Territories, Alberta Law Review, Vol.5, 1966-1967.

22. Williams Jason, Beyond Mere Ownership: How the Confederated Salish and Kootenai Tribes Used Regulatory Control over Natural Resources in Establish a Viable Tribal Homeland, Public Land & Resources Law Review, Vol.24, 2004.

23. Zhanar Abdukarimova, Kairat Bitemirov, Nurlan Bizhan, Askat Esenaliyev, Nursultan Poshanov, Zhanna Kalkanova, Features of Compensation for Damage Caused to Natural Resources in Kazakhstan, Journal of Advanced Research in Law and Economics, Vol.9, 2018.

24. Haitong Jin, The Usufruct of Natural Resource: A Critical Investigation, *Science of Law(Journal of Northwest University of Political Science and Law)*, 2009.

后　记

本书是笔者主持的国家社科基金项目“自然资源国家所有权的行使研究”（项目编号：15CFX057）研究成果的集中体现，项目结项稿完成于2020年。项目组成员还有：吕祥熙、林立峰、谢步高、李师源、纪圣驹、王婧、刘智坤。本书的完成，得益于课题组成员的共同努力！此外，我的研究生李元圆、薛萌、李思锐等参与了项目研究工作。

项目于2020年结项之后，恰逢我国自然资源资产产权制度改革正在如火如荼地推进之中。在此期间，与本项目相关的理论研究和实践探索成果日渐丰富，相关的政策与法律也在推陈出新，这既为本著作的修改提供了丰富的素材，也给本著作的完善带来了全新的挑战。经过了3年多的不懈努力，本著作完成了修订工作。在这个过程中，笔者对书稿进行了审读、修改与完善，并吸收了本人的部分前期研究成果，力求研究体系更加完善、研究内容更加充实。福建师范大学博士研究生纪圣驹、博士研究生李思锐协助完成了部分修订工作。其中，福建师范大学博士研究生纪圣驹负责补充了“国有自然资源资产有偿使用制度改革”一章中的实践探索和具体类型自然资源有偿使用的相关内容，负责将其原先协助撰写的“公益诉讼保护自然资源国家所有权的行使”一章进行补充和完善；福建师范大学博士研究生李思锐负责将其原先参与撰写的“对政府行使自然资源国家所有权的监管”一节进行扩展与完善,新增了"自然资源国家所有权的行使监管制度"一章。此外,研究生朱一博、黄雪英、景池、张伟铭、彭瑞芬、黄雪倩、王涵、胡记清等也参加了书稿的校对工作。

本项目以笔者的博士论文《生态文明背景下的自然资源国家所有权研究》为基础申报,该博士论文为本项目的研究奠定了坚实的基础。尽管本书吸收了博士论文的一小部分研究成果,但是较博士论文有着明显的不同。本书着重解决自然资源国家所有权的行使主体不到位、行使路径不明晰、市场流转不通畅、行使限制不具体、行使监管不到位、行使保护不充分等问题,在自然资源国家所有权行使法律制度的研究上取得了实质性突破。此外,本书的部分内容作为课题阶段性成果,在《法学评论》《法学论坛》《南京大学学报(哲学·人文科学·社会科学)》《中国特色社会主义研究》《福建师范大学学报(哲学社会科学版)》等 CSSCI 核心刊物上发表,这些阶段性成果是本书的重要组成部分。

本书的顺利出版,得益于福建师范大学生态环境治理的政策与法律研究青年创新团队的经费支持,得益于杨立新、王灿发、黄锡生、林旭霞等诸多学界前辈、同仁的指导和帮助,得益于课题组成员以及我的研究生们的通力协作与勤勉工作,在此一并表示衷心的感谢!

施志源

2024 年 6 月

责任编辑：柴晨清
封面设计：石笑梦
版式设计：胡欣欣

图书在版编目(CIP)数据

自然资源国家所有权的行使研究 / 施志源等著.
北京 ：人民出版社，2024. 12. -- ISBN 978－7－01－027025－8

Ⅰ. D923. 24

中国国家版本馆 CIP 数据核字第 20249GK223 号

自然资源国家所有权的行使研究

ZIRAN ZIYUAN GUOJIA SUOYOUQUAN DE XINGSHI YANJIU

施志源 等 著

人民出版社 出版发行
（100706 北京市东城区隆福寺街 99 号）

北京建宏印刷有限公司印刷 新华书店经销

2024 年 12 月第 1 版 2024 年 12 月北京第 1 次印刷
开本:710 毫米×1000 毫米 1/16 印张:22
字数:351 千字

ISBN 978－7－01－027025－8 定价:89.00 元

邮购地址 100706 北京市东城区隆福寺街 99 号
人民东方图书销售中心 电话（010)65250042 65289539